违约方合同解除制度研究

Study On The Defaulting Party's Right To Terminate The Contract

毕惠岩 著

人民法院出版社

图书在版编目（CIP）数据
违约方合同解除制度研究 / 毕惠岩著. -- 北京 : 人民法院出版社，2024. 7.
ISBN 978-7-5109-4202-0
Ⅰ. D923.64
中国国家版本馆CIP数据核字第202438Y6L2号

违约方合同解除制度研究
毕惠岩　著

策划编辑　赵　刚
责任编辑　姚丽蕾
出版发行　人民法院出版社
地　　址　北京市东城区东交民巷 27 号（100745）
电　　话　（010）67550662（责任编辑）　67550558（发行部查询）
65223677（读者服务部）
客 服 QQ　2092078039
网　　址　http://www.courtbook.com.cn
E - mail　courtpress@sohu.com
印　　刷　保定市中画美凯印刷有限公司
经　　销　新华书店

开　　本　787 毫米 ×1092 毫米　1/16
字　　数　213 千字
印　　张　16.5
版　　次　2024 年 7 月第 1 版　2024 年 7 月第 1 次印刷
书　　号　ISBN 978-7-5109-4202-0
定　　价　65.00 元

序

《违约方合同解除制度研究》一书是作者毕惠岩博士在其博士毕业论文的基础上修改而来。应该说，选择这一题目具有非常重要的学术价值与实践意义——因为我国学界对于违约方是否应该被赋予解除权存在特别大的争议。即使在《民法典》通过后，理论界与实务界普遍认为第580条明确规定了违约方的解除权，2023年12月4日公布的《最高人民法院关于适用〈中华人民共和国民法典〉合同编通则若干问题的解释》更加明确了违约方的解除权。但是，至少从《民法典》第580条是否规定了违约方的解除权，也是存在解释余地的。

《民法典》第580条规定："当事人一方不履行非金钱债务或者履行非金钱债务不符合约定的，对方可以请求履行，但是有下列情形之一的除外：（一）法律上或者事实上不能履行；（二）债务的标的不适于强制履行或者履行费用过高；（三）债权人在合理期限内未请求履行。有前款规定的除外情形之一，致使不能实现合同目的的，人民法院或者仲裁机构可以根据当事人的请求终止合同权利义务关系，但是不影响违约责任的承担。"那么，第2款之规定中的"当事人"是否包括违约方？当然可以作出不同的解释。显然，违约方享有解除权的观点占据了主流，《最高人民法院关于适用〈中华人民共和国民法典〉合同编通则若干问题的解释》显然采纳了主流的观点。我本人属于否定派的少数，因为尽管看起来赋予违约方解除权非常合情合理：合同目的既然已经不能实现，为什么不能让违约方解除合同？但问题恰恰就是谁的合同目的不能实现。如果违约方的合同目的不能实现就可以解除合同，那么，这一问题就难以容忍。因此，《民法典》为了防止破坏合同法中的基本价值，在第 580 条第 1 款中将这种解除权仅仅限制在三种情形中。但是，如何在司法实践中掌握和解释什么是“法律不能与事实不能”“履行费用过高”“标的物不适合强制履行”“债权人在合理期间内未要求履行”等，是一个现实问题，也许我国以后的司法实践能够对此作出回答。例如，许多支持违约方解除权的学者和实务专家常常举的例子：A 与 B 签订房屋租赁合同，租期 10 年。合同签订后，A 调动到上海工作。这时候租赁合同对于 A 来说，就属于“合同目的不能实现”，可以解除合同，赔偿 B 的损失。对于这种例子，我至今也没有想通：它属于《民法典》第 580 条第 1 款三种情形中的哪一种？如果真的是“履行不能”，那就要看是可归责的履行不能还是不可归责的履行不能？如果是不可归责的履行不能，那就属于《民法典》第 563 条的合同解除权问题；如果是可归责的履行不能，则是否应该赋予过错方合同解除权本身就是一个值得思考的问题。

毕惠岩是我指导的博士，尽管其博士论文的观点与我相左，但我还是非常支持她研究这一问题。只要研究的问题是学术或者实践中有价值、值得研究的，我向来都支持。无论是在论文开题，还是在论文答辩中，我始终坚持这一原则。就其论文的完成质量来看，也属于优秀的论文。毕惠岩博士利用自身在法院工作的优势，不仅从理论上，还从实践上论述了违约方合同解除权的必要性与可行性。正如她在论文中写到的：“本文以《民法典》编纂过程中有关违约方解除合同条款几易其稿的前因后果为切入口，回顾了立法过程中因该条款引发的激烈讨论。随后考察了近三年司法实践中涉及违约方解除合同案例的裁判情况，通过对裁判结果及依据的分析，发现该类案件的裁判结果差异巨大、裁判依据混乱，存在同案不同判、上诉率和发改率高、社会效果差等现象。究其根本原因，笔者认为目前我国的法律体系存在逻辑不足、覆盖不全、规范缺失等问题，有必要构建符合我国国情的违约方解除合同制度。”

必须承认，毕惠岩是一个很刻苦和努力的学生，在论文的写作过程中，很刻苦，按时完成了学位论文。这对一个在职攻读博士学位的人来说，并不是一件容易的事——各个大学中在职攻读学位的人一般都要延期毕业。更为可贵的是，在论文答辩通过后半年多的时间里，又修改自己的论文成书。在其著作出版之际，诚为之高兴，并用以上寥寥数语表示祝贺！

李永军[①]

2023年12月于北京

① 中国政法大学民商经济法学院教授、博士生导师，兼任中国法学会民法学研究会副会长，中国法学会民法典起草领导小组成员，中国民法典编纂的主要负责人之一。

目　录

绪　论

一、问题导向

合同解除是广受关注、极为重要的一项基本民事制度。合同解除制度事关合同当事人权利、义务的终止，对衡平合同当事人的利益而言往往具有终局性，且承载着明显的价值导向。无论是协商解除、约定解除中尊重合同当事人的意思自治，还是法定解除中体现出的保护守约方利益、维护诚信的民法之基石，或因不可抗力、情势变更而解除合同过程中蕴含的公平原则，无不彰显了合同解除制度的价值导向。但对于合同解除制度的另一项重要功能即提高交易效率、优化资源配置，并未引起足够的重视，也一直未将其纳入合同解除制度设计时的重要价值参考，其中最为突出的就是对违约方之合同解除权的规则构建。

对于违约方是否享有合同解除权的讨论经久不衰，主要为否定论和肯定论，其中否定论中又包括了有限的肯定论。否定论代表主要有王利明、韩世远、李永军、石佳友、朱广新等教授，他们认为法律不应赋予违约方合同解除权。原因在于：一是不合乎合同法的道德性，违反了诚信、公序良俗的基本原则；二是不合乎合同法的体系性，因其司法实务中的混乱，不利于保护守约方的利益；三是不符合合同法的政策形象，不利于鼓励交易，放大了交易风险；四是不存在所谓的“合同僵局”[①]，可通过情势变更等方式加以解决。肯定论学者则主要以崔建远、王轶、孙良国等教授为代表，其理由主要为：一是效率为合同法的目标之一，当发生合同僵局的情况下，若不允许违约方解除合同，会造成社会资源的极大浪费；二是违约方请求解除合同的情形，在司法实践中早已存

---

① 参见赵文杰：《〈合同法〉第94条（法定解除）评注》，载《法学家》2019年第4期。

在；三是在特定情形下，守约方坚持继续履行合同，实际上反而违背了诚信以及不得滥用权利的本质要求。

在司法实务界，违约方合同解除权的发展，大致经历了三个阶段：第一个阶段，受传统合同严守原则及维护市场秩序、诚信、公序良俗等观念影响，认为合同解除权系守约方特有之权利，严格排除违约方解除合同的适用。第二个阶段，转折点为《最高人民法院公报》刊载的案例——新宇公司诉冯某梅商铺买卖合同纠纷案。为化解司法实践中合同僵局下当事人权利义务之平衡以及避免市场交易资源的浪费，人民法院开始更多出现支持违约方行使合同解除权的案例。但在此阶段，由于理论界、实务界对违约方合同解除权的争论仍然激烈，因此在实务中肯定违约方合同解除权时也较为谨慎。第三个阶段，体现在《民法典》编纂过程中及《民法典》颁布后引发的对违约方合同解除权的激烈讨论。与此同时，新冠疫情引发了大量违约方合同解除案件的发生，因《民法典》颁布后衔接适用过程中对法律理解和适用的差异，导致涉违约方合同解除的裁判出现较大的争议。《民法典合同编（草案）（二次审议稿）》对违约方合同解除权曾作出如此规定："合同不能履行致使不能实现合同目的，有解除权的当事人不行使解除权，构成滥用权利对对方显失公平的，人民法院或者仲裁机构可以根据对方的请求解除合同，但是不影响违约责任的承担。"《民法典》正式稿中，上述规定并没有通过，取而代之的是《民法典》第580条第2款，仅规定了当合同目的不能实现时，"人民法院或者仲裁机构可以根据当事人的请求终止合同权利义务关系，但是不影响违约责任的承担"。由此可见，立法者对赋予违约方合同解除权一方面仍存在较大顾虑，另一方面又实际上适度认可了违约方合同解除权。2023年12月4日，最高人民法院在《民法典》通过后第三年，颁布了《最高人民法院关于适用〈中华人民共和国民法典〉合同编通则若干问题的解释》（以下简称《合同编通则司法解释》），69个条文涉及《民法典》合同编通则的各个部分，其中第59条进一步明确了非金钱债务违约后继续履行不能的终止合同权利义务请求权主体，主要包含的是违约方。[①] 由于各方对违约方合同解除权问题短时间内难以达成共识，《合同编通则司法解释》仅就终止合同权利义务关系的时间作了规定。鉴于传统观念的影响及《民法典》衔接适用理解差异，司法实践中，对违约方是否享有合同解除权的问题，不同的法院认识差异较大，甚至出现了类案不同判的现象。因此，对该问题的探讨不仅有助于从理论上对《民法典》实施后的法律规则进行补充、阐释，更有助于在实务中依法妥善地解决好此类纠纷。通过合同解除制度的重新诠释与解读，以及对违约方解除合同相关案例裁判规则的归纳、总结，希望能对违约方解除合同案件的处理提供有益的参考。

二、文献综述

（一）有关违约方合同解除权的理论研究

1. 国外研究综述：对违约方合同解除制度进行研究之前，应当先理清其理论基础和相关的制度，包括解除合同的制度与违约赔偿制度。对该问题的阐述，最早可追溯至古罗马时期，盖尤斯、乌尔比安最早提出的意外事件、不可抗力等实际上即是最早解除合同制度的雏形。19 世纪《法国民法典》颁布后，合同解除制度得以正式提出，但对于合同解除的方式，当时的《法国民法典》第 1184 条规定，无论是约定解除权还是法定解除权，均限于通过诉讼的方式进行，即司法解除的方式。《德国民法典》起初将合同解除的条件严格限定为履行不能和履行迟延二元分法，其后又由德国学者施陶布提出“积极侵害契约理论”，扩大了解除合同原因的适用范围。在合同解除权行使的方式上，《德国民法典》则采用了与《法国民法典》截然不同的方式，以通知主义作为主要的合同解除方式。近代以来，随着社会经济的发展，在合同解除领域，无论是《法国民法典》还是《德国民法典》都进行了重大的修改变化，表现在司法实践中，

---

① 杨立新：《〈合同编通则司法解释〉完善我国合同法规则的重大进展》，载《法律适用》2024 年第 1 期。

更多地赋予法官在发生显著不公平的情形下，运用诚信原则对合同解除进行裁量的自由权利，同时情势变更原则亦在《德国新债法》中确立下来。英美法的合同解除制度主要来自判例，在早期，英国法对于合同的履行有严格的要求，契约责任被看作一种绝对责任，比较著名的为1647年的“帕拉丁诉简”案。但是随着海上贸易的发展，合同解除逐渐扩大适用范围。在合同应否解除的判断标准上，英美法通过区分“一般违约”与“根本违约”的概念来认定，并同时创设了预期违约制度。现代以来，伴随着经济分析法学的兴起，效率违约制度在英美法上逐渐得到认可。综上，无论是法德代表的大陆法系还是英美代表的英美法系，在合同解除研究领域，尚未有学者提出“违约方合同解除权”这一概念，对该问题的研究，更多的是基于我国本土的司法实践而提出的。

2. 国内研究综述：国内最先对合同解除制度进行研究的教授学者为史尚宽和郑玉波。史尚宽在其专著《债法总论》中将合同解除纳入了债的效力部分，并提出了合同解除原因的五分法。郑玉波则将合同解除原因统归为债务不履行。可以看出二者受德国法的影响较深。崔建远与王利明两位教授也对此问题开展了研究，其中王利明将合同解除归结为根本违约。此后在很长一段时间内，关于违约方合同解除权问题没有得到理论界的关注。最早撰文讨论违约方合同解除权的是孙良国教授，2016年他在发表的《违约方的合同解除权及其界限》一文中提出：在基于效率原则，在违约方无过错、继续履行会造成不成比例效率损失以及违约方充分赔偿的情况下，可以赋予违约方合同解除权。此后在《民法典合同编（草案）》一审、二审稿的讨论过程中，是否赋予违约方合同解除权成为核心争议问题。王利明认为不应赋予违约方合同解除权，但建议参考法国的司法解除制度，以违约方申请司法解除方式解除合同。崔建远则主张在《合同法》第110条基础上及双方均违约的情况下，有限度地承认违约方合同解除权。石佳友教授从《合同法》第110条的立法体系漏洞方面论证了违约方合同解除权的必要性。在此期间，《民法典（草案）》关于违约方解除合同的有关内容，也历经不少变化，这也充分反映了我国学界主流观点在立法决策过程中的影响。《民法典》正式颁布后的合同解除部分以及第580条的相关内容，能否真正满足实践的需要，尚待检验，这也是本书拟重点考察的内容之一。

（二）有关违约方合同解除权的实践研究

实践中对于违约方合同解除权的研究，主要来源于面对真实案件时，如何衡平当事人的利益与对合同法不同价值目标难以取舍。关于违约方是否享有合同解除权，《最高人民法院公报》2005年第3期“万顺公司与永新公司等合作开发协议纠纷案”的裁判摘要表明：催告对方履行的当事人应当是守约方，处于违约状态的当事人不享有基于催告对方仍不履行而产生的合同解除权。该案例实际明确排除了违约方享有合同解除权。① 而2006年《最高人民法院公报》案例“新宇公司诉冯某梅商铺买卖合同纠纷案”则认为在特定情形下可以允许违约方解除合同，实际上承认了违约方特定情形下享有合同解除权。②《最高人民法院公报》2015年第5期“兰州滩尖子永昶商贸公司等与爱之泰房地产公司合作开发房地产合同纠纷案”，又认为在双务合同中当事人均存在违约的情况下，合同双方都享有合同解除权的观点。③ 自“新宇公司诉冯某梅商铺买卖合同纠纷案”后，全国不同法院越来越多的案例判决支持违约方解除合同，但作出裁判的理由却不尽相同。其中大部分案例以“合同目的不能实现”为主要理由支持违约方解除合同，也有案例则以“合同僵局或者继续履行对当事人都不利”等理由判决支持违约方解除合同，还有的案例以“合同履行不能或者继续履行费用过高”的理由支持违约方解除合同，还有的案例将“违约方行使合同解除权符合合同法效率价值的要求”作为裁判理由。对此，最高人民法院二级大法官刘贵祥曾论述“合同不能实际履行时，由违约方行使解除权……符合合同法设立解除制度的追求效率之目的”。2019年最高人民法院发布的《全国法院民商事审

---

① 详见附件1。
② 详见附件2。
③ 详见附件3。

判工作会议纪要》(以下简称《九民会议纪要》)第48条更是确定了合同僵局情况下，违约方起诉请求解除合同的条件：(1)违约方不存在恶意违约的情形；(2)违约方继续履行合同，对其显失公平；(3)守约方拒绝解除合同，违反诚信原则。该规定进一步细化了违约方行使合同解除权的规则要件，对司法实践中案件的裁判具有极强的引导作用。

(三)理论研究的不足以及面临的挑战

综合以上分析，笔者认为以往关于违约方合同解除权问题的论述存在以下不足：(1)对违约方合同解除权性质的探讨不够深入，其与现行法律尤其是《民法典》第580条第2款是何种关系，尚未有人进行深入分析。(2)对违约方解除合同所引起的诚信原则与效率原则的矛盾、转化等关系研究尚不够深入，对效率价值的提倡尚未引起足够的重视。对效率违约理论是否符合我国国情，未能充分进行实证方面的研究。(3)对违约方合同解除权的规则构建尚不完善，未能区分不同典型纠纷之间的区别，缺乏相关类型案件的实证分析。(4)违约方合同解除权的行使方式以及如何确认合同解除的时间，更多的是在理论层面的探讨，尚未有充分的实证研究，裁判尺度不统一。

理论研究的不足与现实面临的重大挑战形成鲜明的对比。尤其是2020年年初新冠疫情暴发后，引发了大量与合同违约及合同解除有关的案件，导致在实践中存在诸多争议，尤其在《民法典》颁布实施后的衔接适用阶段，法官对《民法典》的条文理解也存在较大差异。笔者尝试对上述相关问题进行一些有益的探讨，以期对实践及相关法律的修改提供有益参考。

三、研究方法

普列汉诺夫将研究方法比喻为“用来发现真理的工具”[①]。为更好地达至研究目的，本书综合采用了四种研究方法：

---

① 参见普列汉诺夫：《普列汉诺夫哲学著作选集》，生活·读书·新知三联书店1974年版，第148页。

（一）规范分析法

通过分析梳理我国目前关于合同解除的相关法律规定和裁判规则，解读其背后的原理和理论，同时搜集了丰富、翔实的合同解除尤其是违约方合同解除权的文献资料，提炼、总结已有研究成果，为违约方解除合同规则的分析研究提供论证依据和法律支撑。

（二）实证分析法

法律实证分析法是学术研究的重要方法。实证研究主张研究真实的世界，通过真实案例发现一般规律。① 笔者主要采取了以下两种实证分析方法：一是问卷调查。通过对合同解除制度及违约方合同解除权相关问题、司法实践中遇到的难题、价值判断等内容设计调查问卷，向中级人民法院、基层人民法院一线办案法官、法官助理以及律师等群体，进行匿名问卷调查，获取相关信息。二是文书研判。通过搜集大量真实案例，针对司法实务中遇到的违约方合同解除权问题进行深入分析研究，尤其是通过分析研判新冠疫情以及《民法典》颁布实施以来的典型案例，进而构建相关的裁判规则。

（三）比较分析法

他山之石，可以攻玉。笔者通过比较分析的方法，研究域外如德国、法国、日本等大陆法系以及英国、美国等英美法系国家，对合同解除制度及违约方合同解除权制度的相关设计、理论以及司法实务方面的演进，以期为我国在违约方解除合同的规则构建方面提供有益借鉴。

（四）法经济学分析法

笔者通过经济学的相关视角，通过跨学科分析方法，对于合同解除制度的价值观进行解读及重构。结合实证分析，重点突出效率价值在合同解除制度设计、违约方合同解除权规则建构等方面的意义及基础性地

① 参见苏力：《好的研究与实证研究》，载《法学》2013 年第 4 期。

位，同时兼顾诚信、公平的价值理念，以期能够相互融合，更有效地发挥合同解除在经济、社会发展中的最大效用。

四、创新之处

（一）研究方法的创新

坚持问题导向，采取法律实证研究方法，搜集大量裁判文书为对象进行实证分析，通过真实案例发现一般规律，以客观、深入、理性的实证研究作为理论支撑。

（二）研究视角的创新

从一名司法裁判者的思维方式出发，对《民法典》中关于合同解除制度、违约方合同解除权规则进行解读。对协商解除、约定解除、法定解除以及情势变更、显失公平导致的合同解除，以及合同解除权的性质认定、除斥期间的理解等进行实务层面的分析研判。

（三）研究成果的创新

通过认真梳理近年来关于合同解除制度、违约方合同解除权规则方面的理论研究成果及司法实践经验，构建民法典视野下违约方解除合同案件适用规则、适用路径，探讨违约方合同解除权的构成要件；违约方行使合同解除权在具体类型化案件中的裁判规则；违约方主张合同解除时“合同目的不能实现”的认定；违约方主张合同解除时，合同解除时间的认定等具体问题。

第一章　问题的缘起

合同解除制度关系合同当事人权利、义务的终止，对于衡平合同当事人的利益而言往往具有终局性，且承载着明显的价值导向。无论是协商解除、约定解除中尊重合同当事人的意思自治，还是法定解除中体现出的保护守约方利益，维护诚信的民法基本原则，以及因不可抗力、情势变更导致合同解除过程中体现的公平原则，无不彰显了合同解除制度的价值导向。合同解除制度不仅承载了私法领域对意思自治的遵从，对契约神圣的维护，同时也兼具利益的平衡、市场秩序的维护。因此，合同解除制度自诞生伊始，便被视为契约法上之最后的“守夜人”，具有举足轻重的作用。长期以来，无论是法学理论界还是司法实务界，认为合同解除权系守约方专属之权利的观点仍然占据主流，深入人心。

随着人类社会经济、科技的发展，尤其是“互联网 +”时代到来之后，市场经济日益高度发达，合同的订立、履行等能够以跨越时空的方式进行，电子合同已越来越日常化、生活化，因此在注重交易安全的同时，效率越发成为市场经济追求的价值。而传统的合同解除制度已严重滞后于社会生活的发展，合同双方一旦陷入合同僵局，复杂、烦琐的合同解除制度设计，不仅成为合同双方无法承受之重的“法锁”，也造成了社会资源的严重浪费。基于此，法学理论界对违约方是否享有合同解除权的争论也已旷日持久，但司法实践中遇到的大量案件，并未因争论而消亡，反而是愈演愈烈，案件类型也越来越新颖。

在违约方行使合同解除权缺乏明确的制度设计和法律裁判规则的前提下，人民法院对此类案件的裁判往往“捉襟见肘”，且争议极大，仅仅依靠最高人民法院的案例裁判规则并不能充分涵盖违约方合同解除的全部情形，法官不得不在现有的法律条文中，利用法解释学为其裁判寻找依据，与其说是在填补法律漏洞，不如说是创设新的法律规则。但具体的裁判尺度、自由裁量的结果又因不同地区经济发展水平、法官认知不同而产生较大差异。因此，《民法典》在编纂过程中设立全新的违约方合同解除权规则，但随之而来引起的是更大的争议，以至于立法者对违约方合同解除权的态度出现了前后反复的现象。《民法典》实施后，较之《合同法》，尽管在某种程度上认可了违约方解除合同的权利，可对违约方合同解除权的争议仍在继续，而且伴随新冠疫情对社会生活的影响，实践中违约方起诉要求解除合同的案件大幅激增，给人民法院带来了挑战。如何以当下《民法典》的框架解决现有纠纷，并进一步对违约方合同解除制度进行规则设计，是一个具有理论和实践挑战的课题。

一、违约方合同解除权的立法反复

（一）问题的提出

我国长期以来的主流观点均认为合同解除权系为保护守约方之利益而为守约方所当然享有的单方权利。之所以如此，显然系我国受大陆法系“契约神圣”“契约必须信守”的法律理念所影响，亦与大陆法系关于民法上之权利性质四分法的主流观点有关。合同解除权一直被认为是形成权的一种，“解除权为形成权，自得依权利人的意思表示以单方行为而为之，由此产生法律关系变动的效果，既无须征得对方的同意，也不必向人民法院或者仲裁机构以公力救济的方式诉请，此在我国民法界已无争议”[①]。但域外法对于解除权的行使方式存在三种制度模式：以法国为代表的诉讼解除，即当事人行使解除权必须向法院提起诉讼，不能自行解除；以日本为代表的自动解除；以德国为代表的当事人意思表示解除。[②]形成权的“霸道属性”使得法学理论界普遍担心一旦赋予违

---

① 刘凯湘：《民法典合同解除制度评析与完善建议》，载《清华法学》2020 年第 3 期。

② 参见李永军：《合同法》，中国人民大学出版社 2016 年版，第 289 页；汪张林、杜凯：《论合同解除权的行使》，载《西南政法大学学报》2005 年第 1 期。

约方合同解除权，则会严重影响交易的安全性和稳定性，这与民法诚信之基本原则的要求不符，故法学理论界主流观点一直拒绝承认违约方的合同解除权。但司法实践中出现了大量违约方起诉请求解除合同的案件，尤其是在陷入合同僵局的情况下，合同已确实不能履行，或者继续履行对违约方明显不公平，人民法院往往会“左右为难”。比如，若法院判决支持违约方解除合同的诉讼请求，则在现行法中缺乏明确的法律规范；再如，若法院判决驳回违约方解除合同的诉讼请求，又有违事实上的公平正义。直至2006年，最高人民法院以公报案例的形式发布了“新宇公司诉冯某梅商铺买卖合同纠纷案”（以下简称新宇公司诉冯某梅案），在裁判摘要中创设了在特定情况下可以允许违约方解除合同的裁判规则。自此，全国各地法院得以援引该案例判决处理了大量违约方请求解除合同的案件。

（二）《民法典》编纂前的研究概况

与司法实践中对违约方合同解除权问题的研究相比，国内法学理论界对违约方能否享有合同解除权的专门研究则相对滞后，在较长一段时间内并未成为研究的热点。经搜索相关学术论文，国内最早提出合同解除权行使主体观点的学者是马春元，他认为契约自由即解约自由，其借鉴了比较法上的效率违约理论，主张《合同法》第94条[①]规定的当事人并非仅指守约方，并论证了违约方解除权的正当性：一是违约方合同解除权是程序性权利；二是否定违约方解除权不符合效率且有损公正。[②]同一时期，雷裕春是另一位较早讨论违约方能否享有合同解除权的学者，两人的观点基本一致。[③]此后的几年内，没有学者对这一问题进行更深入的研究，直至2016年，孙良国首次撰文讨论了违约方合同解除权，他认为，违约方的合同解除权不能成为一般规则，但基于效率原

① 对应《民法典》第563条，后文不再赘述。

② 参见马春元：《违约方解除权的法理分析和现状评述》，载《南都学坛》2010年第5期。

③ 参见雷裕春：《合同解除权行使的若干问题研究》，载《学术论坛》2007年第5期。

则，在违约方无过错、继续履行会造成不成比例效率损失以及违约方进行充分赔偿的情况下可以赋予违约方合同解除权。① 总体而言，自 2006 年至 2016 年间，法学理论界对违约方合同解除权的研究仅限于个别学者，并未引起法学理论界的普遍关注，支持违约方享有合同解除权的观点，也并未获得更多人的认可。

（三）《民法典》立法过程中的去留之争

随着社会经济生活的发展，尤其是进入"互联网+"时代以来，1999 年颁布的《合同法》越来越跟不上社会经济生活发展变化的步伐。越来越多违约方请求解除合同的案件进入人民法院，且案件类型也日益多元化、新型化，仅仅依据最高人民法院新宇公司诉冯某梅案的裁判规则并不能解决所有此类案件。于是实践中，各地法院出现了形态各异的裁判理由，有的通过对《合同法》第 94 条进行文义解释，推出法律并未明确禁止违约方解除合同的结论；有的通过适用《合同法》第 110 条② 的三种情形，赞成违约方解除合同；也有些案件直接依据《合同法》的基本原则，支持违约方解除合同。但为数更多的案件以《合同法》并未明确规定违约方享有合同解除权为由判决驳回了违约方的诉讼请求。这在一定程度上导致此类案件的裁判混乱以及同案不同判的现象。有鉴于此，自 2016 年我国正式启动《民法典》编纂工作以来，违约方合同解除权问题不仅受到了更多学者的关注，也成了《民法典》合同编编纂过程中无法回避的问题。

在此期间，很多学者先后撰文讨论了违约方能否享有合同解除权的问题。王利明对违约方享有合同解除权持反对意见，③ 但他认为可以借鉴法国的诉讼解除制度，由违约方请求司法解除作为解决问题的办法。④ 崔建远则认为在符合《合同法》第 110 条以及双方当事人均违约的情形

① 参见孙良国：《违约方的合同解除权及其界限》，载《当代法学》2016 年第 5 期。
② 对应《民法典》第 580 条，后文不再赘述。
③ 参见王利明：《合同编解除制度的完善》，载《法学杂志》2018 年第 3 期。
④ 参见王利明：《论合同僵局中违约方申请解约》，载《法学评论》2020 年第 1 期。

下应当有条件地允许违约方解除合同。[①] 刘承韪主张有限地承认违约方的解除权以应对合同僵局，在《民法典》中写入违约方解除合同规则难以颠覆合同严守原则和诚信原则，不会带来额外的道德风险，也并不违反我国既有法律传统，既是必要，也是可行的。[②] 蔡睿则主张效率违约理论与我国的违约救济路径不相容，违约方解除权会对合同约束力产生严重影响，应予以彻底摒弃。[③]

为解决司法实践中存在的大量合同僵局的问题，立法机关在《民法典合同编（草案）（一次审议稿）》第353条第3款规定："合同不能履行致使不能实现合同目的，解除权人不解除合同对对方明显不公平的，对方可以向人民法院或者仲裁机构请求解除合同，但是不影响其承担违约责任。"与《合同法》第110条在合同履行不能时，违约方只能被动行使继续履行抗辩权，无法主动解脱合同枷锁的立法漏洞相比较而言，该条款的增加在合同解除的范围内明确授予了违约方在合同僵局情况下向司法机关请求解除合同的权利。即便在仅仅规定了违约方合同解除诉权的情况下，该条款仍然在征求意见阶段被误读为赋予了违约方合同解除权而广受批评。为了更加清晰地呈现该条款的立法目的系为破解合同僵局问题，立法机关在《民法典合同编（草案）（二次审议稿）》第353条第3款中增加了两个要件：解除权人滥用权利、对方显失公平。[④] 从表面措辞来看，该规定更加严谨。与一审稿相比，可以看出立法机关的态度更加谨慎，但该条款又受到了更广泛的反对。有学者认为，在同一条款中既抬出"合同目的"，又使用"滥用权利"更辅之以"显失公平"，将三个不同的制度硬生生熔于一炉，有堆砌之感，毫无逻辑可言。

---

① 参见崔建远：《关于合同僵局的破解之道》，载《东方法学》2020年第4期。

② 参见刘承韪：《论违约方解除合同规则写入民法典之必要与可行》，载《中国政法大学学报》2020年第3期。

③ 参见蔡睿：《吸收还是摒弃：违约方合同解除权之反思——基于相关裁判案例的实证研究》，载《现代法学》2019年第3期。

④ 参见张素华、杨孝通：《也论违约方申请合同解除权兼评〈民法典〉第580条第2款》，载《河北法学》2020年第9期。

有学者认为，“有解除权的当事人”表述不当。[①] 随着法学理论界对该条款的争论更加激烈，立法机关随后在《民法典合同编（草案）(三次审议稿）》中将这一条款删除。但实践中的合同僵局问题却亟待解决，所以只能通过司法解释来填补。随后，最高人民法院在 2019 年 8 月 6 日发布的《全国法院民商事审判工作会议纪要（征求意见稿）》第 46 条、第 47 条规定了违约方解除规则。第 46 条表达了在违约方不存在恶意违约、继续履行合同将给违约方自身造成重大伤害的情况下，违约方可以请求解除合同。第 47 条则是对《合同法》第 110 条的补充，规定了在该条款规定的除外情形发生时，合同双方均可以起诉请求解除合同。但此后的正式稿中，《全国法院民商事审判工作会议纪要》删除了第 47 条，将第 46 条也修改为正式稿中的第 48 条。[②] 通过该条内容可以看出，《全国法院民商事审判工作会议纪要》将违约方解除合同适用的条件规定得非常严苛，并不能完全解决实践的需要，且其只能作为裁判说理的依据，无法解决法条引用的问题。2020 年 5 月 22 日《民法典》草案公布，将违约方请求解除合同的条款放在了《民法典》合同编违约责任章节第 580 条第 2 款[③]。通过该条规定可以看出，立法机关为了避免违约方解除权再次引起巨大争议，变通性地放置在了违约抗辩权，并以“终止合同权利义务关系”的表述代替了“解除合同”的表述。由此看出，虽然该条款赋予违约方合同解除诉权，为困于合同僵局的违约方提供一个寻求出路的机会，但该条款仍存在明显不足，下文将具体分析。至此，《民法典》关于对违约方合同解除权的去留之争终于尘埃落定。

---

① 参见张素华、杨孝通：《也论违约方申请合同解除权兼评〈民法典〉第 580 条第 2 款》，载《河北法学》2020 年第 9 期。

② 《全国法院民商事审判工作会议纪要》第 48 条规定：违约方不享有单方解除合同的权利。但是，在一些长期性合同如房屋租赁合同履行过程中，双方形成合同僵局，一概不允许违约方通过起诉的方式解除合同，有时对双方都不利。在此前提下，符合下列条件，违约方起诉请求解除合同的，人民法院依法予以支持：（1）违约方不存在恶意违约的情形；（2）违约方继续履行合同，对其显失公平；（3）守约方拒绝解除合同，违反诚实信用原则。人民法院判决解除合同的，违约方本应当承担的违约责任不能因解除合同而减少或者免除。

③ 《民法典》第 580 条第 2 款规定：“有前款规定的除外情形之一，致使不能实现合同目的的，人民法院或者仲裁机构可以根据当事人的请求终止合同权利义务关系，但是不影响违约责任的承担。”

表 1-1 《民法典》关于第 580 条的历次修订过程

《民法典》合同编草案	
稿次	内　　容
一次审议稿	第 353 条第 3 款：合同不能履行致使不能实现合同目的，解除权人不解除合同对对方明显不公平的，对方可以向人民法院或者仲裁机构请求解除合同，但是不影响其承担违约责任
二次审议稿	第 353 条第 3 款：合同不能履行致使不能实现合同目的，有解除权人的当事人不行使解除权，构成滥用权利对对方显失公平的，人民法院或者仲裁机构可以根据对方的请求解除合同，但是不影响违约责任的承担
三次审议稿	删除了第 353 条第 3 款内容
审议稿（定稿）	第 580 条第 2 款：有前款规定的除外情形之一，致使不能实现合同目的的，人民法院或者仲裁机构可以根据当事人的请求终止合同权利义务关系，但是不影响违约责任的承担

纵观以上整个过程（见表 1-1），无论是立法机关、法学理论界还是最高人民法院，对赋予违约方合同解除权这一问题均抱着极为谨慎的态度，争议十分激烈，过程多次反复。但无论如何，已经正式实施的《民法典》相比《合同法》而言，在违约方合同解除制度上向前迈出了一大步。在《民法典》已经正式实施的当下，如何更好地适用这一条款，如何理解其与法定解除、不可抗力、情势变更等诸多制度的衔接，如何让法官在实践中更有效、合理地通过法律解释创设新的案件裁判规则，以填补法律漏洞，解决合同僵局这一问题，则是本书研究的目的和方向。

二、关于违约方合同解除权的理论争议

关于是否赋予违约方解除合同的权利，法学理论界争论已久，观点各异，可谓仁者见仁、智者见智，归纳起来主要分为三种观点：观点一，明确否定违约方享有解除合同的权利，可以称之为否定论；观点二，否定违约方享有解除合同的权利，但赞同违约方以诉讼方式司法解除合同的权利，可以称之为有限肯定论；观点三，明确赞同赋予违约方

享有解除合同的权利，可以称之为完全肯定论。

（一）否定论及观点依据

持否定论观点的学者以韩世远、朱广新、蔡睿等学者为代表。蔡睿认为，违约方合同解除权这一制度创新有违合同严守原则，它是吞噬合同约束力的“魔鬼”，而非倡导合同自由的“精灵”，我国《民法典》不应吸收这一规则，而应予以彻底摒弃。[①]韩世远则认为，首先，从比较法上看，在大陆法系尚未见到承认违约方解除权的立法例；其次，从合同法的体系来看，《合同法》第110条“除外”规定无法构成请求解除合同的规范基础，赋予违约方以解除权，会造成合同法体系冲突，动摇合同法的根基。[②]此外，还有学者认为赋予违约方合同解除权不合乎《合同法》的道德性，有可能引发道德风险，违约方作为道德上有瑕疵的主体，不能获得解除合同的权利，即《合同法》的道德属性会否定违约方合同解除权的权利设计。[③]

（二）有限肯定论及观点依据

持有限肯定论观点的学者认为，法律不应明确规定赋予违约方享有解除合同的权利，而是在特定条件下允许违约方请求人民法院或仲裁机构解除合同。有限肯定论的观点主要分为两种。一种观点认为，《合同法》第94条在解释上能够容纳违约方的合同解除，不必另行单独制定违约方解除合同的规则，持该观点的学者以梁慧星、周江红等学者为代表。梁慧星认为，《合同法》施行以后，大家普遍拘泥于旧理论，认为只有守约方才有权行使解除权，有悖于法定解除权制度的本质。不论何种原因导致合同目的不能实现的，双方当事人都有解除权，这样才能实

① 参见蔡睿：《吸收还是摒弃：违约方合同解除权之反思——基于相关裁判案例的实证研究》，载《现代法学》2019年第3期。

② 参见韩世远：《继续性合同的解除——违约方解除抑或重大事由解除》，载《中外法学》2020年第1期。

③ 参见孙良国：《违约方合同解除的理论争议、司法实践与路径设计》，载《法学》2019年第7期。

现法定解除权制度的立法目的，及时消灭已经“死亡”的合同关系。至于违约责任的承担并不受谁行使合同解除权的影响，而是有独立的违约责任条款规制。[①] 另一种观点以王利明、石佳友等学者为代表，王利明认为，《合同法》第 94 条并未明确赋予违约方合同法定解除权，因此在解释论上应当将其界定为守约方；我国应当吸收其他国家的司法解除制度经验，由违约方向法院起诉或仲裁解除合同，司法机关经过审查认定合同符合相关法律规则条件的，判决解除合同。《民法典合同编（草案）（二次审议稿）》第 353 条第 3 款实际接受了该观点，但该条款公布时，仍然引发了大量的批评。对此，石佳友认为：“批评的观点认为这是支持违约方的合同解除权，会助长甚至鼓励违约方，违背了‘任何人不得因其恶行而得利’这一古老法律谚语所蕴含的法律基本原理。这种批评显然是误读，并没有理解其深层含义，因为该条文只是允许违约方申请法院或仲裁机构解除合同的权利，目的是打破合同僵局，并未明确一定支持违约方解除合同的诉讼请求。”[②] 有限肯定论的观点，准确地说并非赞同支持直接赋予违约方合同解除权，而是赞同违约方申请解除合同的权利或者说称之为违约方合同解除诉权。在具体论述违约方申请合同解除权的正当性问题上，石佳友指出，实际履行排除规则、减损规则、情势变更制度在调整对象、适用标准及法律后果等方面均不能完全涵盖合同僵局的案件情形，违约方申请解除合同权的规定有其独立的适用空间，可以为解决合同僵局提供充分的制度供给。无论是从理论上还是实践上考察，设立违约方申请合同解除权均具备正当性。石佳友并据此建议在《民法典（草案）》第 370 条不能履行抗辩情形之后增加一款规定：“有上述情形之一的，人民法院或者仲裁机构可以根据当事人的请求确认合同的权利义务终止，但不影响违约责任的承担。”[③] 通过对以上观点

---

① 参见梁慧星：《关于民法典分则草案的若干问题》，载《法治研究》2019 年第 4 期；周江洪：《关于〈民法典合同编〉（草案）（二次审议稿）的若干修改建议》，载《法治研究》2019 年第 2 期。

② 石佳友：《我们需要一部什么样的合同法？评“民法典合同编二审稿（草案）”》，载 http：//zhuanlan.zhihu.com，最后访问时间：2022 年 12 月 7 日。

③ 石佳友、高郦梅：《违约方申请合同解除权：争议与回应》，载《比较法研究》2019 年第 6 期。

的梳理，结合我国已经正式生效实施的《民法典》第580条第2款的内容，可以看出《民法典》最终采纳了上述观点。但在《民法典》正式实施以后，司法实践中对该条款的运用仍然有待考证。

（三）完全肯定论及观点依据

完全肯定论则主张《民法典》应当赋予违约方在特殊情形下行使合同解除权规则，持该种观点的学者以孙良国、杨卓黎、崔建远、刘承韪等为代表。较早撰文主张赋予违约方合同解除权的为孙良国、杨卓黎。孙良国主张直接赋予违约方合同解除权，其主要理由为四点：（1）对违约方合同解除权的道德性担忧可能被夸大了，在违约方同意支付期望损害赔偿金的情况下，不能认定所有的违约行为都是不道德的；（2）违约方合同解除权是特殊规则，通过制定较为严格的条件能够解决解除权作为形成权所可能产生的问题，也能解决引发当事人投机主义的问题；（3）赋予违约方解除权能够更为便捷和有效地解决问题；（4）我国既有的法律对效率的定位存在瑕疵。① 杨卓黎则于2017年提出以解释论为视角，结合《合同法》第110条的内容，通过履行不能的法律后果，解释违约方解除合同的规则要件和方式较为合适。② 而随着《民法典》的立法进程，在《民法典》编纂过程中，支持赋予违约方合同解除权的刘承韪学者首先从情势变更原则解决不了合同僵局问题、德国法"重大事由解除规则"并非破解合同僵局最优解、《合同法》第110条的继续履行排除规则也无法化解合同僵局三个方面论证了违约方合同解除规则写入《民法典》的必要性，并以情势变更原则在我国20年入法的艰辛曲折经历，呼吁尽快将违约方合同解除权写入《民法典》。③《民法典》颁布后，崔建远仍特别指出："民法典第580条第2款虽然作为破除合同僵

① 参见孙良国：《违约方合同解除的理论争议、司法实践与路径设计》，载《法学》2019年第7期。

② 参见杨卓黎：《违约方合同解除权研究——以解释论为视角》，载《湖南师范大学社会科学学报》2017年第3期。

③ 参见刘承韪：《论违约方解除合同规则写入民法典之必要与可行》，载《中国政法大学学报》2020年第3期。

局的解决办法，并不能完全解决合同僵局的全部情形，因为该条款不包含金钱债务的履行、所需成本过高和债权人在合理期限内不请求履行的情形，而在一些案件中，当债务人的合同义务系金钱债务时，守约方解除合同，也会给债务人造成严重的不良后果。为此打破合同僵局是必要的。”[①] 在此基础上，崔建远认为破解合同僵局的最佳方案是吸纳《民法典合同编（草案）(二次审议稿)》第353条第3款的规定及精神，即赋予违约方在特殊情况下享有合同解除权。

（四）对上述学界观点的总结与反思

首先，笔者认为，“合同僵局”问题由来已久，而且实践中也已出现不少类似案例，由此产生的是否允许违约方解除合同成为法律所无法回避的问题，否则也不会有“新宇公司诉冯某梅案”作为最高人民法院公报案例出现，甚至将该案例所确立的裁判规则写入最高人民法院《全国法院民商事审判工作会议纪要》以指导全国法院民商事审判。同时合同僵局问题作为法学理论界讨论颇为激烈的一个问题，尤其是伴随着《民法典》编纂过程中的学术争鸣，至《民法典》最终的尘埃落定，可以看出《民法典》最终还是采纳了在特殊情况下允许违约方向人民法院或仲裁机构主张解除合同这一方案，来解决这一问题。由此看来，明确否定违约方享有解除合同的权利的观点，在学理上似乎已无商榷之必要，但鉴于该种观点影响最深，也最为广泛，仍应结合实践情况予以考察。

其次，无论是支持违约方采取诉讼或仲裁等司法解除的方式还是直接允许违约方采取通知解除的方式来解除合同，法学理论界均有不同的学者进行了讨论，孰优孰劣，一直难以定论。崔建远曾说：“法律作为社会生活的调节器，必须直面现实社会。法律人必须具有中国问题意识，面对中国实际，解决中国问题。”[②] 对此，《民法典》关于破解“合同

① 崔建远：《关于合同僵局的破解之道》，载《东方法学》2020年第4期。
② 崔建远：《关于合同僵局的破解之道》，载《东方法学》2020年第4期。

僵局”问题，进行了一定的制度创设，实际上同意了特殊情况下允许违约方向人民法院或仲裁机构主张解除合同的模式。但该种模式能否完全解决实践中的合同僵局问题，是否为解决该问题的最优解，不仅在法学理论界尚存在争议，而且也更有待于实践的检验。

此外，支持赋予违约方合同解除权的主张，虽然论证了特殊情况下直接赋予违约方合同解除权的正当性、必要性以及可行性，也从不同的角度对违约方合同解除权的模式优劣进行了充分的论证比较，为此奠定了一定的理论基础，但也有不足之处。一是对我国目前国情下关于违约方合同解除权的道德性评价尚缺乏实证研究；二是《民法典》对该问题的制度设计能否满足社会生活以及司法实践的需要，能否更好地破解合同僵局问题，尤其是自 2019 年疫情暴发以后，对民商事合同领域所带来的冲击，尚缺乏实证研究；三是在《民法典》实施以后，尚未有人对违约方合同解除权的构成要件或者行使规则提出具体的制度设计。这也是本书所要着重解决的问题。

第二章　违约方解除合同的实证研究

我国并非判例法国家，但最高人民法院公报案例的确对我国司法实践具有很强的指导作用。霍姆斯大法官有句名言："法律的生命在于经验，而不在于逻辑。"所谓的"经验"包含两层意思：一是动态上的意思，即指法律实践的整个过程，缺乏实践的法律只不过是一纸空文，没有任何意义；二是指静态上的意思，即指对法律实践的归纳总结，通过法律实践归纳总结出解决现实问题的理论及规律。在违约方合同解除权的问题上，相关的司法实践其实远远早于理论的研究，但该问题真正引起广泛关注肇始于最高人民法院公报案例新宇公司诉冯某梅案。本章通过梳理违约方解除合同实践的缘起、发展沿革、司法实务界的观点以及疫情暴发、《民法典》实施前后有关司法案例的研究，来追溯探讨违约方合同解除问题产生的根源，并在此基础上论证赋予违约方合同解除权的合理性。

一、违约方解除合同裁判规则的发端

如前所述，最高人民法院的公报案例"新宇公司诉冯某梅案"开启了违约方解除合同新的裁判规则。下面通过简要分析该案案情，为违约方合同解除权的讨论进行必要的铺垫。

基本案情：1998 年新宇公司与被告人冯某梅签订了一份商铺买卖合同。合同内容涉及新宇公司所拥有的时代广场内一处 22 平方米商铺销售给被告人冯某梅。冯某梅支付了房款，商铺也实际交付但未办理过户登记。后新宇公司将该商场自有部分租给其他公司经营，但因经营不善，该商场三年内两次停业整顿。新宇公司为盘活资产欲将独立商铺式经营改为统一经营，遂陆续与全部 150 家商户中的 148 户解除了合同，仅有冯某梅与另一户不同意解除合同。新宇公司愿意向冯某梅支付充分赔偿，但冯某梅仍不同意，致使新宇公司不能继续施工，整个商场 6 万平方米的建筑闲置，新宇公司无奈诉至法院，要求解除合同。

判决结果：一审法院认为，该案双方形成的"合同僵局"，在个人方面，造成了当事人的利益损失；在社会层面，使得资源配置缺乏效率，有损于构筑和谐社会的宗旨。权衡此案当事人双方的利益诉求，一审判决支持了违约方新宇公司要求解除合同的诉讼请求。二审法院则认为，该案实际构成了《合同法》第 110 条规定的"履行费用过高"，当违约方继续履约所需的财力、物力超过合同双方基于合同履行所能获得的利益时，应该允许违约方解除合同，用赔偿损失来代替继续履行。

裁判分析：虽然从判决结果上，一、二审法院都支持了新宇公司作为违约方要求解除合同的诉讼请求，但所依据的法律规则并不一样。一审法院是直接依据公平原则与诚信原则，二审法院所依据的是《合同法》第 110 条第 2 项的规定。由此可以看出，即便是都同意支持违约方解除合同的情况下，不同的法官因对法律理解不同也会选择不同的裁判路径，对应不同的裁判规则，引起诸多争议和讨论。

裁判规则及影响：此后，该案作为典型案例刊登于《最高人民法院公报》2006 年第 6 期，并同时确立了以下两个裁判规则：（1）根据《合同法》第 110 条规定，有违约行为的一方当事人请求解除合同，没有违约行为的另一方当事人要求继续履行合同，当违约方继续履约所需的财力、物力超过合同双方基于合同履行所能获得的利益，合同已不具备继续履行的条件时，为衡平双方当事人利益，可以允许违约方解除合同；（2）违约方解除合同后须向对方承担赔偿责任，以保证对方当事人的现实既得利益不因合同解除而减少。

该案所确立的裁判规则对全国法院审理此类案件的影响是深远的，该案的裁判理由也多次被引用。

二、违约方解除合同案件的特点

（一）案件呈现爆发态势

对于2006年之后违约方解除合同的案例，曾有研究者以“违约方”“解除合同”等关键词，在“阿尔法”“无讼”以及“北大法宝”等数据库进行检索，自2006年至2009年共计搜索到599篇。① 这充分说明了违约方解除合同问题亟待解决，有必要进行深度讨论。笔者以“违约方解除合同”作为关键词，在“法信”数据库进行检索，共检索到1552篇文书，在“中国裁判文书网”共检索到涉及违约方解除合同的裁判文书1838篇。从时间分布的角度进行分析，得出近十年来的数据如下：2012年2篇、2013年3篇、2014年55篇、2015年59篇、2016年103篇、2017年165篇、2018年484篇、2019年230篇、2020年437篇、2021年712篇。从以上数据可以看出，违约方解除合同案例近十年来数量逐年增长，尤其是自2018年以来，违约方解除合同的案例呈现较为明显的爆发态势（见图2–1）。这一方面充分说明了对该问题研究的必要性，另一方面也说明伴随经济社会的发展以及新情况的出现，此类案件仍将继续增长。

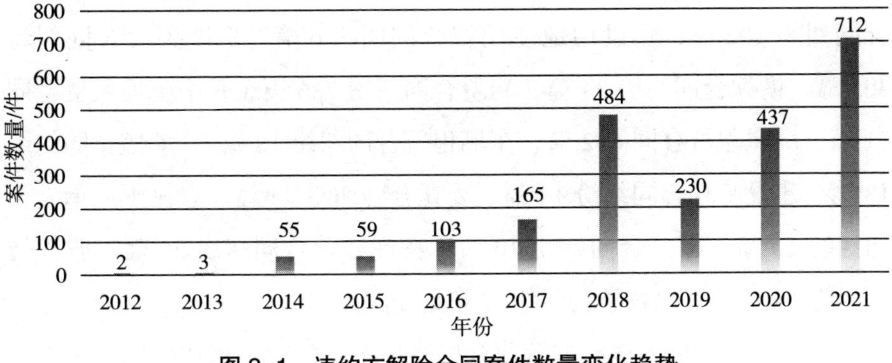

图2–1　违约方解除合同案件数量变化趋势

① 参见王俐智：《违约方合同解除权研究》，吉林大学2020年博士学位论文。

（二）案例地域分布广泛

从违约方解除合同案件地域分布来看，总体上与地域的人口数量、经济发展程度等存在一定关系（见图 2–2）。

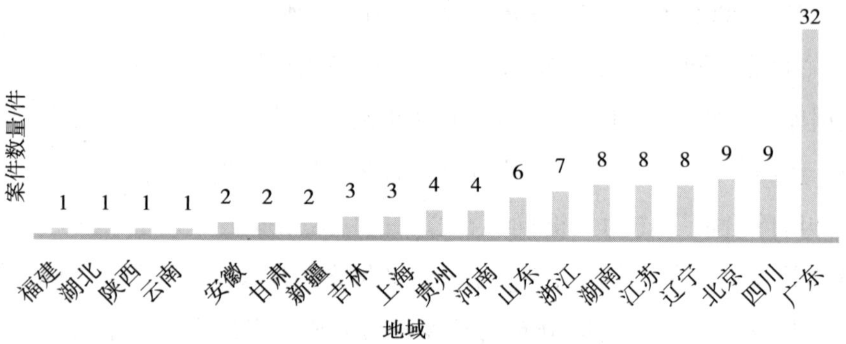

图 2–2　违约方解除合同案件地域分布情况

由图 2–2 可以看出，第一，违约方合同解除权争议的案件地域分布很广，全国各省区市普遍存在。第二，一般情况下经济既发达、人口又多的省份，违约方合同解除案件数量也越多，存在一定的正相关性。第三，违约方合同解除案件数量与该省的诉讼总量有关。

（三）案件类型既相对集中又多元化

笔者对上文检索到 1838 篇裁判文书的案由进行了分类整理：买卖合同纠纷 102 篇、建设用地使用权合同纠纷 6 篇、房屋买卖合同纠纷 305 篇、借款合同纠纷 34 篇、租赁合同纠纷 786 篇（其中土地租赁合同 21 篇、房屋租赁合同 642 篇、车辆租赁合同纠纷 18 篇）、承揽合同纠纷 18 篇、建设工程合同纠纷 14 篇、委托合同纠纷 74 篇、农村土地承包合同纠纷 15 篇、服务合同纠纷 10 篇、特许经营合同纠纷 25 篇、股权转让纠纷 18 篇，其他各类合同纠纷 431 篇。

由此可以看出，违约方解除合同案件主要集中于租赁合同、买卖合同、委托合同等几种特定的合同类型，其中尤其以房屋买卖、租赁合同为典型。因此笔者有必要对这几种合同类型中的违约方解除合同案件进行更加深入的研究，以探求每个合同类型的共性及特征，归纳总结出规律，为实践提供更好的参考。

三、违约方解除合同案件的裁判概况

经整理分析，上述1838篇文书中，从文书类型看，判决书为1793篇，裁定书为45篇（再审裁定书29篇）（见图2–3）；从法院审理层级看，最高人民法院8篇、高级人民法院52篇、中级人民法院813篇、基层人民法院965篇（见图2–4）。

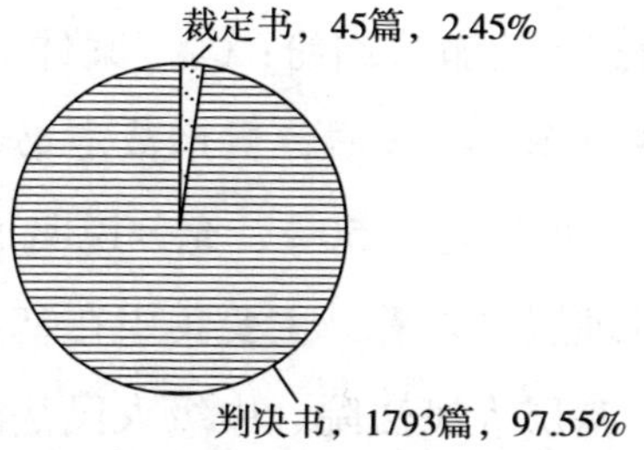

图2–3　违约方解除合同文书类型

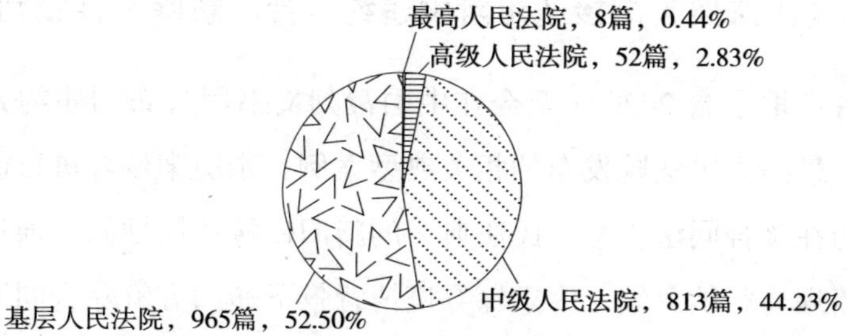

图2–4　案件审理层级

从审判程序来看，民事一审程序966篇、民事二审程序813篇、民事再审程序51篇，其他8篇（见图2–5）。

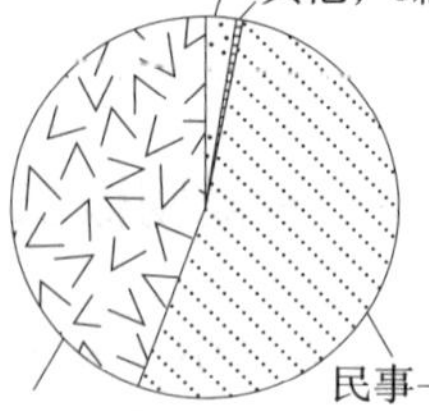

图 2-5　违约方解除合同案件审判程序

从上图中可以归纳出违约方解除合同案件裁判的一些特点：（1）从图 2-3 可以看出违约方解除合同案件中当事人普遍争议较大，调解撤诉率不高，大多数通过判决解决纠纷；（2）案件审理难度大，且上诉、再审率高，从图 2-3 及图 2-5 来看，再审裁定书占此类案件裁定书比例较高，民事二审程序占比超过 50%，充分说明了此类案件的复杂性；（3）从图 2-4 法院审理层级来看，主要集中在基层人民法院和中级人民法院，而全国各地基层人民法院、中级人民法院对该问题的认识不统一，容易产生大量同案不同判的现象。

四、《民法典》衔接适用阶段违约方合同解除案件裁判分析

笔者选取了自 2020 年至今在中国裁判文书网公布的违约方解除合同案例、最高人民法院发布的相关典型案例、亲历案例等进行研究，该过程恰巧在《合同法》与《民法典》的新旧衔接适用期间。通过对大量案件的梳理、归纳总结，力求探寻疫情背景下违约方解除合同案例的一般规律，发现该类案件的裁判目前存在的问题，从而为违约方解除合同的裁判规则以及理论证成，提供充分的依据。

（一）案件类型的简单概括

实践中违约方解除合同案件存在较为明显的特征，对此可以依据不同的标准进行分类，以进一步明晰不同情形下的具体裁判情况。

1. 按照债务性质可以分为涉金钱债务的违约方合同解除案件和涉非

金钱债务的违约方合同解除案件。金钱债务下的违约方合同解除案件表现在诉讼请求上，多为债权人要求债务人继续给付租金、报酬、价款等金钱债务及赔偿损失或者债务人要求债权人返还押金、价款等。而非金钱债务主要表现为债权人要求债务人继续履行非金钱类的合同义务，如交付货物、协助过户或者合同解除后返还标的物等。以笔者统计的2021—2022年之间112件违约方合同解除典型案例来看，涉金钱债务的违约方解除合同案件为84件，占比75.00%；涉非金钱债务的违约方解除合同案件为28件，占比25.00%。可见涉金钱债务类的案件占了多数（见图2-6）。

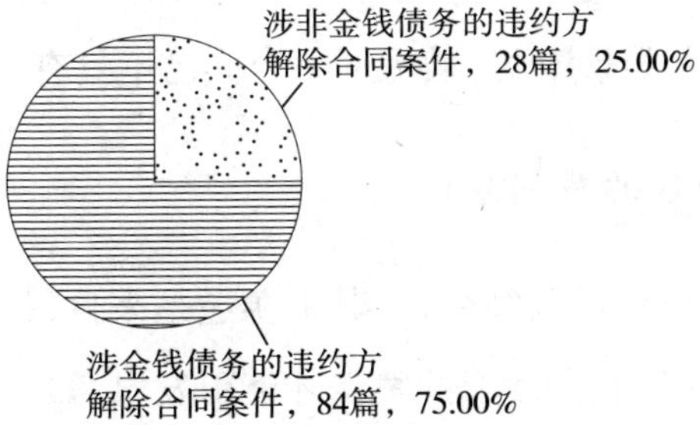

图2-6　违约方解除合同案件的分类

通过对金钱债务类与非金钱债务类违约方解除合同案件的划分，为下一步研究裁判依据提供参照，尤其是《民法典》第580条第2款不能适用于金钱债务类的情形。

2. 按照当事人的诉讼地位划分，主要分为三种：一是债权人起诉要求债务人继续履行合同如支付价款、交付标的物等，债务人则提起反诉，要求法院确认合同已解除或判决解除合同并返还一部分合同对价，对此可以称之为债务人反诉型；二是债权人起诉要求债务人继续履行合同，但债务人并未反诉，而是提出合同已经解除的抗辩理由来对抗债务人的诉讼请求，对此可以称之为债务人抗辩型；三是债权人不同意解除合同，债务人通过起诉等方式实现合同解除的目的，此类可以称之为债务人起诉型。虽然上述第三种债务人起诉型最符合违约方解除合同案件的定义，但其他两种类型有很重要的意义，一个是违约方进行反诉实际也是行使诉权，另一个是违约方通过诉讼中的抗辩权来主张违约方可以解除合同，无论成立与否，法院都应当对合同应否解除予以回应。

进行上述划分的最主要意义就是不同类型的案件，导致的裁判结果和适用的法律依据不同。在债务人反诉型案件中，结果互为相反，要么支持债权人继续履行合同的请求，要么支持债务人即违约方解除合同的诉讼请求。在债务人起诉型案件中，结果为支持或驳回违约方解除合同的诉讼请求。比较特殊的是债务人抗辩型案件中，结果为支持或驳回债权人的诉讼请求，支持守约方的诉讼请求，合同当然继续履行。在驳回债权人诉讼请求的情况下，绝大部分判决没有对合同是否解除进行说明，但因债权人诉讼请求已经被驳回，合同已不具有继续履行的可能。

（二）案件审理的裁判分析

违约方应否享有合同解除权，其根源还是来自每一个现实中活生生的案例，只有这些具有生命力的案例才能引发思考，并进而挖掘其背后的事理、情理和法理。实践中一线法官对案件事实的感知、对法律规范的理解与适用、对当事人权利义务的衡平、对个案中实质正义的追求不是仅局限于对违约方的直觉性道德非难，最终都会体现在法官的裁判文书上，因此对涉违约方解除合同案件的裁判分析不仅可以为规则的设立提供实践基础，还可以发掘其背后的动因。可以说司法实践的倾向立场，构成了违约方合同解除权的司法实践基础的核心。

1. 涉违约方解除合同案件裁判存在上诉率高、发改率高的特点。通过梳理发现，涉违约方解除合同案件中，由于合同解除关涉当事人的重大利益，因此往往争议巨大，观点针锋相对，当事人往往各自引用对自己有利的观点和理论，难以互相说服，具体体现在此类案件的上诉率与二审发改率较高等。经过统计 122 件数据样本，有 61 件案件提起上诉，占比高达 50%；在 61 件上诉案件中，有 16 件属于部分改判、发回重审等，占比高达 26.23%。通过以上数据可以看出：一是案情复杂，案件事实争议大，适用法律困难；二是法官对所涉及的相关法律规范，认知情况不统一、理解偏差大，法律适用标准不统一。这也充分说明了涉违约方解除合同案件的复杂性。

2. 支持违约方合同解除权的案件占多数。通过统计上述全部 122 件案件一、二审的法律文书内容，可以发现支持违约方解除合同的案件数量占据绝对优势。在 114 件一审案件中，支持违约方解除合同的案件数量为 82 件，不支持的为 32 件，支持比例为 71.93%。在 61 件上诉案件中，支持违约方解除合同的案件数量为 40 件，不支持的为 21 件，占比为 65.57%（分别见图 2–7、图 2–8）。

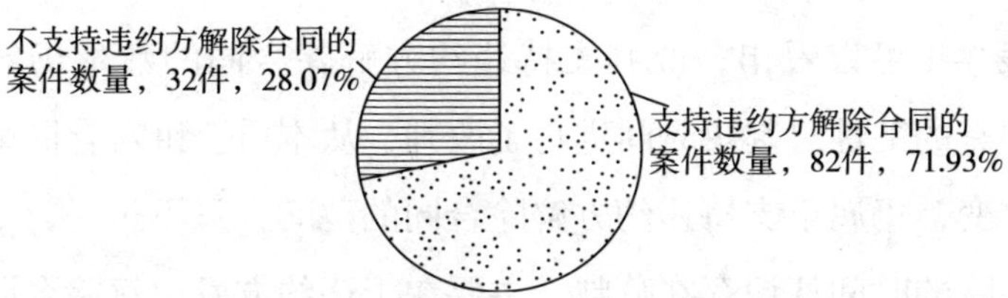

图 2–7　违约方解除合同一审案件支持率

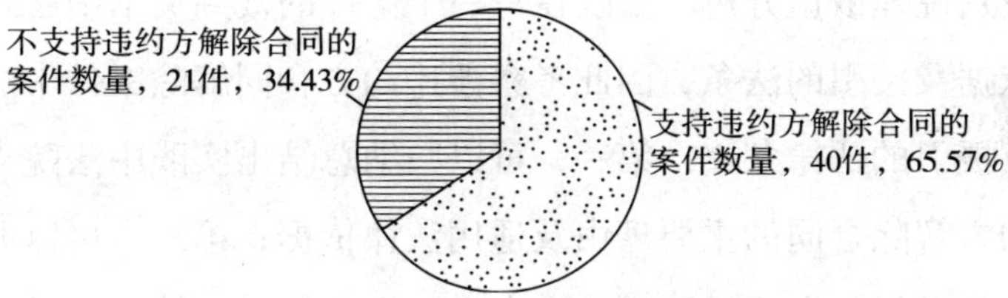

图 2–8　违约方解除合同上诉案件支持率

从以上的统计分析能够看出，在满足某些特定条件下，法院裁判支持违约方解除合同的比例会很高。也就是说，在这些情形下，允许违约方解除合同可能更接近案件的实质正义，从而获得了法官的确认和支持。

值得重点关注的问题是，在 16 件改判或部分改判的案件中，二审法院既有改判支持违约方解除合同的情况，也有改判不支持违约方解除合同的情况，还有的是虽然没有改变解除合同的结果，但是改判了解除合同的时间或者违约金数额。具体情况见表 2–1：

表 2–1 违约方解除合同案件二审改判情况

结果	数量	案号	改判理由
改判支持	5 件	（2021）京 03 民终 18421 号	《民法典》第 580 条并未赋予违约方合同解除权
改判不支持	4 件	（2021）辽 09 民再 29 号	违约方主张依据《合同法》第 94 条规定解除合同与立法本意相悖
改判解除时间	6 件	（2022）鲁 02 民终 1100 号	违约方邮寄解除合同通知书的行为不能引起合同解除的法律效果

从表 2–1 可以看出，改判支持违约方解除合同的数量仍然占大多数，其中有的案件对判决时间进行了改判，从本质上讲对合同解除的结果没有改变，仍属于支持违约方解除合同的范畴，只不过一、二审法院对合同解除的时间认识存在分歧，主要在于违约方发出解除合同的通知到达守约方的时间能否被视为确认合同解除的时间。

3. 裁判说理依据分析。法院在每一个案件的裁判文书中必须列明其说理的依据及援引的法条，因此考察涉违约方合同解除案件中法院的裁判理由及援引的法律条文：第一，可以归纳总结出实践中法院支持或者反对违约方解除合同的主要理由及适用法律依据；第二，可以通过上述裁判结果的差异，发现司法实践中存在的主要问题；第三，通过归纳总结问题，寻找相应的法律漏洞，并为进一步构建违约方解除合同规则提供实践上的参考。笔者对上述 122 篇裁判文书的一审及二审结果进行了详细的归纳和分类，并在此基础上，将有关违约方解除合同案件所援引的法律条文逐一进行了总结分析（见表 2–2）。

表 2–2　支持违约方解除合同案例的说理理由及法律依据

法律条文	说理理由	数量	案号
《合同法》第 110 条、《民法典》第 580 条	合同无法继续履行；不适于强制履行；履行费用过高；债权人未在合同期限内通知履行	26 件	（2021）浙 1123 民初 1315 号
《合同法》第 94 条、《民法典》第 563 条	第 1 项不可抗力不能实现合同目的	2 件	（2021）京 0113 民初 8240 号
	第 2 项预期根本违约不能实现合同目的	4 件	（2022）鲁 02 民终 1100 号
	第 3 项迟延履行主要债务不能实现合同目的	2 件	（2020）粤 0304 民初 55627 号
	第 4 项其他违约行为不能实现合同目的	1 件	（2020）甘 0102 民初 14121 号
	第 5 项其他情形	1 件	（2021）辽 02 民终 3120 号
《全国法院民商事审判工作会议纪要》第 48 条	继续履行对违约方显失公平；并非恶意违约；赔偿损失代替继续履行	11 件	（2021）湘 01 民终 10882 号
《合同法》第 6 条、《民法典》第 7 条	平衡双方当事人利益；守约方不同意解除合同；违反诚信原则	22 件	（2021）苏 10 民终 1849 号
《合同法》第 93 条、《民法典》第 562 条	守约方诉讼中同意解除合同；违约方解除合同；符合双方约定	4 件	（2021）鲁 15 民终 4835 号
《合同法》第 5 条、《民法典》第 6 条	衡平双方当事人目前利益受损状况和今后长远利益出发，依照公平和诚信原则，解除合同	6 件	（2021）浙 1123 民初 1315 号
其他	《民法典》第 5 条自愿原则、《破产法》第 18 条等	3 件	（2021）黔 03 民终 7286 号

通过以上统计可以看出，在支持违约方解除合同案件中，占比最高的首先是原《合同法》第 110 条即现在的《民法典》第 580 条；其次是诚信原则；再次是《民法典》563 条的单方法定解除权；最后是公平原则，《全国法院民商事审判工作会议纪要》可以归入公平原则。

以下是不支持违约方解除合同案例的说理理由及法律依据（见表2–3）：

表 2–3 不支持违约方解除合同案例的说理理由及法律依据

法律条文	说理理由	数量	案号
《合同法》第 60 条 《民法典》第 509 条	合同应当全面履行，无正当理由不应解除合同	7 件	（2021）豫 01 民终 6193 号
《合同法》第 94 条 《民法典》第 563 条	解除权作为一种形成权，除非有明确规定，通常只赋予合同守约方，违约方并不享有解除权	5 件	（2021）鲁 04 民终 2176 号
《合同法》第 107 条 《民法典》第 577 条	合同能够继续履行	4 件	（2021）川 0105 民初 18551 号
《民法典》第 580 条	合同能够继续履行，合同目的能够实现	4 件	（2021）鲁 01 民终 9373 号
《全国法院民商事审判工作会议纪要》第 48 条	双方并未形成合同僵局，并非长期性合同	7 件	（2021）粤 0607 民初 5583 号
《合同法》第 8 条	依法成立的合同，对当事人具有法律约束力。当事人应当按照约定履行自己的义务，不得擅自变更或者解除合同	3 件	（2021）粤 20 民终 2514 号

依据上述可以发现，不支持违约方解除合同的案例主要从正反两方面进行说理：从正面论述的，主要是援引《合同法》第 8 条、第 94 条、第 107 条等条款，论述法律并未赋予违约方合同解除权，违约方不享有法定解除权，合同应当严守，应当全面履行等；从反面论述的，主要是针对当事人的主张，论述案涉合同不符合《民法典》第 580 条及《全国法院民商事审判工作会议纪要》第 48 条的规定。这也从反面说明了若符合上述条件，法官亦支持违约方解除合同。

五、目前裁判中存在的主要问题

（一）合同效力长期悬而未决，不利于交易安全

通过梳理上述案件，实践中很多案件的原告为守约方，其在违约方拒绝继续履行合同且合同已陷入僵局的实际情况下，往往会诉请要求违约方继续履行、支付价款，在此情况下违约方一般会以合同已陷入僵局、无法继续履行或者不适于继续强制履行等进行抗辩，或者违约方认为其已经向守约方充分主张了合同解除的意思表示。合同长时间未履行，在违约方认为合同已经解除的情况下，并不一定提起反诉要求确认解除合同。在此类案件中，人民法院经审理认为合同确已陷入僵局，无法继续履行或者不适于继续强制履行，从而驳回了守约方继续履行合同的诉讼请求。但由于此类案件中当事人并无解除合同的诉讼请求，基于不告不理原则，法院虽然在判决书中援引了《全国法院民商事审判工作会议纪要》第48条或者《民法典》第580条作为说理内容，但在判决主文中并未对合同是否解除作出确定的判决，这就容易造成合同效力长期悬而未决的问题，并未彻底使当事人从已经“死亡”的合同中得到解脱，从而不利于交易安全，也容易产生重复诉讼，浪费司法资源。比如，陈某林与自如公司房屋租赁合同纠纷案。出租人陈玉林提出自如公司继续履行合同并支付租金、逾期利息等诉求，自如公司则辩称由于居委会的要求，将改造后具备出租条件的起居室予以拆除，导致涉案房屋的实际居室数量与双方合同约定的条件和基础情况发生了改变，自如公司收益减少，合同继续履行显失公平，自如公司已发出解除合同通知及房屋接收密码，合同已经解除。一审法院认为，“自如公司虽是违约方，但其不存在明显恶意违约的情形，继续履行合同，对其显失公平。且双方所签租赁合同作为长期性合同，履行过程需要双方相互配合，在自如公司已经实际腾退房屋的情况下，租赁合同项下债务的标的不适于强制履行”，从而判决驳回了陈某林继续履行合同的诉讼请求。二审法院也

维持了一审判决。但因为自如公司并未提出反诉要求确认合同解除，故涉案合同是否解除，法院并未有明确的判决结果。① 与此类似的案件还有吴某琴、吴某民等诉胡某楠房屋租赁合同纠纷案。②

（二）裁判依据混乱，法律适用不统一

通过归纳整理上述案例判决书，可以发现很大一部分判决书在裁判说理部分引用了《全国法院民商事审判工作会议纪要》第48条进行判决结果的论证，并将之作为判决结果的裁判依据。但在判决书引用法律条文部分时，却引用的是《民法典》第580条，这实际上导致了裁判依据的混乱。因为《全国法院民商事审判工作会议纪要》第48条的适用范围不仅仅限于非金钱债务，而《民法典》第580条的适用范围仅限于非金钱债务，这就导致了大量金钱债务的案件出现说理依据与援引的法律依据不一致的奇怪现象。这一问题也成了当事人在上诉时指责一审法院适用法律错误的重要一点。之所以出现这个现象，一方面固然是因为目前立法体例不完善所导致，另一方面更重要的是因为《全国法院民商事审判工作会议纪要》第48条与《民法典》第580条二者并非相同的规则，其内涵和外延存在很大的不同。

（三）诉讼周期长，容易造成社会资源及财富的浪费

统计上述122件案件从立案时间到裁判文书作出之日的周期时长，能够较为准确地反映出此类案件的诉讼周期。而事实上的诉讼周期还要更长，因为从原告起诉之日到正式立案还有一段时间的诉前调解阶段，而裁判文书作出也并不代表诉讼周期结束，法律文书的生效亦需要一定

---

① 参见陈某林与自如公司房屋租赁合同纠纷案，案号为（2021）京0106民初67号、（2021）京02民终9738号。

② 参见吴某琴、吴某民等诉胡某楠房屋租赁合同纠纷案，案号为（2021）皖1622民初3950号，民事判决书内容：出租人诉请承租人支付租金及违约金，承租人则抗辩因疫情其已经告知出租人解除合同，并搬离了房屋，合同已经解除。法院经审理认为合同确已不能履行，应允许承租人作为违约方解除合同，并在裁判说理部分援引了《全国法院民商事审判工作会议纪要》第48条，最后判决承租人赔偿部分违约金后，驳回了出租人的诉讼请求。

时间，而且大部分案件可能还要进入漫长的执行程序。经统计，仅就立案时间到裁判文书作出之日，112件案件中，一审程序49件，适用简易程序的案件诉讼周期为86天，适用普通程序的诉讼周期为145天；二审程序59件，诉讼周期平均约为306天；4件再审案件，诉讼周期均在2年以上。在此期间，不仅会造成社会资源及财富的浪费，如房屋的闲置、建设工程的停工、生产设备的折旧损耗等，而且对于法院司法资源的消耗要比其他普通类型案件要高。之所以出现这种现象，归根结底，还是因为司法实践中各个群体对违约方是否享有合同解除权存在较大的认识差异。

（四）疑难复杂型案件占比高，法律效果和社会效果难以统一

另外统计发现，此类案件之所以诉讼周期长，与案件的疑难复杂程度有直接的关系。112件案件中，提出反诉的为51件，占比达45.54%；二审案件59件，占比达52.68%，这两组数据已经充分说明了此类案件的疑难复杂性。二审案件与再审案件共计63件，占比56.25%，更加充分说明此类案件的一审服判息诉率要远远低于一审法院的全部案件的服判息诉率，从侧面反映了此类案件的判决结果难以实现法律效果与社会效果的有机统一和平衡。一方面，驳回违约方解除合同的诉讼请求，从法律效果上来说要优于社会效果，更有利于维护合同严守的法治精神，但从社会效果上看，有可能会造成个案实质上的不公平以及社会资源的浪费等问题，所取得的社会效果难以令人满意。另一方面，则恰好相反，支持违约方解除合同的诉讼请求，可能在个案上更接近实质正义，也有利于社会资源的有效利用，但难免会对合同严守原则造成一定的冲击。

六、司法实践对违约方解除合同的观点探讨

关于合同解除问题，传统观点普遍认为：出于维护交易安全的目的考虑，守约方按照合同约定主张要求解除合同存在特殊性。若经过法院

审理和调查，认为被告方违约程度显著轻微，不影响合同目的实现的，法院对守约方要求解除合同的请求，一般不予支持。更何况违约方要求解除合同的诉讼请求，有违诚信原则，更不应予以支持。但随着实践中合同僵局案件的不断增加，从真正解决当事人纠纷、避免社会资源的浪费、衡平当事人利益以及更加追求实现个案中公平正义的司法价值等多个角度出发，人民法院对违约方解除合同的观点亦日渐转变。上述新宇公司诉冯某梅案的裁判结果，即代表了这种转变。2019 年《全国法院民商事审判工作会议纪要》第 48 条对违约方起诉解除合同的情形作出了具体规定，在最高人民法院民事审判第二庭编著的《〈全国法院民商事审判工作会议纪要〉理解与适用》一书中，对该条款进行了详细的解读。其中在解释规定该条款的原因时，提到两点：一是具有法律上的依据，即《合同法》第 110 条的履行不能的抗辩；二是通过明确违约方起诉请求法院解除合同的条件和法律后果，有利于破解合同僵局，实现实质正义，促进市场经济发展。① 实践中，支持违约方合同解除权的法官亦不在少数，其中最高人民法院审判委员会专职委员、二级大法官刘贵祥认为，“当违约方继续履约所需的财力、物力超过合同双方基于合同履行所能获得的利益时，为衡平双方当事人利益，可以允许违约方解除合同”。“既然合同被确定不能继续履行，其逻辑结果必然是解除，由违约方还是守约方行使解除权并无差别”②。

与法院的观点不同，立法机关的观点则更倾向于不支持赋予违约方合同解除权，这从《民法典》的编纂过程及《民法典》的最终表述就可以看出，《民法典》第 580 条第 2 款采用了“终止合同权利义务关系”的用语而非“解除合同”的用语，实际上立法机关的目的是避免将该条款解读为违约方请求解除合同的请求权基础。立法机关认为，在合同目的不能实现的情况下，“当事人根据本款所享有的仅仅是申请司法终止

① 参见最高人民法院民事审判第二庭编著:《〈全国法院民商事审判工作会议纪要〉理解与适用》，人民法院出版社 2019 年版，第 316~317 页。

② 刘贵祥主编:《最高人民法院第一巡回法庭精选案例裁判思路解析（一）》，法律出版社 2016 年版，第 179 页。

合同的权利，而非终止合同的权利，本款规定的并非当事人的终止权或者形成诉权，而是司法的终止权。人民法院或者仲裁机构有权结合案件的实际情况，根据诚信和公平原则决定是否终止合同。”[①] 笔者认为，尽管立法机关采用了“终止合同权利义务关系”的表述，但在司法实践中，人们普遍认为该表述的内涵与“解除合同关系”并无实质差别，违约方据此请求合同解除的案例反而会增加，并不能达到立法机关的预期目的。

① 黄薇：《中华人民共和国民法典合同编释义》，法律出版社 2020 年版，第 273~274 页。

第三章　现有法律体系下破解“合同僵局”路径分析

通过对前文的论述，可以发现，无论是关于违约方合同解除权的学界争鸣，还是《民法典》编纂过程中立法机关对赋予特殊情况下违约方合同解除权的态度转变，抑或司法实务中法院关于大量违约方合同解除案例的实践裁判，因法律并没有明确赋予违约方解除合同的权利，故在《民法典》正式颁布之后，全国各地对违约方合同解除权的认识仍然存在较大的混乱。这种混乱不仅体现在地域差异，同时也体现在当事人、律师、法官等不同群体之间的认知差异。同时，从分析大量关于违约方解除合同案件的裁判文书中也可得知，当事人观点截然对立、诉辩主张激烈交锋，有的一、二审法院观点截然相反，这些都说明了这种认识混乱。

因此，在论证如何设计较为完善的违约方合同解除制度之前，有必要对我国现有法律体系下破解“合同僵局”的规则路径予以分析，以探究其适用情形以及是否存在不足。

一、何为“合同僵局”

（一）“合同僵局”概念的厘清

“合同僵局”并非一个精确的法律概念，在我国目前的法律文本中并未有明确规定，其概念来源于实践中对合同无法继续履行又不能打破的一种状态的实然描述，是对此类案件的典型概括。有学者将“合同僵局”定义为：在长期合同中，合同一方由于经济条件、履约能力等发生变化，导致无法继续履行长期合同，需要提前解除合同，而另一方拒绝解除合同。“合同僵局”具有如下特点：第一，合同无法继续履行，但不是由于情事变更所致；第二，守约方不同意违约方解除合同的请求；第三，合同当事人对合同是否继续履行无法协商一致。[①]但也有学者认为“合同僵局”是一个“模糊的描述，不具备概念那样明确的内涵和外延，甚至不如买卖合同、承揽合同、租赁合同等类型那样将对象描述得准确”。但如果以实际履行作为分类标准，“合同僵局”的情形，或者是合同履行不能，或者是合同不适于强制履行，或者是合同履行的费用过高，或者是债权人在合理期限内未请求履行，经催告仍然如此。这些结果的形成是由于违约方过错所引起。[②]上述两种解释观点实际上是从两个角度对“合同僵局”进行了归纳总结，王利明教授从当事人对合同效力的争议角度进行了概括，崔建远教授则从合同能否履行的角度进行了概括。诚然，上述两个角度都是“合同僵局”的明显特征。那么，要想厘清合同僵局的概念，还要建立在司法实践中此类案件的大量样本数据基础之上，客观描述“合同僵局”的情形。首先，将“合同僵局”与情势变更进行比较有因果倒置之嫌，与其说“合同僵局”是由当事人的主观原因造成，情势变更是由客观原因造成，不如说情势变更适用的情形是由合同所依赖的客观原因发生变化所导致的“合同僵局”，情势变更适用于“合同僵局”的情形之一；其次，将“合同僵局”形成的原因与债务人的过错行为相联系，亦有所欠妥。比如，承租人因工作地点发生变动导致提前解除房屋租赁合同，很难说承租人的行为具有过错性，其工作地点的变动既可能是客观原因（如单位调动），也有可能是其主观选择的结果（如跳槽），因此笔者认为对“合同僵局”的界定应该更加中立化，从更加中性、客观、实然的角度加以分析。其特点为：一是债务人拒绝继续履行合同义务，合同不能履行已持续较长时间（实践中通常认为6个月以上即为较长时间）；二是债权人即守约方不行使合同解除权，双方对合同能否继续履行无法协商一致；三是债务人拒绝履行合

① 参见王利明：《论合同僵局中违约方申请解约》，载《法学评论》2020年第1期。
② 参见崔建远：《关于合同僵局的破解之道》，载《东方法学》2020年第4期。

同的原因是合同的主客观情况发生了变化。一句话概括“合同僵局”：由于主客观情况的变化，债务人拒绝继续履行合同而债权人又不行使合同解除权，致使合同陷入长时间既无法继续履行又无法解除的“僵局”。司法实践中，基于交易模式的复杂性、合同条款的关联性等因素，“合同僵局”的表现形态更为多样，如存在分期履行、特别约定、向第三方履行等合同条款情形下，即时履行的合同或短期性的合同亦可能存在“合同僵局”。因此，“合同僵局”的判断不能仅仅局限于合同类型，应采取实质性审查模式，可参照公司僵局的认定标准，围绕是否可就合同的重大事项达成合意、履行利益是否存续、是否可通过协商解决履行困境等方面予以综合审查。

（二）“合同僵局”是我国《合同法》所特有的现象

“合同僵局”问题在我国司法实践中最早出现于2000年左右，随着互联网经济的发展，因“合同僵局”导致的诉讼案件从2016年前后开始迅速上升，相关数据在上文已有所体现。纵观世界主要法系国家，可以看出“合同僵局”问题系我国《合同法》实践领域所特有之现象。究其根源，是由于我国独特的合同解除制度所致。具体而言，一方面，我国在《合同法》制定的过程中，受《联合国国际货物销售合同公约》的影响比较明显，将债权人的履行利益是否受到严重影响作为根本违约的判断标准，并将根本违约作为判断合同法定解除的实质要件。也就是说，在判断合同是否解除时，将英美法系的“根本违约”或“合同目的无法实现”作为实质要件，而不是采用大陆法系如德国法上的“履行不能”作为合同解除要件。另一方面，由于当时我国的学界均一致认同只有守约方才能享有法定解除权，过分强调了强制履行这一首要合同责任，没有采用英美法中违约自由理念，将强制履行与损害赔偿并重，自然也否定了英美法中“效率违约”制度，故不能和英美法一样，通过“效率违约”这一普通法规则打破“合同僵局”。同时，由于我国《合同法》将“合同目的无法实现”作为判断合同法定解除的实质要件，亦未有如大陆法系因“履行不能”对待给付义务消灭合同自动终止或继续性合同中“基于重大事由”解除合同等制度来打破“合同僵局”，由此导致“合同僵局”问题成了我国《合同法》实践领域特有之难题，并在司法理论与实务中产生了诸多争议与困扰。

在现有框架内，首先逐一考察相关条款或制度在打破“合同僵局”的表现或者能否行得通，其次才能对应否赋予违约方合同解除权予以论证。若现有法律规范已经能够充分地解决“合同僵局”问题，则讨论违约方合同解除权自然无必要。下文笔者从我国合同法定解除、情势变更、不可抗力、《民法典》第580条第2款司法终止制度予以逐一辨明。

二、法定解除制度能否作为违约方打破“合同僵局”的裁判依据①

如上文在整理支持违约方解除合同的裁判依据中，有相当一部分系引用了《合同法》第94条（第1款不可抗力除外）的规定，笔者认为，我国法定解除制度推导不出违约方享有合同解除权，不能作为违约方打破“合同僵局”的裁判依据。具体分析如下：

（一）支持的观点及案例

对于《合同法》第94条是否赋予了违约方享有合同解除权的争论由来已久，有部分学者即认为该条款规定的“当事人可以解除合同”并非特指守约方，也应当包括违约方，若法律明确禁止违约方享有合同解除权，则应当予以明确规定。最早持此观点的学者马春元就认为：“合同僵局”大多数情况下，合同应当是解除的，合同解除权的行使主体不应以是否违约来区分。从文义解释以及目的解释来看，《合同法》第94条规定的当事人，理解为合同各方当事人较符合立法精神和市场交易实际。②另外梁慧星、周洪江教授也持此观点。梁慧星认为：“创设合同法

① 关于不可抗力的问题，具有一定的特殊性，下文将单独论述。

② 参见马春元：《违约方解除权的法理分析和现状评述》，载《南都学坛》2010年第5期。

定解除的目的就是要使合同的当事人从已经无法履行或死亡的合同中解脱……只有合同双方当事人都有解除权，才能较好地实现法定解除权制度的立法目的，使已经消亡的合同及时地终结，而谁行使解除权并不影响最终违约责任的承担。”[①] 周洪江则认为，合同不能履行时难以实现合同目的的，此时的解除权不能仅限于非违约方。持此观点的还有雷裕春等人。[②]

除了学者赞同《合同法》第 94 条赋予了违约方享有合同解除权的观点外，在实践中，法院引用该条款作为支持违约方解除合同的案例也不在少数。比如，在北京市第三中级人民法院（2021）京 03 民终 18421 号民事判决书中，一审法院即引用了《合同法》第 94 条第 2 款，判决书写道“联购通顺公司（注：违约方）致函深紫公司要求收回房屋自用，系以自己的行为表明不履行主要债务，其可以解除合同。现联购通顺公司庭审中亦坚持要求解除合同，深紫公司要求继续履行合同，易使合同履行陷入僵局，故深紫公司的诉讼请求，一审法院不予支持”[③]。与此同样观点的案件还有青岛海博置业有限公司与田某帅商品房预售合同纠纷案，一审法院认为：“合同签订后，田某帅应当按照合同约定支付全部房款，但由于田某帅的征信问题，致使不能履行合同约定的贷款支付房屋余款的义务，田某帅向青岛海博置业有限公司出具解除合同通知书，符合合同法的有关规定……田某帅与青岛海博置业有限公司签订的商品房买卖合同可以解除。”[④] 此外，援引《合同法》第 94 条第 4 款不能实现合同目的作为支持违约方解除合同的案例也不在少数，如在上海振华重工（集团）股份有限公司与孔某耀股权转让纠纷案中，一审法院即认为，“转让标的已不存在，已丧失了协议继续履行的客观条件，导致双方的合同目的均不能实现。上海振华重工（集团）股份有限公司

① 梁慧星：《关于民法典分则草案的若干问题》，载《法治研究》2019 年第 4 期。

② 参见雷裕春：《合同解除权行使的若干问题研究》，载《学术论坛》2007 年第 5 期。

③ 北京深紫汽车销售有限公司与北京联购通顺汽车销售有限公司房屋租赁合同纠纷案，案号为（2021）京 03 民终 18421 号。

④ 青岛海博置业有限公司与田某帅商品房预售合同纠纷案，案号为（2022）鲁 02 民终 1100 号。

（注：守约方）要求孔某耀按《股份转让协议》继续履行义务，至此已不具有事实依据和法律依据”[①]，从而驳回了守约方的诉讼请求。另外一个援引该款的典型案例是王某珺诉曹某涛房屋租赁合同纠纷案，法院在认定双方合同应否予以解除时，这样写道：“虽然原告的行为构成违约，其不享有合同解除权，但因原告的违约行为已致使被告的合同目的无法实现，且被告锁门的行为亦说明双方之间的合同无法继续履行，双方租赁关系继续履行已无信赖基础，在此情况下，为衡平双方当事人利益，应允许违约方解除合同。”[②]除了上述两款常被引用于支持违约方解除合同之外，甚至《合同法》第94条第5款也曾被用作支持违约方解除合同的裁判依据。在李某民与郝某房屋租赁合同纠纷案中，一审法院认为：“考虑到因火灾造成原告的货物受损，对原告正常经营产生明显不利影响，其提出解除合同不属于恶意违约，予以支持。”[③]上述案例仅选取了2021年的案例，实际上历年来此类案例均存在。[④]有学者统计，在其检索的599篇关于违约方解除合同的裁判文书中，法院最后认定《合同法》第94条中规定的解除权的主体不限于非违约方的判决书有109篇，占比高达18.20%，[⑤]这充分说明了此种观点在司法实践中有较为广泛的基础。

（二）反对的理由及案例

但与此同时，反对将《合同法》第94条作为违约方解除合同的请求权基础的教授学者人数更多。余延满认为，既然法定解除权是违约情景下的解除，并将解除作为对守约方违约救济的重要方式，因此解除权主体应仅指守约方。[⑥]王利明进行了较为详细的论述：一方面，按照

① 上海振华重工（集团）股份有限公司与孔某耀股权转让纠纷案，案号为（2021）湘01民终14189号。

② 王某珺与曹某涛房屋租赁合同纠纷案，案号为（2020）甘0102民初14121号。

③ 李某民与郝某房屋租赁合同纠纷案，案号为（2021）辽02民终3120号。

④ 比如，（2016）鲁01民初1860号、（2017）浙民申45号、（2017）青01民终1373号等。

⑤ 参见王俐智：《违约方合同解除权研究》，吉林大学2020年博士学位论文。

⑥ 参见余延满：《合同法原论》，武汉大学出版社1999年版，第490页。

体系解释，《合同法》第 94 条第 4 项对合同解除的法定事由作了兜底规定，即只有在一方当事人根本违约时，对方当事人才能依法解除合同；另一方面，从历史解释来看，享有合同解除权的一方是债权人，债务人本身不享有法定解除权。①

笔者同意反对说。理由为：探求法律条文的真意，应当通过多种方法予以解释，不能断章取义、片面理解。对于《合同法》第 94 条即现在的《民法典》第 563 条的理解，应当通过条文本身的文义、上下文的联系、语言表达的需要、立法的过程以及目的等多个层次进行解释。

1. 从《合同法》当时的立法背景来看，立法时并未将违约方纳入法定解除权的考量主体。我国法律界均一致认同只有非违约方有权解除合同，实践中也并未出现大量与违约方解除合同有关的案件。而《合同法》在制定过程中明显深受《联合国国际货物销售合同公约》的影响，将债权人的履行利益是否受到严重影响作为根本违约的判断标准，并采用根本违约作为判断合同法定解除的实质要件。从《合同法》第 94 条的内容来看，立法者在制定合同法定解除规则时，更多的是以买卖合同等一次性履行合同作为参考典型，而对于长期的继续性合同、人身性合同的特殊性重视不够。此后的司法实践中，为弥补《合同法》第 94 条的立法漏洞，最高人民法院于 2009 年通过司法解释的形式，确立了情势变更解除合同规则，也就是今天的《民法典》第 533 条，由此可以得知，立法者在制定《合同法》第 94 条时，并没有为违约方的合同解除权预留空间，《民法典》第 563 条第 1 款继续沿用了《合同法》第 94 条第 1 项的原文，体现了立法者的一贯立场。

2. 从《合同法》的立法体系来看，若通过《合同法》第 94 条推出违约方解除权，将导致出现法律漏洞。我国《合同法》采用继续履行作为承担违约责任的首要方式，因为一直以来我国都认为继续履行是实现合同目的的最好方式，也是贯彻诚信原则，维护我国社会主义市场经济

① 参见王利明：《论合同僵局中违约方申请解约》，载《法学评论》2020 年第 1 期。

秩序的最佳选择。正如王利明指出的那样，如果通过《合同法》第 94 条推出违约方解除权，将导致法律出现“隐藏的漏洞”。当一方违约时，守约方有权请求违约方继续履行，而继续履行的前提条件是合同依然生效，如果允许违约方解除合同，守约方请求继续履行的权利将形同虚设，继续履行的合同责任形式也将受到严重冲击。[①]

3. 从《合同法》第 94 条的上下文联系来看，合同法定解除权的享有主体仅限于守约方。一是《合同法》将法定解除权作为形成权予以规定，采用通知到达解除主义。《民法典》第 565 条对通知到达解除主义的内容作了更为明确的规定，合同自通知到达对方时解除，通知载明债务人在一定期限内不履行债务则合同自动解除，债务人在该期限内未履行债务，合同自通知载明的期限届满时解除。《民法典》第 565 条的这一表述，可以明确得知享有合同解除通知权利的主体系债权人，即通常意义上的守约方，也就是说债务人或者违约方即使在合同陷入僵局的情形下，单方向守约方发出的解除合同的通知并不能发生合同解除的法律效力。该条款也是实践中大量否认违约方通知解除效力的裁判依据。二是从违约损害赔偿请求权行使主体看，《民法典》第 566 条第 2 款规定：“合同因违约解除的，解除权人可以请求违约方承担违约责任，但是当事人另有约定的除外。”此处的表述更为清晰，即请求违约损害赔偿的主体仅限于“解除权人”，请求损害赔偿的义务对象为“违约方”，此时“解除权人”与“违约方”形成了一对“矛盾概念”，无法解释为包容关系，也就是说“解除权人”并不包括“违约方”，从而亦可以推出《民法典》第 563 条的法定解除权主体中并不包含违约方。因此从整体解释的角度出发，结合法定解除条款的上下文相互理解，也可以得出《合同法》第 94 条并未赋予违约方合同解除权。

4. 笔者回归《合同法》第 94 条条文本身的含义进行解读，也无法得出违约方享有法定解除权的意思。文义解释是最直接，也是最重要的

① 参见王利明：《论合同僵局中违约方申请解约》，载《法学评论》2020 年第 1 期。

法律解释方法。《合同法》第 94 条实际上将“不能实现合同目的”作为合同法定解除的实质性要件，而在具体案件中合同双方存在不同的合同目的，如在房屋租赁合同中，出租方的合同目的是获取房屋租金，而承租方的合同目的则是取得房屋的使用权。一方合同目的不能实现是否必然影响另一方合同目的不能实现呢？实践中往往存在很大争议，这时法官往往需要结合具体事实判断“不能实现谁的合同目的”。一般来说，法律更优先保护守约方的合同目的能否实现。这从《合同法》第 94 条的内容即应该能感受到，该条除第 1 项不可抗力致使不能实现合同目的之外，第 2 项规定的预期根本违约，第 3 项是迟延履行债务致使合同目的不能实现。从文义看，如果将《合同法》第 94 条的款头挪到每种情形的后面，第 2 项的表述应为：“在履行期限届满之前，当事人一方明确表示或者以自己的行为表明不履行主要债务，当事人可以解除合同。”前一个“当事人”应明确理解为违约一方当事人，那么后一个“当事人”是否包含违约方呢？答案不言而喻，如果允许预期根本违约的一方当事人也有权解除合同，则“合同应当严守”这一合同法基石将形同虚设。第 3 项的表述为“当事人一方迟延履行主要债务，经催告后在合理期限内仍未履行，当事人可以解除合同”，同前款一样，第一个“当事人”应明确理解为违约一方当事人，后面的一句实际隐藏了另一方当事人的称谓，即经“守约方”或“债权人”催告后，债务人在合理期限内仍未履行，那么接下来理所当然有权解除合同的应是催告人，也就是“守约方”或“债权人”。从上述两款的语言逻辑和字面意思看，违约方不享有法定解除权是显而易见的。而第 4 项因迟延履行债务或其他违约行为致使合同目的不能实现的表述，实际上是对上文第 2 项、第 3 项的兜底性表述，该款的“违约行为”四个字更加凸显了合同法定解除权为守约方所独有权利这一理念。

反对观点在司法实践中成为更为主流的观点，其中最高人民法院审理的长春市成捷汽车销售服务有限公司与吉林省陆辉投资咨询有限公司合同纠纷案较为典型，该判决这样表述：“从《中华人民共和国合同法》规定的合同解除权体系看，当事人有权解除合同的情形包括：协商解除、约定解除条件解除、依照法定情形解除。有关法定解除合同的情形主要由《中华人民共和国合同法》第 94 条规定，该条规定的法定解除情形总体上包括因不可抗力履行不能（该条第一项）、当事人一方违约（该条第二项至第四项）、其他法定情形（该条第五项）。除不可抗力等客观原因履行不能和其他法定情形外，合同解除作为违约的补救手段，原则上解除权由守约一方行使，违约方通常无权单方解除合同，根据《中华人民共和国合同法》第五条规定的公平原则和第六条规定的诚实信用原则，只有当合同履行陷于僵局等特殊情况下，违约方才能通过起诉方式由人民法院决定是否解除合同。”从这段话的内容来看，明确表达了《合同法》第 94 条第 2 项至第 4 项所规定的法定解除权情形，应由非违约方行使。[①] 除最高人民法院外，全国各级法院也有很多案例，仍以上文的北京深紫汽车销售有限公司与北京联购通顺汽车销售公司房屋租赁合同纠纷案为例。一审法院支持违约方解除合同的理由是依据《合同法》第 94 条第 2 款，但受到守约方上诉的质疑及二审法院的改判。二审法院即认为：债务人一方预期违约时，只有债权人方能依通知单方解除合同；反之，如允许债务人即违约方解除合同，则可能导致诸多债务人以此理由挣脱合同约束，逃避履行债务，不能有效保护债权人对合同利益的合理预期，会损害交易的稳定且不符合诚信原则的要求。故针对债务人预期违约情形，有权解除合同的“当事人”只能解释为非违约方。[②] 同理，在上文提及的青岛海博置业有限公司与田某帅商品房预售合同纠纷案中，田某帅与青岛海博置业有限公司签订商品房预售合同后，因田某帅个人征信问题不能办理按揭贷款而无力继续支付剩余房款，田某帅遂起诉要求解除合同。一审法院引用《合同法》第 94 条第 2 款支持了解除合同的诉讼请求，二审法院虽然同样支持了田某帅解除合

① 参见长春市成捷汽车销售服务有限公司与吉林省陆辉投资咨询有限公司合同纠纷案，案号为（2020）最高法民再 102 号。

② 参见北京深紫汽车销售有限公司与北京联购通顺汽车销售有限公司房屋租赁合同纠纷案，案号为（2021）京 03 民终 18421 号。

同的诉讼请求，但其裁判依据变为《合同法》第93条并特别指出：《合同法》第94条第2项情形规定的当事人可以解除合同，是指守约方当事人可以解除合同，而不是违约一方当事人可以解除合同。田某帅作为违约一方当事人，其并无请求解除合同的权利，其邮寄解除合同通知书的行为不能引起涉案合同解除的法律效果，一审法院适用法律错误，应予纠正。[①] 与此类似的还有程某与成都格瑞思公司房屋租赁合同纠纷案。[②] 实践中，还有大量引用《合同法》第94条驳回违约方请求解除合同的案例，不再一一列举。

（三）小结

之所以出现大量不同层级、不同地区法院甚至同一地区一、二审法院对《合同法》第94条的理解差异，根本原因在于《合同法》缺乏支持违约方解除合同的裁判规则。在"合同僵局"情况下，为了实现案件的实质正义，只能支持"违约方解除合同"的诉讼请求，因此，法官在适用法律时只能通过对《合同法》第94条作扩大解释，为自己的裁判寻找依据，而《合同法》第94条对当事人的"模糊表述"恰恰为这种扩大解释提供了空间，从而导致了裁判结果的巨大差异。由上文的案例看出，因为《民法典》第563条原文采用了《合同法》第94条的表述，这一现象并没有伴随《民法典》的颁布而消除。因此，为消弭司法实践中的这种"裁判分裂"现象，对违约方合同解除权作出较为明确的规定，是十分必要的。

---

① 参见青岛海博置业有限公司与田某帅商品房预售合同纠纷案，案号为（2022）鲁02民终1100号。

② 参见程某与成都格瑞思公司房屋租赁合同纠纷案，案号为（2021）川01民终9566号，民事判决书内容为："根据案涉合同约定，不存在格瑞思公司所主张的由于室外空间无法使用就导致合同目的不能实现的情形，故格瑞思公司不享有法定解除权，一审法院适用《中华人民共和国合同法》第九十四条错误，本院予以指出。"

三、排除继续履行抗辩权基础上的司法终止能否破解“合同僵局”

“新宇公司诉冯某梅案”公布以来，引用《合同法》第 110 条支持违约方解除合同成了司法实践中的主流观点。在具体的裁判思路上，大概有以下几种：一是直接将《合同法》第 110 条规定的三种例外情形作为违约方解除合同的请求权基础，“将抗辩权衍生理解为附条件的合同解除权是该条法律规定的应有之义”[①]。因为既然合同不能继续履行，就应当解除合同，当事人无论是守约方还是违约方，均有解除合同的权利。有学者将该种思路称之为“独立根据说”[②]。在具体的案例中，如百利威现代供应链（成都）公司与四川省九牧盛世科技有限责任公司房屋租赁合同纠纷案，一审法院认为：“通过双方发送的函件内容及四川九牧公司在腾退房屋后，已另行租赁储物仓库的行为可见双方之间相互信赖的基础已丧失，且客观上也不具备继续履行合同的条件。因本案合同不适于强制履行，故双方当事人无论是哪一方，均有权提出解除合同。”[③] 二是将《合同法》第 110 条与前述第 94 条强行捆绑起来，通过此途径解释违约方享有合同解除权。有学者称之为“结合适用说”[④]。比如，青岛联富企业管理服务有限公司与李某华、刘某伟房屋租赁合同纠纷案，一审判决认为：“联富公司要求李某华、刘某伟继续履行显然属于事实上不能履行，为防止造成不应有的损失，根据公平原则，合同应当解除。”还有的以履行费用过高而导致合同目的不能实现为由解除合同，如罗某与辽宁省鞍山市海城市感王镇邓家台村村民委员会土地承包合同纠纷案中，二审法院认为：“由于邓家台村委会的违约行为，客观上造

① 参见杨卓黎：《违约方合同解除权研究——以解释论为视角》，载《湖南师范大学社会科学学报》2017 年第 3 期。

② 参见蔡睿：《吸收还是摒弃，违约方合同解除权之反思——基于相关裁判案例的实证研究》，载《现代法学》2019 年第 3 期。

③ 参见百利威现代供应链（成都）有限公司与四川省九牧盛世科技有限责任公司房屋租赁合同纠纷案，案号为（2021）川 01 民终 19299 号。

④ 参见蔡睿：《吸收还是摒弃，违约方合同解除权之反思——基于相关裁判案例的实证研究》，载《现代法学》2019 年第 3 期。

成邓家台村委会与罗某斌的《承包荒山合同》中涉及的部分土地已经不能再由原承包人继续承包经营，而且继续履行所需物力、财力超过合同双方基于合同履约所能获得的利益时，法律上允许违约方解除合同，以承担违约责任的代价换取对合同义务履行的免除。”[①] 在仇某军与汪某华租赁合同纠纷案中，法院则认为违约方在没有继续履约能力的情况下，合同应当解除。[②] 有的法院还以强制履行不适用于不自愿履行的情形、损害赔偿能够代替实际履行、合同效力长期悬而未决等理由，支持了违约方解除合同的诉讼请求。

诚然，为寻求个案公平，在缺乏明确的违约方解除合同基础规范的情况下，法院通过对《合同法》第 110 条的解释，参照“新宇公司诉冯某梅案”的裁判思路，确有一定的法理支撑。但与此同时，由于《合同法》第 110 条的构造缺陷，自最高人民法院公报案例将该条款作为赞成违约方解除合同的请求权基础以来，学界对此的批评和反对就从未停止。关于“结合适用说”，其支持违约方解除合同的最终落脚点在《合同法》第 94 条，如上论述，《合同法》第 94 条并未赋予违约方合同解除权，故该种观点也就成了无源之水、无根之木。关于“独立根据说”，当发生《合同法》第 110 条的三种情形时，违约方获得“排除继续履行”的抗辩权，但并不能就此当然得出合同应当解除的结论，更不能当然推断出在此情形下法律已赋予违约方合同解除权的结论。故《合同法》第 110 条无论是从立法体系所处的位置，还是其适用范围，都存在明显的法律漏洞。

（一）合同解除与强制履行明显具有不同功能

从立法体例看，二者分属不同的篇章和不同的制度范畴，合同解除属于合同权利义务的终止事由，而强制继续履行则属于违约责任的形式

① 参见罗某与辽宁省鞍山市海城市感王镇邓家台村村民委员会土地承包合同纠纷案，案号为（2022）辽 03 民终 433 号。

② 参见仇某军与汪某华租赁合同纠纷案，案号为（2021）苏 12 民终 2183 号。

之一，[1]二者明显具有不同功能。从立法本意来看，《合同法》第110条首先是一种抗辩权，系债务人用以对抗债权人要求继续履行的权利基础，并不必然产生合同解除的法律后果，这与合同法定解除权的形成权特性截然不同。正如上文所述，在债权人起诉要求债务人继续履行合同的案件中，债务人的抗辩符合《合同法》第110条规定的情形时，法院则必然判决驳回债权人的诉讼请求，但是此时合同并不当然解除，在双方当事人都不主张合同解除的情况下，基于不告不理原则，法院也无法主动判决合同解除。正如有学者指出的那样：在《合同法》第110条的情形下，违约方享有的是一种被动性、防御性、消极性的抗辩，违约方只能在非违约方提出请求后拒绝履行相应的债务，但这并不意味着其就此不受合同的约束。[2]孙良国认为：从法律解释的规则出发，无法从我国《合同法》第110条的行为推导出其与合同解除的必然性联系。[3]而根本原因在于，《合同法》第110条所规定的特殊除外情形，仅仅是请求继续履行的除外情形，该规定本身并非解除权的规范基础。而如何从排除强制履行到清算合同当事人之间的合同关系即合同解除，在我国当下的法律规范中是欠缺规定的。[4]由于我国的法定解除采通知模式，更加印证了《合同法》第110条不能当然产生合同解除的法律效果，这与《德国民法典》对于履行不能导致合同相对方对待给付义务消灭的法律后果并不相同，在这一点上，《德国民法典》实际采用了合同自动消灭的规则。《法国民法典》也有相似的规定，即如果合同确实已经处于永久履行不能的状态，则合同应自动解除，而无须债务人单独请求或者提起诉讼请求解除合同。

实践中也有大量案例佐证，《合同法》第110条并未赋予违约方合同解除权。比如，北京城建集团有限责任公司与沈阳世茂新世纪房地产

---

① 参见谢鸿飞：《合同法学的新发展》，中国社会科学出版社2014年版，第380页。

② 参见石佳友、高郦梅：《违约方申请解除合同权：争议与回应》，载《比较法研究》2019年第6期。

③ 参见孙良国：《违约方合同解除的理论争议、司法实践与路径设计》，载《法学》2019年第7期。

④ 参见韩世远：《合同法的现代化：为何及如何》，载《法治研究》2019年第6期。

开发有限公司建设工程施工合同纠纷案，最高人民法院认为：原《合同法》第110条系对履行非金钱债务违约及其责任的规定，法律上或事实上不能履行不构成法定解约事由。[①] 因此，从逻辑构造来看，合同的履行不能并不必然能推导出合同解除权。

（二）《合同法》第110条不能适用于金钱债务违约情形下的“合同僵局”

从《合同法》第110条的适用前提来看，该条适用的前提是在违反非金钱债务场合，关于债权人请求继续履行及其限制的规定。通说认为，金钱债务并不存在履行不能的情形，对此《合同法》第109条作出了明确的规定。但实践中，仍存在大量案例对于金钱债务不能履行的情形，法院直接适用《合同法》第110条支持违约方解除合同。在这些案例中，这种法律适用的瑕疵不仅成为守约方上诉或者申请再审的主要理由，而且是普遍为学者所诟病的一点。这是因为《合同法》第110条的立法目的是解决债务人抗辩债权人继续履行的问题，并非解决合同解除的问题。在大量的双务合同关系中，一方的债务为金钱之债，另一方的债务为非金钱债务，排除金钱之债的履行往往以合同解除为前提。比如，房屋买卖合同中，买受人因自身信用问题无法办理按揭贷款而违约不能支付剩余购房款，显然买受人是违约方，此时出卖人起诉买受人支付购房款，此时系明显的金钱之债，买受人当然不能以《合同法》第110条作为抗辩依据，因为即使不能办理按揭贷款，买受人也有义务通过其他方式筹措资金继续履行合同。此时，买受人若抗辩出卖人继续履行的诉讼请求，只能通过解除合同，以免除己方的金钱给付义务。由此看来，在双务合同关系中，一方所负债务为金钱给付，另一方为非金钱给付时，当违约方系金钱给付债务人时，此时守约方作为债权人请求违约方履行合同金钱之债时，违约方不能引用《合同法》第110条作为排

① 参见北京城建集团有限责任公司与沈阳世茂新世纪房地产开发有限公司建设工程施工合同纠纷案，案号为（2021）最高法民终695号。

除继续履行的抗辩基础，其只能通过“合同僵局”下的违约方解除合同规则予以抗辩，而这在我国现行法律体系中并无相关的法律规范予以对应。

（三）《民法典》第580条第2款仍未根本解决“合同僵局”问题

《民法典》第580条在原《合同法》第110条的基础上增加了第2款，即在法律条文中明确赋予了因原《合同法》第110条三种例外情形之一，致使合同目的不能实现的，双方当事人均有权请求终止合同权利义务关系。有学者又称该条款为“违约方司法解除合同”条款。的确，自《民法典》正式实施以来，第580条第2款成为司法实践中判决支持违约方解除合同的特别条款，因为守约方没有引用该条款的必要。笔者以“《民法典》第580条第2款”为关键词在中国裁判文书网进行搜索，得到裁判文书205篇，占到了《民法典》施行以来违约方解除合同案例的65.9%。[①]这足以说明《民法典》第580条第2款作为裁判依据，在目前支持违约方解除合同的案例中占据了主导地位。

通过上下文联系及最基本的文义解释来看，适用该条款的实质要件为《民法典》第580条第1款的内容，即《合同法》第110条的内容，因此《合同法》第110条存在的立法漏洞和不足同样制约了《民法典》第580条第2款的适用。除了上文论述的体系违和、逻辑不清之外，在司法实践中，当事人更多的争议焦点在于《民法典》第580条第2款能否适用于金钱债务情形下的“合同僵局”。对于该问题，其实仍是回到了《合同法》第110条的适用范围这一老问题上。在《德国民法典》中，支付价金的债务不存在不能履行的问题，不管债务人如何潦倒不堪，都不构成不继续履行合同的理由。比如，民间借贷案件中，债权人要求债务人清偿债务，债务人无论如何都不能以自身穷困为由拒绝履行偿还借款的合同义务，此时的履行不能当然不能起到排除债权人要求

①　数据截至2022年5月27日。随着违约方解除合同案例在中国裁判文书网的不断增加，该数据会不断变动。

强制履行的作用，法院更不能以该种履行不能作为解除合同的依据。但同样作为金钱债务，在房屋租赁合同中可能面临不同的情况。比如，当承租人因自身严重疾病而无力继续支付租金时，出租人作为债权人一方起诉要求承租人支付租金，此时承租人以身患重疾、无力继续履行合同为由抗辩请求驳回出租人的诉讼请求，法院经审查认为，如果继续保持租赁关系，承租人也确实没有继续支付租金的能力，出租人又不想解除合同，合同的履行已陷入僵局，合同不应当继续履行。[①]但这实际上违反了金钱债务不能适用排除强制履行的规则，因为出租人并无过错，也不存在违约行为。在上述此类“合同僵局”的情况下，承租人作为违约方并不一定反诉提起解除合同的诉讼请求。一方面提起反诉需要交纳诉讼费，另一方面承租人可能认为其早已向承租人表明了合同解除的意思并搬离了承租房屋，合同事实上早已解除，无须提起单独的诉讼请求。此时，法院将面临两难的境地，一方面如果以《合同法》第110条为基础判决驳回出租人的诉讼请求，事实上支持了违约方解除合同的主张，将违反金钱债务不适用排除强制履行的规则；另一方面如果支持了出租人继续履行合同的诉讼请求，那么承租人就应当继续支付租金，在承租人确无履行能力或者继续履行对承租人明显不公平的情况下，“合同僵局”无法打破，更何谈个案公平正义的实现。这种情况的出现，根本原因就在于《合同法》第110条及《民法典》第580条在适用范围上的构造缺陷，无法完美解决“合同僵局”下合同继续履行与合同解除冲突的问题。对于该问题，石佳友也认为：“确实如此，第580条适用的前提是债务人不履行非金钱债务或者履行非金钱债务不符合约定，也就是说该规定系适用于非金钱给付债务；根据原来的学理通说，金钱债务不存在履行不能的问题，只能发生履行迟延。如此一来，该条款就不能解决

① 参见赛某、王某嘉与青海聚富房地产开发有限公司房屋买卖合同纠纷案，案号为（2017）青01民终1373号。法院认为，王某嘉在购房时是未成年人，房款实际上由赛某夫妇支付，由于两人陷入经济困难，作为该案的违约方无法再履行合同，属于事实上的不能履行，如果继续履行合同将使双方当事人的利益受损，事实上也达不到青海聚富房地产开发有限公司要求继续履行合同的目的，应该允许解除合同。有学者就对此提出了疑问。

合同僵局的全部案例……从根本上来说，引发合同僵局的大部分案例都是由于债务人不履行金钱给付义务使合同陷入无法继续履行状态……从这个角度说，第 580 条第 2 款打破合同僵局规则的适用范围显然具有局限性，不能直接适用于金钱债务中的合同僵局。”[①] 而这种局限性导致了法院在适用《合同法》第 110 条及《民法典》第 580 条时，因为理解差异，往往会作出差异巨大的裁判结果。比如，在赵某（出租人）与袁某军、陈某兰（承租人）房屋租赁合同纠纷案中，双方于 2016 年 5 月签订房屋租赁合同，2018 年袁某军、陈某兰因经营困难未按约定支付租金，赵某诉至法院。一审法院于 2018 年 11 月 30 日判决袁某军向赵某支付拖欠的房租及违约金。该判决作出后，袁某军、陈某兰向赵某发出解除合同通知并提起上诉。二审法院裁定驳回上诉、维持原判。法院虽然判令承租人继续支付租金，但自 2018 年 11 月起涉案房屋处于停业状态，无经营现象。2021 年赵某再次起诉要求袁某军、陈某兰支付 2019 年至 2021 年的房屋租金及违约金，诉讼中双方争议的焦点为合同是否已经解除及何时解除。赵某认为袁某军、陈某兰作为违约方不享有单方解除合同的权利，袁某军、陈某兰则认为在上一个诉讼中，其已明确向法庭表示解除合同，并通过微信、短信、律师函的形式明确表示了解除合同的意思表示，依据《合同法》第 110 条规定，违约方可以主张免除合同义务的履行，用赔偿损失的方式来替代继续履行合同。该案一审法院认为，袁某军已通过自己的行为表示不愿意继续履行合同约定债务，继续履行合同成本过高，应该允许袁某军解除合同，用赔偿损失代替合同的继续履行，判决驳回了赵某的诉讼请求。二审法院则认为，违约方如欲解除合同，只能通过请求法院判决解除的方式实现，袁某军仅在上诉状中提出及以律师函的形式解除合同，并不产生解除效力，因此对一审进行改判。[②] 同样的案例还有王某淋等与辽宁众美达有限公司房屋买

---

① 石佳友：《履行不能与合同终止——以〈民法典〉第 580 条第 2 款为中心》，载《现代法学》2021 年第 4 期。

② 参见赵某与袁某军、陈某兰房屋租赁合同纠纷案，案号为（2021）兵 05 民终 140 号。

卖合同纠纷案。该案中，一审法院认为买受人王某淋作为违约方不享有合同解除权，驳回了其解除合同的诉讼请求；二审法院则认为，“当《合同法》第110条在与合同解除制度相联系时，应作为合同解除的特别原因”，对一审判决进行了改判；而再审法院认为，“解除权作为一种形成权，除非法律、司法解释另有规定外，通常只赋予合同关系中的守约方，违约方并不享有解除权”，撤销了二审判决，维持一审判决。[①] 以上2个案例表明，法院在适用《合同法》第110条及《民法典》第580条时，因对违约方是否享有合同解除权及适用的情形等内容的理解存在巨大差异，往往会作出完全相反的判决，致使案件经历一审、二审甚至再审的漫长过程，不仅给当事人带来诉累，也耗费了大量的司法资源。

关于金钱债务能否适用排除强制履行规则，实践中也存在大量案例判决结果迥异的情形。比如，在河南郑地润新实业有限公司诉高某超房屋买卖合同纠纷案中，法院认为：“高某超既未办理按揭贷款也未在催告后支付剩余购房款，其以自己的行为表示不再继续履行案涉房屋买卖合同，而购房人购买并使用房屋不适于强制履行，至此本案房屋买卖合同的目的无法实现。此时，应允许违约方解除合同，用赔偿损失来替代继续履行。”法院根据《民法典》第580条判决解除合同并驳回了出卖人河南郑地润新实业有限公司要求高某超支付剩余购房款的请求。但与之类似的案例，法院则有完全不同的理解。在北京深紫汽车销售有限公司与北京联购通顺汽车销售有限公司房屋租赁合同纠纷案中，二审法院即认为：《民法典》第580条并未赋予违约方合同解除权，从立法体系角度加以考察，涉及合同解除权的相关规定见于《民法典》合同编第七章“合同的权利义务终止”部分，而第580条的规定系见于第八章“违约责任”部分，实系对于违约方在非金钱债务中承担继续履行违约责任及除外条款的规定，而并非意在赋予违约方解除合同的权利，而只是规

① 参见王某淋等与辽宁众美达房地产开发有限公司房屋买卖合同纠纷案，案号为（2020）辽09民终192号、（2021）辽09民再29号。

定违约方在特定情形下可诉请要求解除合同关系。[①] 在中建铁路投资建设集团有限公司与田某房屋租赁合同纠纷案中，法院则认为：不可否认，从权利义务关系的角度而言，中建铁路投资建设集团有限公司的主要合同义务为支付租金，属于金钱债务，属性上具有强制履行的可行性，而使用房屋属于中建铁路投资建设集团有限公司的合同权利，中建铁路投资建设集团有限公司可以选择放弃权利。[②] 这些案例充分说明了实践中法官对于《民法典》第580条的适用存在巨大观点差异和分歧。

（四）小结

通过以上分析，无论是从《合同法》第110条最初的立法目的、其位于《合同法》的章节位置、权利的属性，还是《民法典》第580条在《合同法》第110条基础上新增的第2款，仍未能解决该条款逻辑缺陷、适用范围不周延等问题。《民法典》第580条第2款更像是一种过渡条款、一种权宜之计。

四、《全国法院民商事审判工作会议纪要》第48条只能解决部分“合同僵局”问题

（一）《全国法院民商事审判工作会议纪要》第48条并非法的正式渊源

《全国法院民商事审判工作会议纪要》作为最高人民法院民商事审判实践经验的总结和司法智慧的体现成果，在全国民商事审判中具有举足轻重的作用，是裁判文书说理的重要依据。这在《全国法院民商事审判工作会议纪要》第48条的内容作为处理违约方解除合同案件的大量判决说理依据已得到充分体现。但《全国法院民商事审判工作会议纪

① 参见北京深紫汽车销售有限公司与北京联购通顺汽车销售有限公司房屋租赁合同纠纷案，案号为（2021）京03民终18421号。

② 参见中建铁路投资建设集团有限公司与田某房屋租赁合同纠纷案，案号为（2020）京民终793号。

要》从法律效力上看，并非法的正式渊源，无法作为法律条文被引用，这就导致法官虽然在说理时可以依据《全国法院民商事审判工作会议纪要》第 48 条的内容，但不能引用该条文作为最后判决的法律依据，法官面临无具体的法律规范可以引用的情况。因此，法官不得不引用《民法典》第 580 条作为最终的裁判依据。这种立法体例的漏洞是导致违约方合同解除案件裁判依据混乱的直接原因。由此产生的逻辑悖论，也往往成为当事人上诉的重要理由。

（二）《全国法院民商事审判工作会议纪要》第 48 条与《民法典》第 580 条适用范围不同

有观点认为，《民法典》第 580 条第 2 款系在《全国法院民商事审判工作会议纪要》第 48 条规定基础上进行的修改。[①] 但从《民法典》第 580 条的内容来看，其第 1 款是沿用了原《合同法》第 110 条的内容，实际上赋予了合同一方当事人排除合同继续履行的抗辩权，该条第 2 款则进一步说明了在排除合同强制履行的情况下，当事人可以申请司法终止合同权利义务。实践中，《民法典》第 580 条第 1 款成为法官判断违约方请求解除合同应否支持的实质要件，《民法典》第 580 条第 2 款则为违约方请求司法解除合同赋予了程序要件，即该条规定的违约方解除合同的权利属于一种形成诉权。但无论是《民法典》第 580 条在合同编的位置还是其本身的适用范围，都局限于非金钱债务的履行，对于金钱债务的履行则显然不能适用该条款的规定。《全国法院民商事审判工作会议纪要》第 48 条的内容是从构成要件上对违约方解除合同的情形或者“合同僵局”的情形进行了规定，该规定显然并不局限于非金钱债务，这是其与《民法典》第 580 条的最主要区别。因此在大量涉及金钱债务的履行案件时，援引《全国法院民商事审判工作会议纪要》第 48 条更为合理。比如，在房屋租赁合同关系中，从合同的权利义务性质来

① 参见最高人民法院民法典贯彻实施工作领导小组主编：《中华人民共和国民法典合同编理解与适用（二）》，人民法院出版社 2020 年版，第 161 页。

看，承租方支付租金的义务为金钱性质的债务，其占用、使用租赁物的行为则属于其享有的合同权利。在房屋租赁合同纠纷中，形成“合同僵局”的典型特征为：承租方因经营失败而无力支付租金，并搬离租赁房屋，房屋长时间闲置。若此时出租人请求承租人支付拖欠房屋租金，承租人引用《合同法》第110条及《民法典》第580条请求人民法院支持其作为违约方解除合同的请求时，则容易引起裁判逻辑上的混乱。有观点就认为，占用、使用租赁物的行为属于承租方享有的合同权利，权利是可以放弃的，并非合同不能继续履行，承租方并不能单纯以搬离房屋，合同不适于继续履行为由解除合同。此时法院援引《全国法院民商事审判工作会议纪要》第48条，以继续履行合同对承租人明显不公平为由解除合同则更为符合逻辑。

（三）《全国法院民商事审判工作会议纪要》第48条的适用范围过窄

从该条的内容来看，首先，《全国法院民商事审判工作会议纪要》第48条强调的长期性合同履行过程中形成的“合同僵局”，对于买卖合同、股权转让合同、预约合同、教育培训合同等非长期性合同中形成的“合同僵局”并不能适用。其次，在判断是否允许违约方解除合同时，将违约方继续履行合同对其显失公平作为核心要件。事实上，在“合同僵局”的情况下，继续履行合同对违约方显失公平并非唯一情形。有时因违约方的债务具有人身性不适于强制履行或者违约方确无履行能力等同样会导致“合同僵局”，因此《全国法院民商事审判工作会议纪要》第48条规定的情形并不能涵盖“合同僵局”的全部情形。

五、不可抗力、情势变更能否覆盖“合同僵局”全部情形

（一）不可抗力法定解除不适用于违约方打破“合同僵局”

关于不可抗力，是指不能预见、不能避免且不能克服的客观情况，

是一种来自外来的不可抗拒的力量。不可抗力具有不受当事人意志支配的特点，由于不可抗力具有不可归责性，也就是说，当事人并无主观过错，因此不可抗力一般既可以作为民事责任的免责事由，在合同解除制度里面，又被当作合同法定解除的情形之一。我国《合同法》第 94 条第 1 款及《民法典》第 563 条第 1 款均把不可抗力放在合同法定解除的首要位置。但对于因不可抗力导致合同无法继续履行情况下，该法定解除权是合同双方当事人（包括违约方）还是守约方即债权人所单独享有，理论和实践中均有争议。最高人民法院的观点认为："不可抗力作为任何一方当事人请求解除合同的法定事由，而无论当事人是否构成违约。因此，一旦出现不可抗力，债务人所获得的不仅仅是合同继续履行抗辩权，还包括合同解除请求权。而如果合同的继续履行仅仅是出现《合同法》第 110 条第 1 项规定的法律上或事实上不能履行的情形时，则仅产生排除继续履行违约责任适用的法律效果，而并非排除债务人全部违约责任……这与不可抗力法律后果完全不同。"通过以上这段表述，可以看出最高人民法院的观点：一是不可抗力情形下，合同双方包括违约方都享有法定解除权；二是不可抗力通常意义上免除了赔偿责任，与《合同法》第 110 条第 1 项的法律后果并不相同。对此，笔者认为，《合同法》第 94 条即《民法典》第 563 条第 1 款规定的法定解除权享有人也应仅特指守约方，违约方并不能依据不可抗力当然地产生合同法定解除权，而只能产生减免违约责任抗辩权。简言之，在目前的法定解除制度中，在不可抗力情形下，违约方或债务人亦不享有单方解除合同的权利，只不过此时违约方可依据不可抗力要求减轻甚至免除违约责任。违约方为何无法通过《民法典》第 563 条第 1 款的规定获得合同解除权，根本原因在于我国对合同的法定解除采用了通知解除模式，而不是自然终止模式，而法定解除制度又被视为"根据一方当事人的意思表示使合同关系归于终了的制度"，单方行使解除权系因一方意思表示且不必待对方的承诺而使合同解除，[①] 也就是说，我国法律认为解除权既是一种形成权，又是一种单方法律行为。如果从《民法典》第 563 条第 1 款中可以推出违约方享有合同单方解除权，与其他条款一样，会产生同样的后果，不仅有违整个合同法的体系，亦会导致法律逻辑上的混乱。

（二）情势变更只能破解部分“合同僵局”

情势变更制度，是指合同有效成立后，因不可归责于双方当事人原因发生了不可预见的情势变更，致使合同的基础动摇或者丧失，若继续履行合同会对一方当事人明显不公平，因此允许当事人变更合同或解除合同的制度。通说认为，情势变更制度源于 12 世纪、13 世纪注释法学派，其观点是将缔约时作为合同的客观基础继续存在假定为每个合同里包含的默示条款，一旦这种客观情况不复存在，应准许变更或解除合同。因其价值理念的光辉，终被大陆法系和英美法系所接受，成为衡平意思自治与社会公平的手段。[②] 德国联邦最高法院于 1921 年通过判例率先确立了情势变更原则，该案争议标的为一份长期租赁合同，约定出租人以某固定价格向承租人供应取暖用的蒸汽，合同签订后，作为标的物的蒸汽价格不断大幅上涨，法院最终判决改变原合同约定，将蒸汽价格予以适当提高。裁判理由认为，“因为不这样做，情势就会变得无法承受，从而成为对诚实信用原则和所有公正正义戒令的嘲弄”[③]。此后《德国民法典》第 313 条将情势变更正式上升为法律，其将已成为合同基础的情况在合同订立后发生重大变化，并且假使双方当事人预见到这一变更就不会订立合同或者会以不同的内容订立合同解释为“行为基础的障碍”。《法国民法典》对此称为“不可预见说”，第 1134 条规定当事人因不可预见的情势变更，其履行对于当事人方来说成为非常重大的负担时，关于此点并无当事人之合意，因而原约定于当事人已无法律效力。

---

① 韩世远：《合同法总论》，法律出版社 2018 年版，第 644 页。

② 参见江平：《民法学》，中国政法大学出版社 2000 年版，第 648 页。

③ 参见［德］罗伯特·霍恩、海因·科茨、汉斯·G. 莱赛：《德国民商法导论》，楚建译，中国大百科全书出版社 1996 年版，第 154 页。

在英美法上，情势变更被称为“合同落空”，用以解决因客观原因所造成的履行显失公平问题。[①] 从上述情势变更的起源和发展历程看，各国情势变更制度均强调“情势”的不可预见性、客观性。

关于我国的情势变更制度，最早出现在最高人民法院的司法政策文件中。比如，1993 年 5 月 6 日发布的《全国经济审判工作座谈会纪要》指出，由于不可归责于当事人双方的原因，作为合同基础的客观情况发生了非当事人所能预见的根本性变化，以致合同履行显失公平的，可以根据当事人的申请，按情势变更原则变更或解除合同。在我国《合同法》制定过程中，一度认可了情势变更制度，但最终的法律文本没有予以保留，原因是起草过程中争议过大。《全国人民代表大会法律委员会关于〈中华人民共和国合同法（草案）〉审议结果的报告》对此称：“关于情势变更制度。这是一个很复杂的问题，在合同法起草过程中，就有不同意见。这次大会审议，不少代表提出，根据现有的经验，对情势变更难以作出科学的界定，而且和商业风险的界限也难以划清，执行时更难以操作，实际上只有在非常特殊的情况下才能适用情势变更制度，现在在合同法中作出规定条件尚不成熟。法律委员会经过反复研究，建议对此不作规定。”但此后的非典疫情以及社会生活的巨大变化，致使司法实践亟须确立情势变更的裁判规则，2009 年《最高人民法院关于适用〈中华人民共和国合同法〉若干问题的解释（二）》第 26 条对此作出了规定：“合同成立以后客观情况发生了当事人在订立合同时无法预见的、非不可抗力造成的不属于商业风险的重大变化，继续履行合同对于一方当事人明显不公平或者不能实现合同目的，当事人请求人民法院变更或者解除合同的，人民法院应当根据公平原则，并结合案件的实际情况确定是否变更或者解除。”从该规定的内容可以看出，最高人民法院对情势变更的条件进行了诸多限制：无法预见、非不可抗力、不属于商业风险。另外，最高人民法院还规定中基层法院法官运用情势变更制度裁判

---

① 参见崔建远主编：《合同法》，法律出版社 2003 年版，第 92 页。

案件时，要逐级报省高院批准，由此可见最高人民法院对确立情势变更规则的谨慎。该规则确立后，理论界与实务界争议的焦点主要为不可抗力能否适用于情势变更。有学者认为不可抗力规则与情势变更制度，二者并非同一纬度上的问题，不可抗力是一个原因，是一项条件，就不可抗力规则的适用而言，不可抗力事项的发生，致使继续履行合同对于一方当事人明显不公平的，得适用情势变更制度；不可抗力事项的发生，致使合同目的不能实现的，得适用法定解除制度。[①]不可抗力为因，情势变更制度、法定解除制度、违约责任制度、风险负担规则、诉讼时效中止制度等皆可为果。“因”与“果”的比较，当然无法进行。[②]《民法典》在制定过程中，最终采纳了上述建议，并将情势变更作为合同履行部分的重要规则予以确认，至此20余年来一度被“流放在外”的情势变更制度终于被正式写入法律。情势变更的上述法律变迁，无疑也为违约方合同解除权正式写入法律提供了可供探索的路径和参照。

《民法典》第533条规定：合同成立后，合同的基础条件发生了当事人在订立合同时无法预见的、不属于商业风险的重大变化，继续履行合同对于当事人一方明显不公平的，受不利影响的当事人可以与对方重新协商；在合理期限内协商不成的，当事人可以请求人民法院或者仲裁机构变更或者解除合同。人民法院或者仲裁机构应当结合案件的实际情况，根据公平原则变更或者解除合同。根据该条法律规定，情势变更的构成要件包括：情势（即合同的基础条件）发生变更，情势变更的事实发生在合同成立之后合同义务履行完毕之前，发生情势变更具有不可归责性；继续履行合同对于当事人一方明显不公平。其中对“情势”的要求必须是客观的、具体的事实，当事人主观认识错误不属于客观情势变更；二是“情势”的变更属于当事人在订立合同时无法预见的、不属于

---

① 参见车丕照：《合同落空、情势变更与不可抗力——兼论我国相应立法的模式选择》，载《兰州大学学报》1996年第2期。

② 参见王轶：《新冠肺炎疫情、不可抗力与情势变更》，载《法学》2020年第3期。

商业风险的重大变化。[①] 从上述情势变更的构成要件可以看出《民法典》第533条不再将不可抗力排除在情势变更事由之外。因此，实践中该条款的适用容易与不可抗力法定解除互相混淆。二者区别的关键在于看不可抗力导致合同能否继续履行。有学者认为，不可抗力对于合同履行的影响并非总能达到不能实现合同目的的程度，在这类情形下并不发生解除权，[②] 合同根本目的无法实现和合同履行艰难、显失公平并不相同，前者是合同不具有履行的可能性，后者虽具有可能性，但若履行，则对合同一方当事人明显不公平。[③]

另外，不可抗力致使合同法定解除与情势变更的行使方式也不相同，前者可以采用通知的方式主张，且应当为守约方所独享，当事人对此产生争议而诉诸法院，实际是对守约方单方解除合同效力的确认，为确认判决；而后者的行使须依当事人向法院或仲裁机构提出请求，无法通过通知的方式即产生合同解除的法律效果，且提出请求的当事人为双方当事人，不限于守约方，故适用情势变更解除合同实质是法院运用司法权裁决解除合同，该法院判决为形成判决而非确认判决。从这一角度说，人民法院适用《民法典》第580条第2款规定，司法终止合同权利义务关系，与情势变更一样，为形成判决而非确认判决。虽然从裁判结果上看，二者均为合同的解除或终止，但法定解除下的确认判决与上述形成判决存在很大的差异。

（三）小结

通过梳理不可抗力和情势变更的内涵、域外法比较及我国的法律变迁等，对不可抗力导致合同法定解除以及通过情势变更导致合同司法解除两种情形的行使主体、行使方式、适用的构成要件等进行了对比分

① 参见最高人民法院民法典贯彻实施工作领导小组主编:《中华人民共和国民法典合同编理解与适用（一）》，人民法院出版社2020年版，第480~485页。

② 参见韩世远:《情势变更若干问题研究》，载《中外法学》2014年第3期。

③ 参见最高人民法院民法典贯彻实施工作领导小组主编:《中华人民共和国民法典合同编理解与适用（一）》，人民法院出版社2020年版，第493页。

析，可以发现不可抗力、情势变更均不能覆盖“合同僵局”情况下违约方解除合同的全部情形，主要表现在以下方面：

1.《民法典》第563条第1款规定的因不可抗力导致合同法定解除权，为守约方所独享，违约方并不能依据该规定以通知的方式单方解除合同，或者说违约方依据该款单方向守约方发出的解除合同通知并不能产生合同解除的法律效果。

2. 从适用范围来看，二者均系限于特定情形下的合同解除制度，前者只能适用于因不可抗力致使合同确已无法履行、合同目的无法实现的情形，后者则仅限于合同基础条件发生了当事人在订立合同时无法预见的、不属于商业风险的重大变化且继续履行对当事人一方明显不公平的情形。二者均排除了当事人主观因素以及因商业风险所引发的“合同僵局”情形下的合同解除问题。

六、破解“合同僵局”需要对违约方合同解除权的认可

通过对我国现行法律体系中关于合同解除制度的剖析，可以得出如下结论：尽管我国法律制度对实践中如何破解“合同僵局”问题作了诸多努力和进步，但由于存在固有的法律漏洞及法律体系的不完善，因“合同僵局”产生的违约方解除合同问题一直没能完美化解。诚如崔建远教授所说：“一个不争的事实是，诸如不能履行等类型的合同僵局是情势变更原则管辖不了的；一个浅显简单的逻辑是，情势变更原则无力解决的案型，现行法上的其他制度也鞭长莫及，新创破解合同僵局的规则就显然必要。个别判决错用规则或理论，并不是否定破解合同僵局的新思路的充分且强有力的理由，只有证成合同僵局的全部案件均可由包括情势变更原则在内的既有制度妥当地解决，全无必要新创制度，方可使自己之说立得住脚。”[①] 因此有必要构建系统、完备的违约方合同解除制度。笔者通过图3-1，对本章内容作更直观的表达和总结。

---

① 崔建远：《关于合同僵局的破解之道》，载《东方法学》2020年第4期。

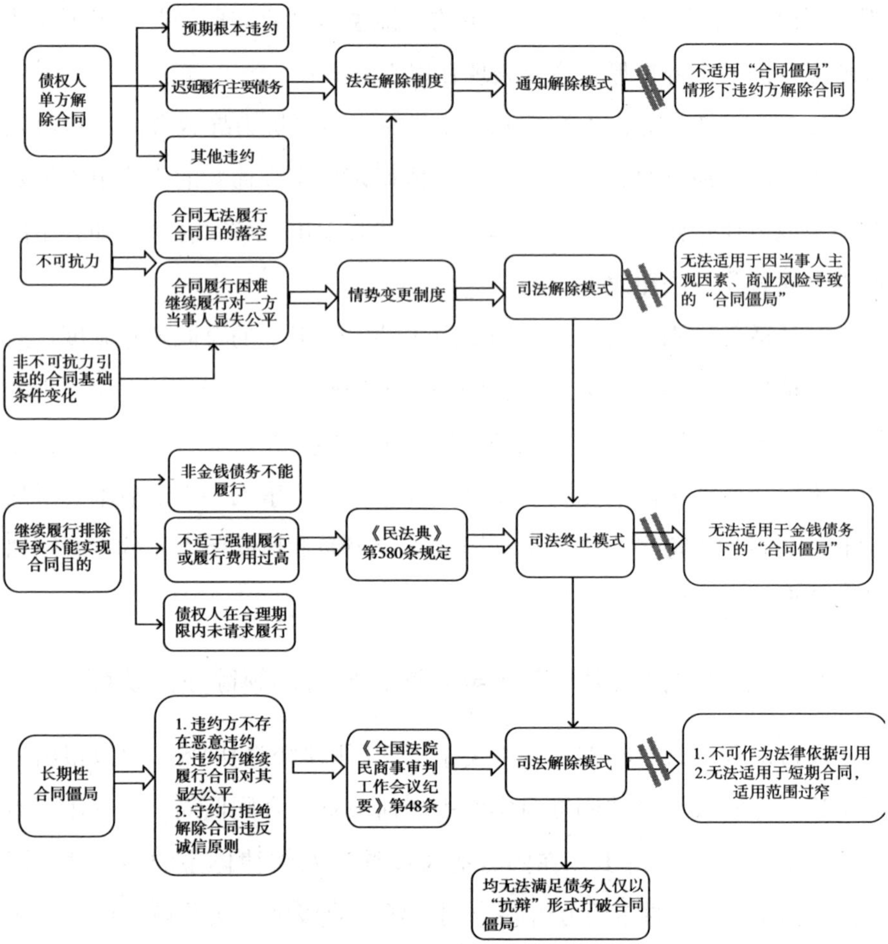

图 3-1　违约方合同解除制度

第四章　应当赋予违约方合同解除权的理论证成

关于反对赋予违约方合同解除权的观点，上文已经论述，其主要理由有以下几点：第一，赋予违约方合同解除权违背了合同严守原则、诚信原则，会动摇合同法的基石；① 第二，赋予违约方合同解除权有违我国的合同法体系，不利于鼓励合同的实际履行；② 第三，赋予违约方合同解除权会引发道德风险；第四，赋予违约方合同解除权，体现了英美法上的效率违约理论，不符合我国的国情。对此，笔者结合实践中的相关典型案例以及对违约的道德性考察的实证研究，对上述观点逐一回应。

一、为违约方合同解除权正名

（一）一个前提：赋予违约方什么样的合同解除权

在讨论之前，有必要对一个概念予以厘清和明确，即笔者所讨论的是赋予违约方什么样的合同解除权？只有如此，才能有继续讨论的必要。通过上文分析，理论界和实务界目前所讨论和争议的“违约方合同解除权”并非一般意义上合同解除权，而是特殊情形下，即本书所称的“合同僵局”情形下的违约方合同解除权。正如孙良国教授所述：从表面看，否定论和肯定论在违约方合同解除权的争论上水火不容，然而两者其实存在潜在的共识：其一，均不赞同在一般意义上赋予违约方合同解除权；其二，只有在极特殊的交易语境和严格条件下，法律才允许通

① 参见王利明：《论合同僵局中违约方申请解约》，载《法学评论》2020 年第 1 期。

② 参见蔡睿：《吸收还是摒弃：违约方合同解除权之反思——基于相关裁判案例的实证研究》，载《现代法学》2019 年第 3 期。

过不同制度的适用使违约方部分地或者完全摆脱合同约束。[①]因此，赞同赋予违约方合同解除权并不等于赞同违约方可以随便解除合同，完全不受合同约束，而只是探讨在特定情形下是否允许违约方解除合同，这二者是完全不同的语境。

反对赋予违约方合同解除权的最主要依据为担心此举会动摇合同严守这一合同法的基石，赋予违约方合同解除权甚至被有些学者视为吞噬合同拘束力的“魔鬼”。[②]一言以蔽之，即认为赋予违约方合同解除权不合乎合同法的道德性。违约方作为道德上瑕疵的主体，不能取得合同解除的权利，即合同法的道德属性会否定违约方合同解除权的权利设计。[③]对此，笔者认为，对违约方合同解除权的道德性评价并不能仅仅停留在一般性的道德直觉层面，而是要从合同严守原则与当事人契约自由原则的紧张平衡关系、诚信原则在具体个案中的转化、合同解除制度的目的和功能等多个角度去考察，赋予违约方合同解除权是否合乎合同法的道德性。

（二）违约方合同解除权与违约方合同司法终止权的比较

在对违约方合同解除进行证成之前，还有个问题亟待解决：为什么主张违约方合同解除权而不主张《民法典》第580条所称的“违约方合同司法终止权”？二者关系如何？二者有何不同？孰优孰劣？笔者尝试从以下几方面分析：

一是从概念的内涵和效力上看，《民法典》第580条将“违约方合同司法终止权”表述为“人民法院或者仲裁机构可以根据当事人的请求终止合同权利义务关系”，立法机关将其解释为：“本条是关于非金钱债务继续履行的规定”，也就是说，此处“终止合同权利义务关系”仅限

---

① 参见孙良国：《违约方合同解除的理论争议、司法实践与路径设计》，载《法学》2019年第7期。

② 参见蔡睿：《吸收还是摒弃：违约方合同解除权之反思——基于相关裁判案例的实证研究》，载《现代法学》2019年第3期。

③ 参见孙良国：《违约方合同解除的理论争议、司法实践与路径设计》，载《法学》2019年第7期。

于非金钱债务，而笔者探讨的违约方解除的合同权利义务不仅仅限于非金钱债务，还包括金钱债务。从性质上讲，对于《民法典》第580条规定，立法机关解释为："当事人根据本款所享有的仅仅是司法终止合同的权利，而非终止合同的权利，本款规定的并非当事人的终止权或者形成诉权，而是司法的终止权。"[①] 而笔者探讨的违约方合同解除权通常意义上更指的是一种形成诉权，即满足特定条件时，人民法院应当根据违约方的请求，判决解除合同。所以从恰当性来说，违约方合同解除权对破解"合同僵局"而言更为贴切。

二是从体系上看，我国法律中"合同的权利义务关系终止"与"合同解除"是包含与被包含关系，合同的权利义务终止统领《民法典》合同编第七章，《民法典》第557条关于合同的权利义务终止用列举的方式包括："（一）债务已经履行；（二）债务相互抵销；（三）债务人依法将标的物提存；（四）债权人免除债务；（五）债权债务同归于一人；（六）法律规定或者当事人约定终止的其他情形。合同解除的，该合同的权利义务关系终止。"从该条文可以看出，合同的权利义务终止包含多种情形，合同解除只是其中一种，也就是说，合同的权利义务终止是合同解除的上位概念。合同解除的，合同的权利义务一定终止；反过来，合同的权利义务终止则不一定是由合同解除引起的。那么在此基础上，探求《民法典》第580条中的"合同权利义务终止"到底与合同解除是包含还是等同的关系呢？笔者认为，此处的"合同权利义务终止"实质上等同于"合同解除"。因为从该条的具体语境来看，《民法典》第580条第1款的语境明显是合同尚未履行完成的状态，这与第557条列举的其他合同权利义务终止的情形明显不同，而且是在合同目的不能实现的情况下，当事人才能请求仲裁机关或人民法院终止合同权利义务关系，更加说明此处的"合同权利义务关系"即指"合同解除"。

三是从比较法上看，我国的"合同权利义务终止"与大陆法系比较

---

① 参见黄薇主编：《中华人民共和国民法典合同编释义》，法律出版社2020年版，第270~274页。

法上的“合同终止”是完全不同的两个概念。在德国法上，“合同终止”是与“合同解除”完全不同的概念，具体表现在《德国民法典》规定了继续履行合同因重大事由而终止的制度，合同终止是基于法律的强制性规定，也不存在守约方行使与违约方行使的区别，因为“合同终止（对于德国学者而言）并非对于同行的合同神圣原则不正当的例外”[①]。而合同解除则涉及违约行为对合同神圣原则违反的道德性评价。从法律后果来看，在德国法上，合同终止与合同解除也是完全不同的概念，合同终止也是一种形成权，一般适用于长期债务关系，如《德国民法典》第313条第3款规定：“合同的调整为不可能或对一方当事人来说系不能合理地期待的，受不利益的一方当事人可以解除合同。就长期债务关系而言，通知终止权代替合同解除权。”[②]该处的合同终止权即是一种形成权，就合同效力的溯及力而言，它区别于合同解除权的地方在于不能请求返还已履行的给付。从我国《民法典》第580条的规定来看，合同权利义务终止后，并不影响违约责任的承担，而违约责任就包含赔偿损失、恢复原状、返还原物等多种责任形式。对此全国人大法工委也认为：“人民法院或者仲裁机构终止合同后，法律后果可以依据民法典第566条和第567条的规定予以确定。”[③]而《民法典》第566条和第567条恰恰是合同解除后违约责任及合同清算的规定，也就是说，《民法典》第580条第2款的合同终止具有溯及力，事实上与合同解除的后果并无任何差别，更有别于《德国民法典》等比较法上合同终止的概念。

四是从司法实践看，对司法实务中法官、律师群体的调查问卷显示，93.5%的人认为《民法典》第580条“合同权利义务终止”即等同于“合同解除”，同时对100余份在引用《民法典》第580条作为裁判依据的判决书主文中，采用“合同解除”表述的占87%。这也充分

---

① 参见韩世远：《继续性合同的解除——违约方解除或重大事由解除》，载《中外法学》2020年第1期。

② 参见《德国民法典》（第5版），陈卫佐译注，法律出版社2020年版，第131~132页。

③ 参见黄薇主编：《中华人民共和国民法典合同编释义》，法律出版社2020年版，第270~274页。

证明，该条款中的合同终止在司法实践中已被普遍认为是合同解除的意思。

综上，可以看出立法机关虽然不认为《民法典》第 580 条第 2 款赋予了违约方合同解除权，担心一旦如此会引发对违约行为泛滥的道德性担忧，但笔者认为立法机关的这种担忧既无必要，也不恰当。无论是与外国法的比较，还是司法实践中的应用，基于《民法典》合同编的体系化规定，此处的合同终止即等同于合同解除，其实质上为赋予违约方通过法院或仲裁机构解除合同的形成诉权。既然如此，还不如直接用“解除合同”代替“终止合同权利义务”的表述。因此本章最终还是选择了违约方合同解除权的称谓，而非违约方合同司法终止权。

（三）为何不是违约方合同“司法解除权”或“申请司法解除权”

有观点认为,《民法典》第 580 条第 2 款赋予的当事人合同“司法解除权”或“申请司法解除权”，并不是当事人的合同解除权。对此笔者认为,《民法典》第 533 条的情势变更原则以及第 580 条第 2 款的所谓“终止合同”，就是赋予了特定情形下违约方的合同解除权，就其行使方式而言，均是形成诉权。

第一，从《民法典》第 533 条和第 580 条的逻辑构造来看，均符合三段论的推理公式，从而得知这 2 个条款实质赋予了违约方解除合同的权利。大陆法系采用演绎推理，在每一个司法案件的判决中，都包含了一个逻辑推理的过程：如果 M—P，而 S—M，则 S—P。举例来说,（大前提）M= 未成年人均不是完全行为能力人,（小前提）P= 小张是未成年人，这可推导出 S（结论）= 小张不是完全行为能力人。在一个判决里，大前提即为明确的法律规范，法官对大前提无须进行认定，需要认定的只是小前提即案件事实，若案件事实符合大前提，则可直接根据大前提的法律规则推导出案件结论。《民法典》第 533 条情势变更的三段论逻辑构造（见图 4–1）：

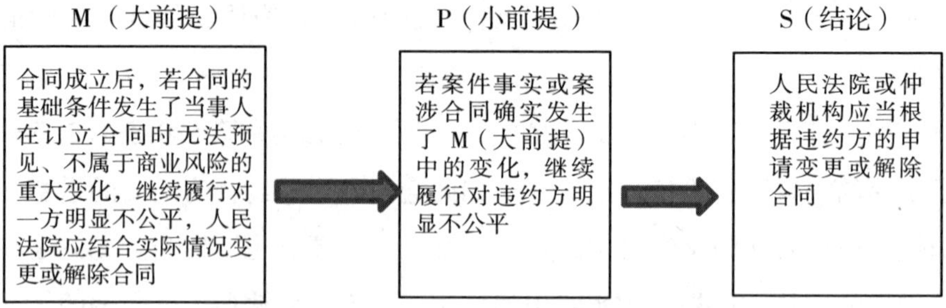

图 4–1 《民法典》第 533 条的三段论逻辑构造

从三段论逻辑结构来看，实际上是赋予了违约方解除合同的权利，而不仅仅是指申请解除合同的权利。对于违约方申请解除合同的诉讼请求，只要满足情势变更、《民法典》第 580 条第 1 款规定的三种情形，法院或仲裁机构即应当支持其诉讼请求（见图 4–2）。法院或仲裁机构享有的实体裁量的权利仅仅是看涉案的案件事实是否符合情势变更、《民法典》第 580 条所规定的大前提构成要件，都不是对大前提予以自由裁量。有学者即指出，法院对实体权利的裁量不等于法院对实体权利的享有……以撤销权为例，当事人以相对人欺诈为由请求撤销合同，法院必须对具体案件是否满足欺诈和撤销权的构成要件进行判断。[①] 这仅仅是法官的自由裁量权，而这并不影响当事人对撤销权的享有。同理，法官根据《民法典》第 580 条之规定，判断具体案件是否满足该条款规定的几种情形，以决定是否支持违约方解除合同的诉讼请求，也并不影响违约方对合同解除权的享有。

① 参见王俐智：《违约方合同解除权的解释路径——基于〈民法典〉第 580 条的展开》，载《北方法学》2021 年第 2 期。

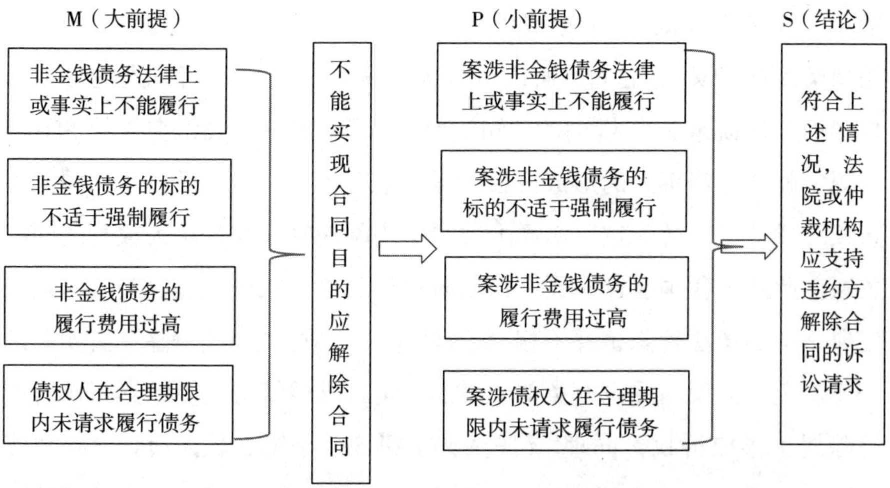

图 4–2 《民法典》第 580 条的三段论逻辑构造

第二，违约方合同解除权是一种形成诉权，是当事人享有的权利。违约方被赋予的合同解除权在性质上属于形成诉权，其不能仅凭违约方单方意思表示便可产生形成效果，该权利的行使必须通过诉讼的方式进行；而且合同能否被解除，取决于法院对案件事实的把握、判断和认定。[①] 形成诉权虽名为“诉权”，但并非程序法意义上的诉权，而是一个典型的实体法概念，属于广义形成权的下位概念。[②] 其特点就是需要诉诸法院或仲裁机构来完成当事人权利的行使。[③] 比如，民法中的可撤销法律行为，理论界通说认为，可撤销法律行为即为当事人所享有的撤销权，只不过需要借助于诉讼或仲裁行使。虽然《民法典》法律条文中的表述均为“有权请求人民法院或者仲裁机构予以撤销”，但并不意味着该种权利的性质为法院的“司法撤销权”。又如，《民法典》第 585 条所规定的当事人申请调增或调减违约金的权利，其表述也为“人民法院或仲裁机构可以根据当事人的请求予以增加或减少”，学界也都认为该项权利系当事人的实体权利，而非法院的权利，只不过其形式同样需要借

① 王利明：《论合同僵局中违约方申请解约》，载《法学评论》2020 年第 1 期。

② 参见刘哲玮：《诉的基础理论与案例研习》，法律出版社 2021 年版，第 36 页。

③ 王泽鉴教授认为，形成诉权是一项公法权利，涉及公共利益，故需经由诉讼。参见王泽鉴：《民法总则》，北京大学出版社 2009 年版，第 79 页。

助于“诉讼或仲裁”，是形成诉权的一种。同理，在《民法典》第533条情势变更原则规定上，通说也认为“情势变更”是当事人的形成诉权，而非法院或仲裁机构的“司法解除权”。何以《民法典》第580条的规定就并非当事人的形成诉权了呢？笔者认为，该条款属于“司法终止权”或“司法解除权”实质上混淆了法院裁判权与当事人权利之间的关系。此外，我国法律并无“司法解除权”这一权利类型，与《法国民法典》中的司法解除也并不相同，《法国民法典》“司法解除”有明确的法律规定，但我国并没有类似明确的规定，既然情势变更情形下的合同解除属于形成诉权，同理，《民法典》第580条第2款的所谓“司法终止”在性质上也应为形成诉权，而非申请“司法终止”或“司法解除”的权利，其实质上是当事人对合同结局所享有的实体权利。

二、违约方合同解除权并不违背合同严守原则

（一）合同严守原则与契约自由原则

现代市场经济的发展，赋予了人类个体自由的全面发展，其中契约自由最先得到充分的发展，契约自由最核心的要义即任何人均不能强迫别人与之交易，任何人都有权自由选择交易对手和交易机会，而且在此基础上公权力应当尽量减少对市场自由经济的干预，法律亦应尽最大之努力充分尊重当事人的意思自治，除非该种意思自治严重违反了道德及法律的要求，如人体器官买卖。正是对意思自治、契约自由的价值尊崇，现代合同法的精神才得以彰显。而对契约自由的保障，恰恰有赖于合同严守原则，正因为“契约神圣”，合同应当予以严守，才真正使当事人所自由表达的意思具有了约束力，从而才能使意思自治得以真正实现。若合同可随意打破，契约自由实际上也就成了一句空谈。正如自由与秩序的关系一样，合同严守与契约自由同样就像同一块镜子的两面，相辅相成，相互依赖，对任何一方的过分强调，都可能导致这块镜子变形。

（二）合同严守原则的内涵和界限不断被改变

从历史的发展看，合同法的发展史正是合同严守原则逐渐被突破的历史，但合同严守从绝对走向例外只是代表了伴随社会生活的变迁和发展，人们对其内涵理解的不同，并非对合同严守原则的否认和抛弃。英美法长期信奉“契约必须信守”原则，合同严守没有例外，如历史上著名的帕拉丁诉简案（*Paradine V.Jane*，1635）[①]，在该案中，法官认为，即使不可避免地必然会发生偶然事件，当事人也必须履行合同规定的义务。但 1863 年英国法官在泰勒诉考德威尔案中指出，“契约应确实遵守，但由于不可抗拒之外来原因，且当事人又无故意过失，致契约履行不能时，契约应因此而解除，而当事人免除以后之履行义务”[②]，首先确立因不可抗力致合同履行不能时应打破合同严守。此后，英国法官又在 1903 年的克雷尔诉亨利案中确立了著名的“合同受挫”理论，该两项确立的原则被美国判例法所接受与继承。在大陆法系中，《法国民法典》和《德国民法典》也相继通过确立不可抗力、履行不能、情势变更等情形，打破了合同严守原则。进入互联网时代，随着电子商务的发展，交易场景和功能都发生了巨变，针对这种情形，各国都对合同的履行规则作了重大变化，合同严守原则在某些方面进一步被突破。以我国为例，我国是全球网民数量最多的国家，也是电子商务交易规模最大的市场，网购已经成了人们主流的消费模式。为了更好地保护消费者利益，《消费者权益保护法》第 24 条第 1 款[③]规定了消费者 7 天无理由退货的权利，实质上赋予了消费者的法定任意解除权，这种法定任意解除权实际就是合同严守原则的例外。这种例外在我们日常生活中每天都在大量发

① 参见［英］A.G. 盖斯特：《英国合同法与案例》，张文镇等译，中国大百科全书出版社 1998 年版，第 453 页。

② 参见霍伟、杨天：《法出同源！——不可抗力免责与合同严守原则博弈的中西比较》，载 https：//www. zhonglun. com/content/2020/04-15/1845081274.html，最后访问时间：2022 年 10 月 1 日。

③ 《消费者权益保护法》第 24 条第 1 款规定：“经营者提供的商品或者服务不符合质量要求的，消费者可以依照国家规定、当事人约定退货，或者要求经营者履行更换、修理等义务。没有国家规定和当事人约定的，消费者可以自收到商品之日起七日内退货；七日后符合法定解除条件的，消费者可以及时退货，不符合法定解除合同条件的，可以要求经营者履行更换、修理等义务。”

生，但并不能就得出人们已经抛弃和否认合同严守原则的结论。因此，伴随时代的发展，合同严守原则的内涵亦在不断发生变化。

（三）赋予违约方合同解除权并不会违反合同严守原则

“赋予违约方在法定情形下享有作为形成诉权的合同解除权仅是一项特殊的、非常态化的救济制度，只有在合同陷入僵局时违约方才能通过诉请法院的方式来行使。”[①] 因此，该制度不会威胁合同严守原则之根基。首先，从完善违约方合同解除制度的目的来看，它是为了化解日益增多的“合同僵局”，使已经“名存实亡”的合同早日消解，并非为了任意解除合同。其次，从违约方合同解除权的规则条件来看，既有赋权功能，也有限制功能，违约方并非在任意情况下均可主张合同解除权，其有严格的适用条件，这也是贯彻合同严守原则的体现。[②] 再次，从违约方合同解除权的后果来看，主要是债务人免于继续履行合同义务，使当事人从沉重的“枷锁”中解放出来，其后果并不免除违约方的违约责任，对此有学者就认为，合同的强制性不在于强制履行，而在于强制补偿，所谓合同必须严守，不能解释为法律强制履行，只能解释为法律强制补偿。[③] 因此，强调违约方解除合同后违约赔偿，同样也是合同严守原则的体现，尤其是在现实中存在大量的附人身义务的合同，此类债务从根本上即不具备强制履行的特性，期待要求债务人强制履行来体现合同严守原则，不具有现实可能性。最后，从违约方解除权的司法实践来看，涉及违约方解除合同的案件中，只有在违约方恶意违约、无任何正当理由不履行合同的情形下要求解除合同，才被法官认为是违反了合同严守原则。目前的司法实践已经充分表明，在“合同僵局”个案中，法官根据公平原则、诚信原则，结合双方当事人的具体情况，对合同是否解除以及对当事人的权利义务予以衡平，是实现“实质正义”的必由之

---

① 张海燕：《合同解除之诉的解释论展开》，载《环球法律评论》2022 年第 5 期。

② 参见王俐智：《违约方合同解除权研究》，吉林大学 2020 年博士学位论文。

③ 参见李锡鹤：《多重买卖效力探讨——〈买卖合同司法解释〉第 9 条第 2、3 款之质疑》，载《东方法学》2015 年第 6 期。

路，这种个案层面对合同严守原则的突破并不会动摇其作为合同法基石的法律地位。

三、违约方合同解除权并不违背诚信原则

认为赋予违约方合同解除权违背诚信原则的主要理由为“任何人都不得从其恶行中获利”这一法律基本原理，违约行为本是不当行为，从这一不当行为不应产生合法权利。[①]实践中，也确有法官以诚信原则作为驳回违约方要求解除合同诉讼请求的理由，如赵某杰与韩某花房屋买卖合同纠纷案。法院认为，“赵某杰作为违约方，（2019）吉 2401 民初 3271 号生效后仍未按照合同约定支付剩余房款，存在恶意违约，也未举证如继续履行合同对其显失公平、韩某花存在违反诚信原则的相关证据，故赵某杰要求解除与韩某花签订的《购房分期付款协议》的诉讼请求，本院不予支持”[②]。在张某与谭某万租赁合同纠纷案中，张某作为承租人因新冠疫情导致其经营困难，合同目的不能实现，请求解除合同。一审法院认为，“新冠疫情并不必然导致合同目的无法实现，张某经营困难、亏损严重、无法继续经营，系其自身的商业风险。双方签订租赁合同时约定的租金价格等相关事宜也是基于三年的租赁期限考虑，根据诚信及公平原则，不能因一方的商业风险而解除合同损害合同相对方的权益，且张某尚有转租等其他救济措施”，驳回了其解除合同的反诉请求。以上观点及案例能否充分说明赋予违约方合同解除权会违背诚信原则？笔者认为非常值得商榷，主要理由为：

（一）违约是否必定为“恶行”或不法行为

若违约并非恶行，则认为违约方解除合同违背“任何人都不得从其恶行中获利”这一法律基本原理的推断必不成立，所谓“皮之不存，毛

① 参见蔡睿：《吸收还是摒弃？违约方合同解除权之反思——基于相关裁判案例的实证研究》，载《现代法学》2019 年第 3 期。

② 参见赵某杰与韩某花房屋买卖合同纠纷案，案号为（2021）吉 24 民终 1437 号。

将焉附”。对该问题的答案应当是显而易见的，一方面，违约并不能当然地被认为是一种“恶行”，因为导致当事人违约的主客观原因在现实中是千变万化的，需要借助具体的案件情况和语境予以判断。如果抛去具体的案件情况，而一般性地谈论违约即是“恶行”，其结果将产生严重背离客观公正的情况。在笔者统计的涉及违约方解除合同的案件中，一般只有在当事人恶意违约的情况下，才被认为是一种“恶行”，典型的情形如债务人为获取更高的利益，而故意不履行原合同义务或者有履行能力而故意不履行，这也是实践中驳回违约方解除合同诉讼请求的最主要的情形。除此之外，在违约方解除合同案件的大部分情况下，违约并不被认为是一种“恶行”，而是被认为是一种道德中性的无奈之举。另一方面，对违约行为的道德性评价常常因人而异，具有极大的不确定性。同一个违约行为，不同的法官可能给出完全不同的道德评价，这也是要弱化违约行为道德性评价的重要原因之一。仍以上文的张某与谭某万租赁合同纠纷案为例，该案一审法院认为，违约方因商业风险而解除合同，违背诚信原则，损害了守约方的权益。但二审法院却作出了截然相反的判决，二审法院认为：“张某虽为违约方，但从合同的履行过程看，其确系受新冠疫情及市场经济等多种因素的影响，无力再继续经营门市，并无违约的主观恶意，且用于门市经营的设施设备已拆除或变卖，不具备继续经营的条件……案涉合同继续履行费用过高，租赁合同目的已无法实现。若解除合同，既能减少违约方的损失，防止损失继续扩大，张某又愿意承担解除合同的违约责任，对守约方的损失作相应的弥补，能有效平衡双方的利益，也有利于社会资源的有效配置，实现实质正义，故本案认定合同予以解除更具合理性。”① 从以上说理内容可以看出，二审法院之所以支持张某作为违约方解除合同，其理由在于：一是张某并非恶意违约，合同不具备继续经营的条件；二是张某同意赔偿守约方的损失。因此从该案也可以看出，单纯以违约方解除合同违背诚

① 张某与谭某万租赁合同纠纷案，案号为（2021）川16民终751号。

信原则为由而否定其合理性，理由并不充分。

（二）“合同僵局”时守约方故意不行使合同解除权违背诚信原则

这也从反面为违约方解除合同提供了正当性基础。诚如有学者指出：在很多情况下，债务人已经构成根本违约，债权人为了拖延时间增加在违约责任上的利益或以此为筹码进行“敲竹杠”，显然违背诚信原则……如果支持债权人维持合同效力的主张，还可能导致债权人“敲竹杠”等权利滥用行为。[①]对此，《全国法院民商事审判工作会议纪要》第48条已经充分注意到现实中债权人的此种“敲竹杠”行为，并将“守约方拒绝解除合同，违反诚信原则”作为允许违约方解除合同的条件之一。对此，司法实践中已经做了充分回应，有研究者统计：在其检索的599篇涉违约方解除合同案件裁判文书中，法院援引诚信原则的裁判文书总计140篇，其中支持违约方合同解除权的裁判文书达到了118篇，占比约84.29%，因此违约方合同解除权不违背诚信原则是更为主流的观点。[②]对此，笔者也从裁判文书网统计了近三年来的涉违约方合同解除权裁判文书，其统计结果基本一致，在很多典型案例中，法院均以守约方拒绝解除合同、违反诚信原则为由支持了违约方解除合同的诉讼请求。比如，在蔡某建等与遂昌星承酒店管理有限公司（以下简称星承酒店）房屋租赁合同系列纠纷案中，原告蔡某建等80户业主与星承酒店签订了《委托经营管理合同》，将其商铺一处委托给星承酒店用于酒店运营，期限10年，星城酒店定期支付租金。2020年受新冠疫情影响星承酒店停止营业一段时间，后疫情虽控制住，但此后星承酒店继续巨额亏损，星承酒店通过多方努力与业主协商，最终于2021年6月停业并向业主发出解除合同通知书。业主拒绝解除合同，双方最后形成诉讼。法院认为，“在房屋租赁合同中，违约方愿意补偿守约方较长期间，如

---

① 参见石佳友：《履行不能与合同终止——以〈民法典〉第580条第2款为中心》，载《现代法学》2021年第4期。

② 参见王俐智：《违约方合同解除权研究》，吉林大学2020年博士学位论文。

6个月或1年的租金，而守约方仍然拒绝解除合同，通常应当认定其行为违反了诚信原则，星承酒店同意补偿1年的租金，而蔡某建等业主仍然拒绝解除合同，应当认定违反诚信原则”，最终判决支持了违约方的诉讼请求。① 在另一起仇某军与汪某华租赁合同纠纷案中，汪某华租赁仇某军土地从事生猪养殖，后因生猪发生瘟疫，全部被扑杀，汪某华无力继续履行合同遂诉请解除。法院认为：第一，汪某华要求解除合同是结合个人实际和客观情况的非恶意选择，主观上并不存在恶意；第二，继续履行租赁合同，需要重新投入人力物力财力，使得合同当事人之间的利益更加失衡，对汪某华显失公平；第三，在汪某华承担违约责任的情况下，仇某军坚持要求继续履行合同而不同意解除，确实有违诚信原则。② 实践中，还有大量类似的案例，不再一一列举。③

综合上述情况，笔者认为，从笼统和一般意义上认为赋予违约方解除合同权违背诚信原则的观点，既无理论上的支持，也缺乏实践的依据。诚信作为民法的帝王原则，将其纳入违约方解除合同规则的构成要件，不仅不会破坏诚信原则的价值，反而会对这一原则起到维护与衡平作用。

四、违约方合同解除权不会引发道德风险

过去很长一段时间以来，违约都被视为“不道德”的行为，这与我

---

① 参见蔡某建、应某水、周某进等与遂昌星承酒店管理有限公司房屋租赁合同系列纠纷案，案号分别为（2021）浙1123民初1312号、（2021）浙1123民初1313号、（2021）浙1123民初1315号等。

② 参见仇某军与汪某华租赁合同纠纷案，案号为（2021）苏12民终2183号。

③ 类似案例还有（2021）黔03民终9855号、（2021）黔03民终9388号、（2021）粤0306民初4231号、（2021）浙1123民初1315号、（2021）粤16民终773号、（2020）粤03民终31084号、（2021）皖1622民初3950号、（2021）粤1303民初297号、（2021）粤1303民初305号、（2021）粤1303民初298号、（2021）粤1303民初303号、（2021）粤1303民初310号、（2021）粤1303民初314号等。比如，广东省河源市中级人民法院（2021）粤16民终773号民事判决书认定：“胡某雄作为违约方不享有单方解除合同的权利，但是案涉《合同书》为长期性的租赁合同，在合同履行过程中双方已经形成合同僵局，并且：（1）本案确实存在案涉猪场的生猪因病死亡的事实，胡某雄不存在恶意违约的情形；（2）如果要求胡某雄继续履行合同，对其显失公平；（3）张某基一审表示不同意解除合同，违反诚信原则，且其对于一审判决解除合同未提出上诉。在前述前提下，胡某雄作为违约方起诉请求解除合同，本院认为应予以确认。”

国从计划经济向市场经济转变及市场经济体系的建立完善过程中，诚信规则的缺失有关。为维护市场交易秩序与安全，合同严守原则牢不可破的观念无论是在理论界还是实务界都占统治地位。在此背景下，违约的"不道德性"被过度地强调和夸大，时至今日，该观点依然是反对赋予违约方合同解除权的重要理由。有学者担心赋予违约方合同解除权将会引发道德风险，也违反了任何人不能从其不法行为中获利的原则。[①]事实上，违约行为在道德上应否受谴责在不同法系之间存在争议，霍姆斯认为，在合同法中，违约的非道德性观点完全混淆了道德与法律的关系，合同当事人在道德上并不负有履约的义务。[②]对此，我国也有学者认为："我们不能从一般意义或者抽象意义上的违约不道德性直觉甚或个体体验推论在所有情况下违约都有强烈的非道德性，更难以直接认为违约行为是一种'恶行'，并据此主张传统观点其实对违约方解除合同的道德性担忧被夸大了。"[③]孙良国通过对沙维尔教授关于违约的道德性调查实验论证了违约未必是不道德的这样一个结论。[④]王俐智则认为，违约是一个中性的行为，不应涉及道德评价，并列举了迈克尔·桑德尔书中"火车救人"的例子予以论证。[⑤]

① 参见王利明：《论合同僵局中违约方申请解约》，载《法学评论》2020年第1期；王利明：《合同编解除制度的完善》，载《法学杂志》2018年第3期。

② 参见刘浩宇：《效率违约的价值评析——对我国合同法第110条的再思考》，载《河北法学》2000年第2期，转引自张素华、杨孝通：《也论违约方申请合同解除权兼评论〈民法典〉第580条第2款》，载《河北法学》2020年第9期。

③ 孙良国：《违约方合同解除的理论争议、司法实践与路径设计》，载《法学》2019年第7期。

④ 沙维尔教授设计了4个问题，为此调查了41个对象，调查结果显示：（1）一般意义上的违约介于有点不道德和既不是道德也不是不道德之间；（2）当交易的设备价格急剧上升，而当事人缔约时没有考虑这个可能性极小的情形，此时41个人中有17个人认为违约是道德的；（3）而同样的情况，当交易的设备价格急剧上升，但缔约时当事人已预见到此种情形时，有38个人认为此时违约是不道德的；（4）同样的情况下，增加一个条件即违约方愿意赔偿守约方的期望利益损失，此时调查结果显示违约介于道德中性和有点道德之间。

⑤ 迈克尔·桑德尔书中"火车救人"的例子中的不同情形：（1）你是火车司机，火车行驶前方的铁轨上有5个人，另一条铁轨上只有1个人，你是否会扳动按钮把火车开到只有1个人的铁轨上？（2）你站在火车行驶将要路过的桥上，火车继续行驶将撞死前面铁轨上的5个人，你身旁有1个人，你把他推下去就可以救铁轨上的5个人，你要把他推下去吗？对于前种情形，绝大多数人可能都支持牺牲1人以拯救另外5人，而面对后种情形，多数人可能会犹豫、拒绝选择或者不支持把身旁的人推下去。参见［美］迈克尔·桑德尔：《公正该如何做是好？》，中信出版社2012年版，第22~23页。

（一）违约行为道德性评价具有不确定性

笔者同意孙良国及王俐智的观点，因为道德性的命题会面临语境问题，即在不同的语境下，道德性命题可能会展现不同的侧面，进而改变道德的认知，对于违约行为的道德评价也是如此。主要表现在两个方面：

1. 针对同一个违约行为，不同法官的道德评价可能存在巨大差异。正如“一千个人心中有一千个哈姆雷特”，道德的标准总会因人而异，具有很强的主观性。这主要表现在对违约方解除合同案件裁判结果的巨大差异上。仍以上文提到的张某与谭某万租赁合同纠纷案为例，一审法院认为张某不应因其自身的商业风险而解除合同损害合同相对方的权益，实际上认为其违约是不道德的。而二审法院认为，张某因疫情解除合同并没有主观恶意，又愿意承担解除合同的违约责任，对守约方的损失进行相应的弥补，符合实现实质正义的要求，实际上是认为张某的违约行为并非不道德。

2. 同一个法官对类似违约行为的道德性评价也可能会存在巨大的偏差。世界上没有两片完全相同的树叶，案件也是。每一个案件的事实都存在很多不同的细节，每一个案件不同当事人在诉讼中的言谈举止带给法官的主观感受可能都不相同，苛求法官像机器一样完全抛弃个人好恶和主观感受去裁判案件既不现实，也无必要。因此，在涉及道德评价和价值取舍的案件时，总要寄希望于法官的个人内在良知判断，但这种判断并非完全精准和可控的。在相类似的违约行为中，由于当事人本身的差异（如当事人的贫富差异）、举证能力强弱、客观情况的不同（如同样是房屋租赁合同中的违约行为，但房屋用途、所处行业、房屋具体位置等情况），都会对具体的违约行为的道德性评价产生影响。

（二）对违约行为道德性评价的实证研究

1. 关于违约行为道德性的认知差异。笔者在中基层法院均工作过，在日常案件审理及审委会讨论案件时，对因违约行为道德性认知不同引发的案件裁判理念的差异深有体会。以一起房屋租赁案件为例[①]：甲（出租人）与乙（承租人）签订了一份房屋租赁合同，乙承租甲的房屋从事餐饮经营，年租金 56 万元，合同期限 5 年，房租已预付至 2020 年年底。2020 年年初新冠疫情暴发后，受疫情影响乙经营的饭店停业，4 月底当地餐饮行业恢复营业，但 5 月初乙以无力继续经营为由寻求解除合同并与甲沟通，甲不同意解除，若解除则要求乙按照合同约定支付一年的租金作为违约金。双方多次协商未果，乙遂于 5 月底搬离房屋，向甲发出解除合同的通知并将房屋钥匙、水卡、电卡等物品同时通过 EMS 快递向甲邮寄。邮件到达甲所在小区的菜鸟驿站后，甲直到 9 月底才收取上述邮件。2021 年年初，甲起诉乙要求其支付拖欠至起诉之日的房屋租金及违约金，乙则抗辩合同早已于 2020 年 5 月底解除。针对该案的审理，在专业法官会议进行讨论时，即形成两种截然不同的观点，两种观点针锋相对，谁也说服不了对方：第一种观点认为相比较整个合同租赁期限，新冠疫情的影响是暂时性的，乙提前退租属于违约，甲作为守约方并无过错。由于疫情影响，乙退租后甲亦面临出租困难的问题，会产生较高的租金损失，同时甲亦同意就疫情期间的损失进行协商，乙作为违约方其行为是不道德的，不享有合同解除权。另一种观点则认为，乙租赁房屋的合同目的是从事餐饮经营，疫情期间不仅营业收入为零，而且还要负担高额的房租、人工工资等成本，即便餐饮业已恢复营业，但由于案涉餐馆地处大学城的特殊位置，平常客流量以周边高校的学生为主，受疫情影响，周边高校至乙搬离房屋时尚未复课，乙经营惨淡，其并非“恶意违约”；相反，甲明知乙经营艰难，合同已无继续履行的可能，故意拖延时间，以继续获取高额的租金及违约金，违反诚信原则，故合同应当解除。

通过上述案例可以看出，不同的法官个体站在不同的立场，对同一

① 参见张某栋与郝某房屋租赁合同纠纷案，案号为（2021）鲁 0113 民初 2918 号。

个违约行为产生了两种截然不同的道德性评价，且均有其各自道理，通过此案引发了笔者关于违约行为道德性研究的思考与想法。

2. 对司法实务群体开展的违约行为道德性评价的调查研究。如上所述，尽管已有学者引用国外相关研究案例对违约行为的道德性进行了论证，但由于对某一法律行为的道德评价总是会受到该国的传统文化、法律制度、人们的法律素养等多种因素影响，国外关于违约行为的道德性研究是否契合我国的国情并未可知。而立足于我国本土国情的违约行为道德性考察尚无人进行实证研究，尤其是缺乏针对法官、法官助理、律师或基层法律工作者等司法实务群体关于违约行为道德性认知的调查，这些司法实务群体对违约行为的道德性认知又对相关案件的裁判起到了至关重要的作用。司法实务人员对违约行为道德性的群体性认知，不仅会引领司法裁判的走向，还可以为立法者对将来法律的修改与完善提供决策支撑。基于此，笔者认为对我国的法律人群体尤其是实务群体的调查必不可少，为此通过调查问卷的方式，就相关人员对违约行为道德性认知进行了访问。共计通过微信群发出调查问卷1000余份，回收有效问卷270份，具体统计情况如图4-3：

第一，受调查者的身份以司法实务群体为主，兼顾多种主体，以求客观性与全面性兼顾。

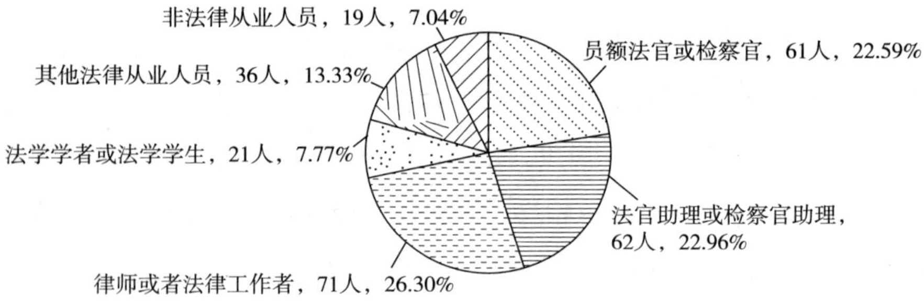

图4-3　受调查者的身份构成

第二，一般意义上的违约行为道德性调查：当受调查者被询问一般意义上“违约是不道德的吗”，54.65%的受访者认为确定是不道德的，

36.06% 的受访者认为违约是中性的（既不是道德的也非不道德），但没有受访者认为违约是有点道德或确定道德的，也就是说，在缺乏任何前提和语境的情况下，超过半数的人认为违约是不道德的，同时没有人认为违约是道德的。（见图 4–4）

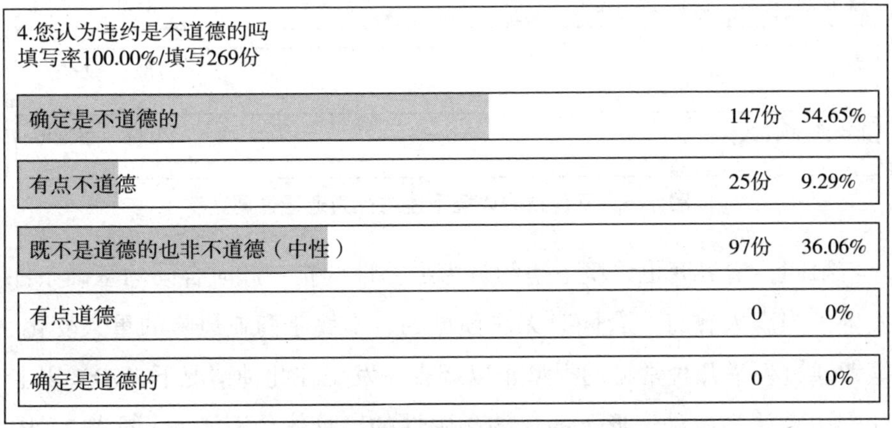

图 4–4 一般意义上的违约行为道德性调查

第三，不可抗力语境下违约行为道德性调查：当受调查者被询问“由于发生不可抗力致使合同目的无法实现如地震而违约是不道德的吗”，只有 3.72% 的受访者认为此时违约是不道德的，有 69.29% 的受访者认为此时违约是中性的，而高达 26.39% 的受访者竟认为违约确定是道德的。可以看出与一般意义上的违约行为相比，受访者的态度发生了巨大变化。（见图 4–5）

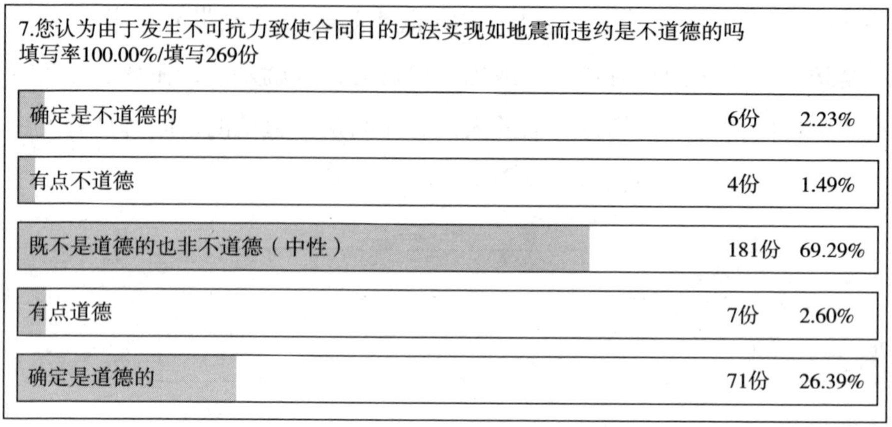

图 4-5　不可抗力语境下违约行为道德性调查

第四，情势变更语境下违约行为道德性调查：此时合同的基础条件发生了当事人在订立合同时无法预见的、不属于商业风险的重大变化。笔者通过列举几种常见的类型予以调查，发现在此种情况下，70% 以上的受访者认为此种情形下的违约是中性的，具体如图 4-6、图 4-7、图 4-8、图 4-9 所示：

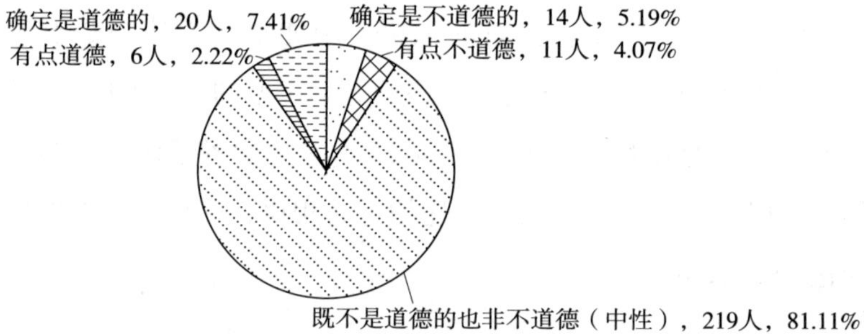

图 4-6　由于违约方自身未预料的主观情况发生变化如签订合同后身患重病而无继续履行能力或者因工作调动提前退租等情形而选择违约的情况下道德性调查

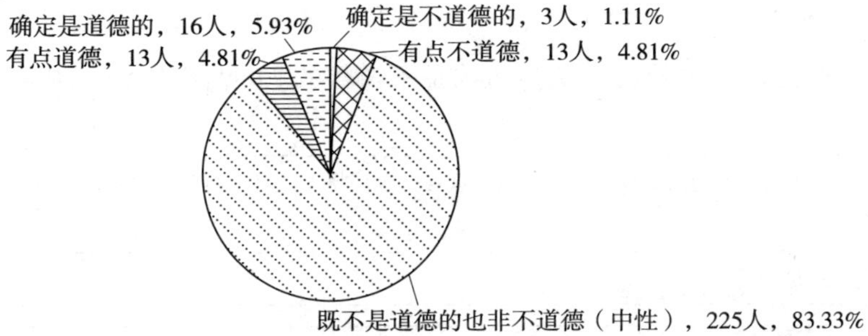

图 4-7　由于新冠疫情影响而导致合同（如经营性商业用房屋租赁合同）履行困难而违约的情况下道德性调查

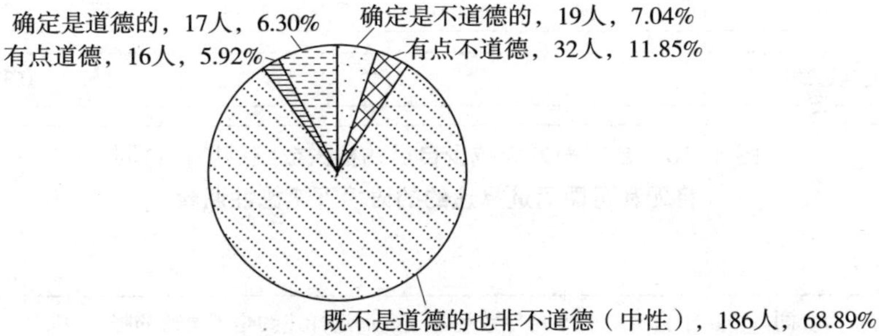

图 4-8　由于客观突发情况导致市场剧烈波动，如战争等突发事件导致原材料（如石油）价格大幅上涨而违约的情况下道德性调查

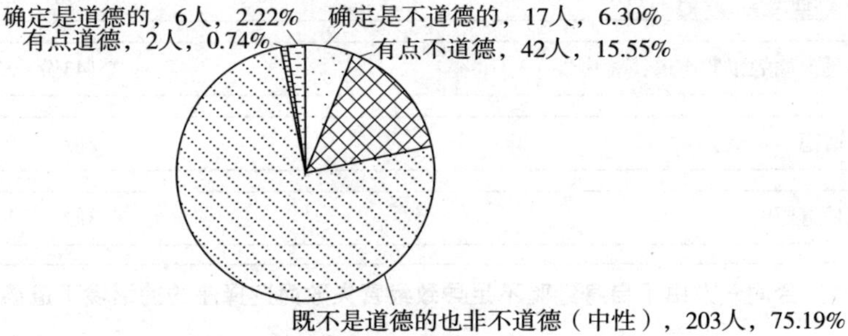

图 4-9　由于政策的变化如房屋限购、教育“双减”等原因，导致一方选择违约的情况下道德性调查

第五，主观违约语境下的道德性调查：由于债务人自身主观原因如经验不足导致的经营失败，或者主观认为继续履行合同将无利可图甚至会产生亏损而选择违约的情况下，受访者认为违约是不道德的占比 50%

左右，认为违约是中性的占比 50% 左右。这说明即便在主观违约的情况下，亦接近一半的人不认为违约是不道德的。（见图 4–10、图 4–11）

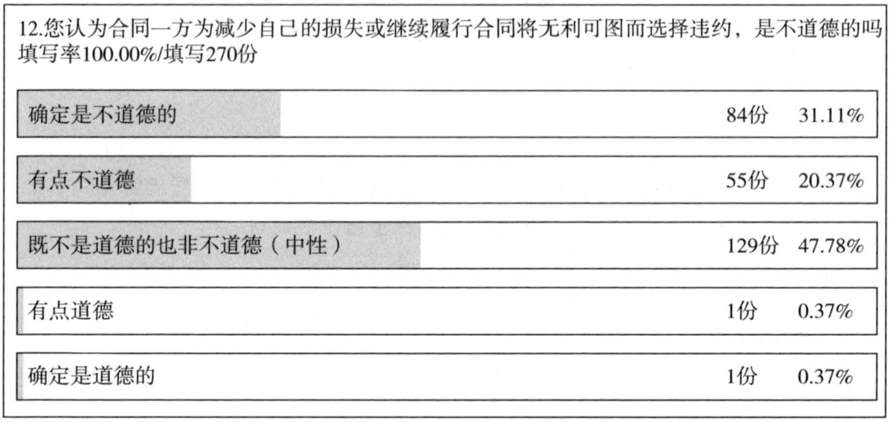

图 4–10 合同一方为减少自己的损失或继续履行合同将无利可图而选择违约的语境下道德性调查

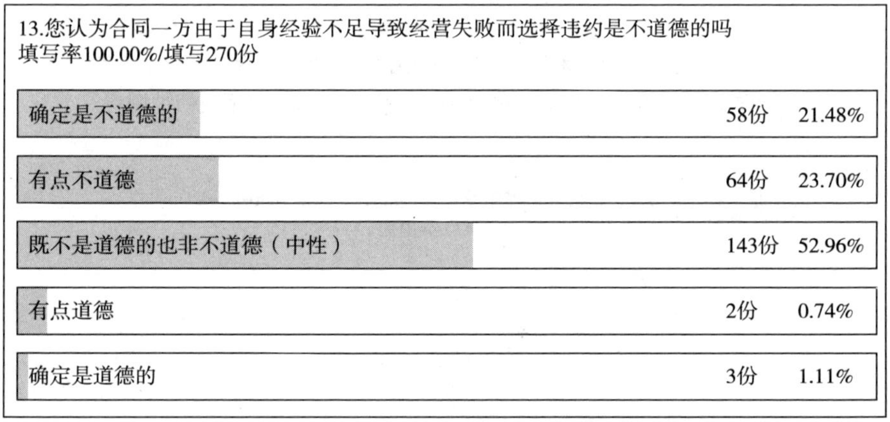

图 4–11 合同一方由于自身经验不足导致经营失败而选择违约的语境下道德性调查

第六，“恶意违约”语境下的违约行为调查：恶意违约一般指债务人为了追求更高的利润而选择故意违约，通过无损害赔偿和有损害赔偿两种情况的对比，可以发现，即便在恶意违约的情况下，充分的损害赔偿也会使违约的不道德性评价率大幅降低。

第七，关于违约行为道德性调查的开放性问题统计：调查问卷中同时设计了两个开放性问题，要求受访者列举违约行为系不道德或者违约行为并非不道德的例子，答案呈现出多样化且差异巨大的特点。有受访者认为“违约是法律问题，不是道德判断问题，违约了赔偿损失，承担责任就行，不必道德判断”，也有受访者认为“主观故意违约都是不道德”。经过笔者对 270 份作答进行统计归纳，对受访者的问题回答归类如下：（见表 4–1）

表 4–1　关于违约行为道德性调查的开放性问题统计

不同情形		出现次数
不道德的情形	为获取更高利润	71
	有履行能力而故意不履行（包括主合同义务和附随义务）	37
	利润降低或者为减少损失	14
	违约后不赔偿对方损失	6
	因经营不善而违约	5
中性甚至是道德的情形	不可抗力	76
	情势变更	52
	经营失败无力履约	9
	违约但赔偿守约方损失	4
	认为违约与道德无关	10

通过上述违约行为道德性评价的调查研究，可以得出以下结论：（1）对违约方的道德性评价，受具体语境的影响非常大；（2）只有债务人为了获得更高利润或有履行能力而故意违约的情形下，或称之为“主观恶意违约”的情况下，违约才被认为是不道德的；（3）因客观原因以及债务人主观非恶意违约通常被视为并非不道德；（4）能否充分补偿守约方的损失对违约行为的道德评价影响巨大。因此，总的来说，以违约行为的不道德性来反对赋予违约方合同解除权，一方面缺乏具体语境的支持，而且在大部分情况下违约行为应当被认定为一种中性行为，对违约行为的道德评价应当予以弱化；另一方面对违约方的道德性担忧确实被夸大了，法律所要防范的主要是通过违约获得更高利润，或者有履行

能力而故意违约等情形下的“主观恶意违约”，对这一点完全可以通过严格限定违约方合同解除权的行使条件而将这种道德风险降到最低，经过严格筛选剩下的违约方是需要法律保护的特定的违约方，并不会鼓励违约行为。

五、违约方合同解除权不会破坏合同法体系稳定性

合同的实际履行，又称强制履行，是违约方不履行合同义务或者履行合同义务不符合约定时，守约方有权请求继续履行合同义务。传统观点认为，实际履行是实现合同目的的最佳方式，在合同能够实际履行的情况下，债务人应当尽可能通过对合同义务的实际履行以实现债权人的合同目的，故继续履行的违约责任承担方式贯穿于合同法违约责任的始终，也被认为是承担违约责任的最有效措施。继续履行强调的是对未履行的合同义务的继续履行权，旨在促进当事人实现交易目的，维护交易安全，实质是对有约必守原则的维护、提倡和贯彻，是以司法之力强制推进合同的继续履行。[①] 因此有观点认为，赋予违约方合同解除权将架空合同实际履行制度，会严重影响交易安全，破坏合同法体系的稳定性。笔者认为，实际履行作为守约方违约救济的首选方式，其价值自然不言而喻，但伴随社会的发展，市场经济极度发达的情况下，过分强调实际履行的弊端亦愈加明显，因此有必要重新检视实际履行的制度价值。

（一）合同的不完备性导致合同实际履行必然存在例外情形

合同除了法律上的概念，在经济学上，合同又特指对指定当事人在各个不同的时间，通常根据不同的条件所实施的行为的一种详细说明。[②] 也就是说，合同是当事人对未来可能发生的情形所作出的约定，未来性

① 参见最高人民法院民法典贯彻实施工作领导小组主编：《中华人民共和国民法典合同编理解与适用（二）》，人民法院出版社 2020 年版，第 759 页。

② 参见［美］斯蒂文·沙维尔：《法律经济分析的基础理论》，赵海怡等译，中国人民大学出版社 2013 年版，第 265 页。

是合同的重要属性。一方面由于未来事件的复杂性和不确定性，当事人不可能在订立合同时将未来发生的全部可能都考虑在内，这既包括当事人自身的主观情况的可能变化，也包括当事人外在客观情况的可能变化；另一方面，由于缔约方本身的有限理性及机会主义行为倾向，也导致合同订立后也可能总会发生出乎意料的变化：人类个体总是受限于其自身的经验/知识的限制，导致其所订立的合同存在各种各样的漏洞，同时，缔约人在市场经济中总会存在一定的机会主义倾向，对合同的履行也总会产生影响，如因房价大幅上涨而产生的“一房二卖”情形。综合以上两方面因素，理想中的完美合同是不存在的，合同的不完备性才是合同的常态与现实，因此合同并不总是能够实际履行。故在违约责任上，过分强调实际履行必然会产生各种弊端。

另有研究者指出，过于强调实际履行的违约救济方式在现实中存在诸多困难：第一，内容确定性难题。如果当事人对合同履行内容约定不明确，需要法院运用自由裁量权予以确定，这一方面涉及由法院补充合同漏洞是否合法、正当的问题，还会涉及因“履行内容”不明确导致的判决给付内容强制执行能否实现的问题。[①] 第二，实际履行的不安全问题。一旦判决先合同义务一方实际履行了合同义务，但另一方的对待给付可能由于各种原因无法实现的风险。第三，实际履行的执行成本可能过高。比如，建筑施工合同中，法院强制执行的成本与债权人获得的利益不成正比，法院就不会判决实际履行。第四，很多具有人身性质的服务合同无法强制实际履行。这是因为现代法治的典型特征是不得强迫任何人通过合同维持人身奴役关系。第五，实际履行可能会促使非违约方采取机会主义行为或者策略行为，获得不成比例的利益。如上文提到的新宇公司诉冯某梅案，冯某梅意图通过实际履行制度获得超过其合理损

① 以一起土地租赁合同为例：出租方在案涉土地上原先存在大量的房屋、厂房、生产设备以及砖块、钢材等其他杂物材料，合同约定出租方应当将“地上障碍物”清除干净后交付土地。后双方发生矛盾，出租方未履行上述清除义务，影响了承租方对案涉土地的使用，承租方又不敢擅自清除，故只能诉诸法院。后法院依据双方合同约定，判决出租人限期将案涉土地地上障碍物清除。判决生效后，在强制执行过程中，双方当事人对“地上障碍物”的具体内容发生争议，是单纯指土地上存放的杂物，还是包括一些车间、生产设备等无法明确，导致案件长时间无法执行。

失的高额利益赔偿，合同法对此必须予以应对，因为合同法的一个基本目标是威慑机会主义行为，鼓励最优地安排经济活动和避免采取成本高昂的自我保护性措施。[①]第六，实际履行在某些情况下，会扭曲缔约现实，导致效率损失。[②]综上，合同的实际履行在现实中必然存在例外情形，当出现“合同僵局”时，允许违约方解除合同并以损害赔偿代替实际履行成为必然选择。

（二）非金钱债务实际履行的排除为违约方解除合同提供了正当性基础

由于合同的不完备性导致合同实际履行的例外情形主要有三种，对此《合同法》第 110 条进行了规定：法律上不能履行；事实上不能履行；债务的标的不适于强制履行。所谓法律上不能履行，是指由于法律规定的变化，继续履行已经违法，如出卖禁止流通物；事实上不能履行，是指基于自然规则而发生的不能履行，如标的物灭失、一房数卖中其中一方买房者已办理过户登记而导致的交付不能等；债务的标的不适于强制履行，是指债务的性质不宜直接强制履行，如演出合同、劳务合同等具有人身依附性的给付义务等。[③]对该三种情形，依据“法律不强人所难”的原则，法律赋予了违约方对守约方实际履行的抗辩权，即守约方可以据此拒绝继续履行合同，在此情形下，合同的继续履行已不可能，因此合同的归宿只能是解除。当守约方拒绝解除合同的情况下，在司法实践中，法院从该条规定的违约方实际履行抗辩权中引申出解除合同的权利，具有正当性基础，这一共识已经被《民法典》第 580 条第 2 款所认定，不再重点探讨。

---

① ［美］理查德·A. 波斯纳：《法律的经济分析》，蒋兆康译，法律出版社 2012 年版，第 149 页。

② 参见孙良国：《违约方的合同解除权及其界限》，载《当代法学》2016 年第 5 期。

③ 参见最高人民法院民法典贯彻实施工作领导小组主编：《中华人民共和国民法典合同编理解与适用（二）》，人民法院出版社 2020 年版，第 737 页。

（三）充分的损害赔偿同样为违约方解除合同提供了正当性基础

1. 违约责任的功能应当从“惩罚性”向“补偿性”转变。实际上，梁慧星在 1987 年就撰文指出，在我国《合同法》的立法过程中，实际履行的原则性地位受苏联立法影响较大，在某种程度上对违约方更带有“惩罚性”功能，更契合单一的指令性计划经济制度。在市场经济高度发达的今天，交易的可替代性越来越强，在当事人不履行义务的情况下，绝大多数的交易都可以找到替代交易，或者绝大多数的损失都能够通过市场用金钱来衡量和计算。在这样的背景下，违约责任的功能应当更侧重于对守约方损失包括逾期可得利益的补偿，而不是必须通过实际履行的方式对违约方予以惩罚。

2. 充分的损害赔偿具有现实可行性。在合同法领域内，对守约方的实际损失几乎都可以用金钱衡量。在比较法领域，《美国统一商法典》第 2–712 条规定了商品的“替代交易”，当卖方出现违约后，“买方可以补进货物，即善意及时地以合理方式购进或订立合同购买本应由卖方提供的货物；买方有权从卖方处取得损害赔偿，数额为补进价格与合同价格的差额，再加上后述所定义的附带损失或间接损失，减去因卖方违约而使买方节省的支出”。第 2–713 条规定了买方损失计算方式：“买方得知违约时的市场价格与合同价格的差额，再加上本篇规定的任何附带损失或间接损失，减去因卖方违约而使买方节省的支出。”[①]《联合国国际货物销售合同公约》第 75 条则规定了替代交易差额：“如果合同被宣告无效，而在宣告无效后一段合理时间内，买方已以合理方式购买替代物，或者卖方已以合理方式把货物转卖，则要求损害赔偿的一方可以取得合同和替代货物交易价格之间的差额以及按照第七十四条规定可以取得的其他任何损害赔偿。”《欧洲示范民法典》第 3–3：707 条则用“市场价格”确定损失的计算方法，债权人依第五节的规定全部或者部分解

---

① ［美］美国法学会、美国统一州法委员会：《美国〈统一商法典〉及其正式评述》，李昊等译，中国人民大学出版社 2004 年版，第 39 页。

除合同，且没有进行替代交易，但存在履行市价的，债权人有权在损害赔偿请求权的范围内，请求赔偿合同价款与解除时的市价之间的差额。此外，债权人仍可就其他损失主张损害赔偿。[①] 这些比较法上“替代交易”“市场价格”的规定，值得我国予以借鉴。

司法实践中，“替代交易”“市场价格”均有相关的司法性文件以及习惯做法予以实现。比如，《上海市高级人民法院关于审理“二手房”买卖案件若干问题的解答》第6条对房屋涨跌损失的确定，采用“市场价格”参照法：“原则上可比照最相类似房屋的市场成交价与买卖合同成交价之间之差，确定房屋涨跌损失。”再如，山东省济南市中级人民法院发布的《关于审理房屋买卖合同纠纷案件法律适用问题的裁判指引》，对如何确定开发商逾期交房的损失作了如下规定：在当事人无约定的情况下，逾期交房违约金按照逾期交付使用房屋期间有关主管部门公布或者有资格的房地产评估机构评定的同地段同类房屋租金标准确定。上述规定均是采用了“市场价格”的计算方法。同理，在具有人身依附性的合同义务履行中，如建设工程施工合同，因工程质量不合格需要采取维修、补救等措施，而施工人拒绝履行的，可通过替代履行的方式主张损失，亦可以通过专业机构以“市场价格”的方式评估确定其损失。总之，充分的损害赔偿在理论上有具体的计算方法支撑，在实践中亦有切实有效的做法，因此具有可行性。

3. 充分的损害赔偿使违约方解除合同不具有非道德性。无论理论界还是实务界，均认为充分的损害赔偿是支持违约方解除合同的条件，这从最早的“新宇公司诉冯某梅案”的裁判要旨中就明确了“损害赔偿的充分性”。此后无论是《全国法院民商事审判工作会议纪要》第48条还是《民法典》第580条第2款均强调了这一点。司法实践中亦是如此，大量支持违约方解除合同的案例亦都强调了损害赔偿的必要性和充分性，守约方在此类案件中提出的损害赔偿的本诉或反诉请求，一般都会

① ［德］克里斯蒂安·冯·巴尔等主编：《欧洲示范民法典草案：欧洲司法的原则、定义和示范规则》，高圣平译，中国人民大学出版社2012年版，第205页。

得到法院的支持。[①] 当守约方在违约方解除合同诉讼中因不同意解除合同而未主张违约损失的情况下，法院在支持违约方解除合同诉讼请求的同时，一般也会赋予守约方另行主张权利的救济途径。[②]

笔者关于违约方解除合同态度的调查问卷得出的结果也支持了上述论证：在违约方是否提供充分的损害赔偿的前提下，受调查者对违约方解除合同的道德性评价以及支持率均有较大的变化。

当合同一方有更好的交易机会而选择违约时，仅有 14.07% 的受访者支持违约方解除合同。（见图 4–12）

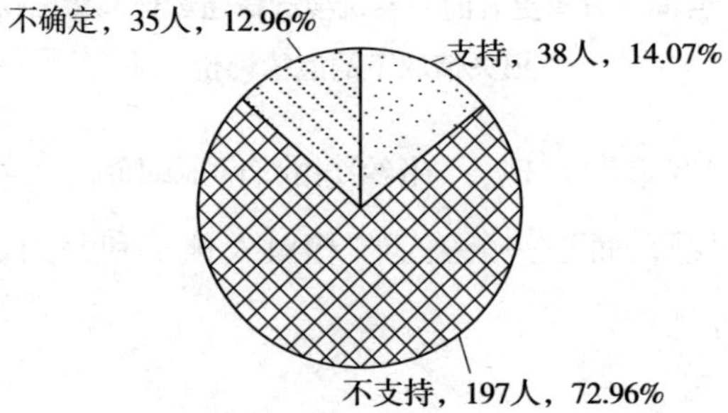

图 4–12　合同一方有更好的交易机会而选择违约情况下的道德评价

① 参见（2022）辽 01 民终 1865 号、（2021）苏 03 民终 9966 号、（2021）湘 0726 民初 664 号、（2022）鲁 06 民终 457 号等。典型的如浙江省嘉兴市海宁市人民法院（2021）浙 0481 民初 8053 号民事判决书："由于案涉合作协议解除系法院经审理后综合本案案情及综合公平效率、经济成本、利益平衡及突破合同僵局等各方面因素，综合考量后以判决方式解除合同，虹安公司作为违约方应当承担的违约责任不能因解除合同而减少或者免除。"湖南省长沙市中级人民法院（2021）湘 01 民终 12973 号民事判决书："依照公平原则和诚实信用原则，由胡某云支付课程总额 30% 的费用作为单方违约解除合同的违约金。"广东省河源市中级人民法院（2021）粤 16 民终 773 号民事判决书："胡某雄作为违约方起诉请求解除合同，本院认为应予以确认，但胡某雄本应当承担的违约责任不能因解除合同而减少或者免除。"

② 参见山东省烟台市中级人民法院（2022）鲁 06 民终 457 号民事判决书："如违约条款不足以弥补其因杨某奎违约所产生的全部损失，正方制药公司也可另案要求杨某奎赔偿其他损失。"四川省成都市中级人民法院（2021）川 01 民终 19299 号民事判决书："四川九牧公司未按照双方《房屋租赁合同》约定，自行腾退房屋并提前终止合同，其行为构成违约，应承担相应的违约责任。但在本案中，百利威公司既未向四川九牧公司主张、也未提交相关合法有效证据证实因四川九牧公司提前终止合同致其所受实际损失的事实。对于该项损失，百利威公司可另行主张。"浙江省嵊州市人民法院（2021）浙 0683 民初 3645 号民事判决书："原告身患重大疾病且已失去经营意愿的情况下，强制其继续履行合同，可能导致嵊丰公司陷入经营困境，对各方均不利，对此情形，根据《民法典》第五百八十条的规定，应当准许原告解除合同。至于原告因解除合同所需承担的违约责任，鉴于各方当事人合作之初衷，合同解除后尚涉及嵊丰公司是否需要存续的问题，宜各方先行通过召开股东会等方式协商解决，故本案中暂不处理；协商不成，当事人可另行起诉。"

当合同一方因更好的交易机会，违约方请求解除合同但同意赔偿守约方的损失（包括预期可得利益），是否应当支持时，有 51.48% 受访者支持违约方解除合同（见图 4-13）。

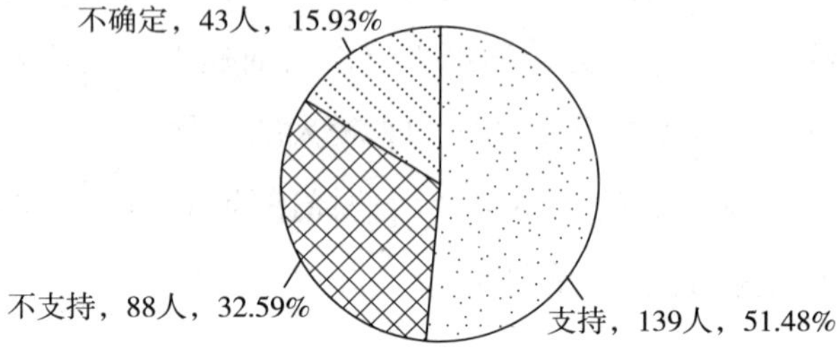

图 4-13　合同一方有更好的交易机会选择违约但同意赔偿守约方的损失情况下的道德评价

通过以上调查笔者发现，"违约方的合同解除权"并非一个简单抽象的道德评价问题，而是一个关于"相对人预期利益的足额赔偿和准确判断"的务实问题。[①]

六、违约方合同解除权符合《合同法》的效率价值追求

公正与效率是法律永恒追求的两大主题。近年来，我国司法改革的目标即为打造"公正、高效、权威"的司法体制，在保证公正的前提下，对司法"效率"的价值追求在诉讼程序法及诉讼流程方面的变革尤为显著，电子送达、在线庭审、小额诉讼程序、案件繁简分流机制等广泛应用均体现了这一点。正如法谚有云："迟到的正义非正义。"但与此同时，民商事实体法对效率价值的追求并未引起我国法律界的足够重视，体现在我国合同解除制度方面即是如此。由于合同解除制度的功能与目的兼具公正与效率两个方面，因此如何平衡二者关系，成为制度设计以及司法实践中反复考量的重点。自 2006 年新宇公司诉冯某梅案以来，由"合同僵局"引发的违约方合同解除权的讨论，至今已近 20 年，实践中此类案件日益增长，但从立法机关在《民法典》制定过程中对该

① 参见熊丙万：《中国民法学的效率意识》，载《中国法学》2018 年第 5 期。

问题的谨慎态度来看，对效率价值的追求仍未得到足够重视。

（一）效率应是我国《合同法》及合同解除制度追求的核心价值

在英美法上，效率是合同法的核心价值之一，美国的法律经济学派更是将效率提升为法律的最高价值。有研究者即指出：法律经济学派的理性人假设、不完备合同理论、交易成本理论等都与合同法的效率价值密不可分，为违约方解除合同提供了理论支撑。具体表现在：一是违约方决定不继续履行合同，是人基于其理性的自然选择，当合同继续履行的成本明显大于收益时，且法律规定继续履行不是违约责任的唯一承担方式时，不能要求一个理性人违背其自利的本性去坚持履行合同。二是不完备合同理论表明，并不是每一个合同都是值得完全履行的，继续履行不完备的合同将给当事人造成极大的困难和低效率。三是由于存在合同交易成本，法律应赞成以最低的成本实现对守约方利益的保护，当违约方解除合同并赔偿守约方损失的成本更低时，法律应当支持违约方合同解除权。①

笔者认为，效率的确应是我国《合同法》及合同解除制度追求的核心价值。从历史上看，我国之所以进行改革开放就是因为低效率的计划经济没有让人民群众“吃饱肚子”，安徽凤阳小岗村 18 户农民分田到户的“生死契约”即透露着对效率的追求。改革开放以后，对效率的追求更是贯穿社会经济生活的各个方面，从世界上最长通车里程的高速公路、速度及总量均位居世界第一的中国高铁，到全世界最发达和最频繁的电子商务及与之相配套的物流运输网络；从最便捷的电子支付方式（微信、支付宝）到 5G 网络的全国性覆盖，对效率的极致追求已经深刻影响了当代中国人的生活方式，也不断提升了人民群众的幸福感和获得感。如孙国华所言：“总的看，人们倾向于把对社会的衣、食、住、行最有效益的观念和措施认为是正义的、公平的。”② 在这一过程中，与

① 参见王俐智：《违约方合同解除权研究》，吉林大学 2020 年博士学位论文。

② 参见冯玉军：《法经济学范式》，清华大学出版社 2009 年版，第 4 页。

社会经济生活息息相关的现代民法制度在我国也得以迅速确立并获得发展。对“意思自治”“权利本位”“鼓励合同交易”“维护交易安全”等民法重点关切的核心概念的讨论，均体现了我国法律界对民法效率属性及效率观念的关注。但同时，与社会经济生活中对效率的极致追求相比，我国民事实体法对效率价值的追求显然已落后于时代的发展。为此，有学者提出当前我国民法学的效率观念存在两方面的局限：一是效率意识被淡化甚至遗忘，民法学者围绕行为过程建构民法学说体系时，缺乏对行为结果的效率性给予专门关注；围绕过程要素建构学术时，遗忘了制度的行为激励作用和经济促进功能，即不关注法律制度对将来行为的激励效应。二是效率分析被过度简单化，尤其是在社会生产和交易结构变得越来越专业化、规模化、复杂化（如大量新兴的平台经济形态）的情形下。[①] 在《合同法》打破“合同僵局”是否赋予违约方合同解除权的问题上，同样存在上述两种观念上的局限，反对者更为关注的是违约行为本身的探讨，而对行为结果的效率性及激励效应缺乏相应的研究。针对效率意识障碍的发生原因，该学者提出了三点：第一，计划经济思维的惯性影响；第二，朴素道德观念的约束，表现在直接将朴素的道德规范作为标准来设定法律规则，可能激励一些人在社会交易中采取“机会主义”“敲竹杠”等有害于社会经济秩序的行为；第三，知识在跨学科流动过程中的失真风险。[②] 其中后两点原因，在违约方解除合同问题上表现得尤为明显：对违约行为的道德性非议以及效率违约的“误读”。而经由法教义学建构的民事法律制度尤其是《合同法》又将直接对现实生活中民事主体的活动产生约束、激励、引导等作用。因此在当代互联网经济高度发达的今天，我国《合同法》更应把“追求效率”这种人类共同偏爱的思考方式和行为倾向都贯穿于《合同法》的始终，无论是对《合同法》基本原则的阐释还是某一具体《合同法》制度的建构，都必须注重其经济性。这就要求“无论是围绕民法典编纂展开

① 参见熊丙万：《中国民法学的效率意识》，载《中国法学》2018年第5期。

② 参见熊丙万：《中国民法学的效率意识》，载《中国法学》2018年第5期。

的制度设计辩论，还是针对既有民事制度的解释性讨论，民法学都有必要将潜意识中的效率观念予以明确化和精细化，对民事法律制度展开系统的效率评估和改进，优化民事立法和司法的行为激励效应与经济组织功能”[①]。具体到合同解除制度的构建上，应当充分重视由于“合同僵局”所导致的社会资源的巨大浪费以及交易的不效率性所产生的畸高的交易成本，而不能仅凭朴素道德分析及比较法上无此先例的简单逻辑，即轻易地否定违约方合同解除权的合理性，只有如此，合同解除制度的目的方能真正实现，合同解除制度的效能才能真正发挥。

（二）违约方合同解除权与效率违约

反对赋予违约方合同解除权的观点认为，赋予违约方合同解除权将等同于承认英美法系的效率违约理论，这将与我国民事立法的合同严守、诚信的价值追求不符，也与我国违约责任体系不相容。[②]其实，该种观点既有对“效率违约”理论的误读，也有对赋予违约方合同解除权与效率违约关系的曲解。

1. 对效率违约理论的争议与误读。效率违约理论的概念最早来源于英美法中的法律经济学，其雏形来自霍姆斯的合同选择理论，霍姆斯在其《法律的道路》中称：“遵守合同的义务只是一种预测：如果你不遵守，就必须支付损害赔偿，除此之外并无其他。”[③]此后波斯纳将经济分析方法论引入法学研究中，提出“有效率的违约”，并长期在司法审判和学术研究中予以运用，进而取得重大影响，以至于最近40年来，至少在美国，法律的经济分析已经成为关于法律的主导型思想。波斯纳在其传世名著《法律的经济分析》中对效率违约进行了经典描述：“在有些情况下，一方当事人会因违约获得利益将超出其履约的预期利益而产

① 参见熊丙万：《中国民法学的效率意识》，载《中国法学》2018年第5期。

② 参见蔡睿：《吸收还是摒弃：违约方合同解除权之反思——基于相关裁判案例的实证研究》，载《现代法学》2019年第3期。

③ 参见［美］奥利弗·温德尔·霍姆斯：《法律的道路》，明辉译，北京大学出版社2023年版，第8页。

生违约冲动。如果他的违约收益也将超过对方当事人履约的预期收益，并且损害赔偿以预期利益的损失为限，那么，就存在违约的激励了。这种激励是应该的。”[①] 上述描述的前提是违约与道德无关，且合同双方均从一方的违约行为中实现了“双赢”。为此，波斯纳进一步举例：“假定我签订了一份合同，约定以每件10美分的价格向A交付10万个定制零件，零件为其锅炉厂所用。在我交付1万件后，B找到我，说他急需2.5万个定制零件，并愿意以每件15美分的价格向我购买，否则，他将被迫关闭其自动钢琴厂而付出很高的成本。于是，我将零件卖给了B，结果没有按时间向A交货，从而导致后者损失1000美元的利润。由于我已从与B的交易中得到了1250美元的额外收益，所以即使在赔偿A的损失后，我的经济情况仍然得到了改善，而B也没有因此而受损。这种违约就是帕累托优势。”[②] 有研究者据此得出效率违约的两个条件：一是违约方的违约获利必须足够大，使其在赔偿合同相对方之后仍有盈余，这是效率违约存在的客观前提；二是损害赔偿必须是违约方可选择的违约责任形式，这是效率违约存在的法律前提。[③]

关于效率违约理论，在其广泛应用的美国也受到质疑，有研究者将效率违约划分为：更高出价型、损失型、缓和型以及使他人获益型，质疑者认为前两种违约类型并不能够真正实现效率，同时效率违约的另一个重大缺陷在于其聚焦于个别交易中违约行为对效率的增进作用，却显著忽视了违约行为对整个社会的负面影响及由此产生的社会成本。[④] 与英美法相比较，效率违约理论并未被法国、德国等大陆法系国家所接受，如波斯纳所举前例，在《德国民法典》中，债权人A可依据第285

① 参见［美］理查德·A. 波斯纳：《法律的经济分析》，蒋兆康译，法律出版社2012年版，第169~170页。

② 所谓帕累托最优规则，指从一种分配状态到另一种状态的变化中，在没有使任何人境况变坏的前提下，应使得至少一个人变得更好。参见［美］理查德·A. 波斯纳：《法律的经济分析》，蒋兆康译，法律出版社2012年版，第169页。

③ 参见霍政欣：《效率违约的比较法研究》，载《比较法研究》2011年第1期。

④ 参见［美］亨利·马瑟：《合同法与道德》，戴孟勇、贾林娟译，中国政法大学出版社2005年版，第174~175页。

条第 1 款之规定对“我”因违约而获得的全部利益 1250 美元全部返还给 A。[①] 同样，效率违约理论在我国亦受到学者的广泛质疑与批评。有学者认为效率违约既不道德也不效率，而且未被大陆法系所认可，因此我国不应采纳该制度。[②] 还有学者认为效率违约理论仅从经济效率角度考虑合同能否履行，而没有充分兼顾交易秩序和交易安全，尤其是当事人对合同有效履行的合理期待。[③] 但也有学者认为我国学界对“效率违约理论”存在误解：一是把效率违约视为一种只管效率、不顾公平的理论，此版本的效率违约理论几乎未曾在经济学家的经典文献中出现，只不过是法律学者在跨界知识译介中误解或虚构的标靶而已；二是认为“效率违约”是一种关于“当事人可以轻易跳出合同约束”的理论主张。[④]

2. 承认违约方合同解除权并不等于承认效率违约。“合同僵局”问题之所以为我国所独有，除了法律文化、法律观念、法律传统等诸多因素影响，最主要还是因为英美法系与大陆法系就违约的救济方式存在巨大差异：英美法系将损害赔偿视为违约的主要救济方式，将实际履行作为例外性救济方式；大陆法系则恰恰相反，无论是《法国民法典》还是《德国民法典》，均将实际履行视为原则性的违约责任形式，损害赔偿则被视为例外性责任形式。因此在英美法上很难有“合同僵局”情况，甚至在债务人履行费用过高时，直接通过效率违约，赔偿债权人的损失即可，也就是无须设立违约方的解除合同制度。我国作为大陆法系的成文法国家，受《德国民法典》影响尤为深刻，长期以来我国合同的违约责任首先强调实际履行的可能性，而对于用损害赔偿代替实际履行的合理性、经济性重视程度不够，在一定程度上催生了实践中大量的“合同僵局”。一方面，赋予违约方合同解除权正是为了打破“合同僵局”，使当

① 《德国民法典》第 285 条第 1 款规定，由于债务人据之而依第 275 条第 1 款至第 3 款无须提供给付的情事，债务人就债的标的取得某一补偿或某项补偿请求权的，债权人可以请求返还作为补偿所受领的标的，或请求让与该项补偿请求权。

② 参见孙良国、单平基：《效率违约理论批判》，载《当代法学》2010 年第 6 期。

③ 参见王利明：《论合同僵局中违约方申请解约》，载《法学评论》2020 年第 1 期。

④ 参见熊丙万：《中国民法学的效率意识》，载《中国法学》2018 年第 5 期。

事人从那些已经“死亡”的无效率的合同中解放出来，但这并不等同于承认了“效率违约”理论。恰恰相反，通过笔者关于违约行为道德性调研的结果看，在构建违约方合同解除制度时，所要防范的正是债务人为了获得更高利润（效率违约的重要类型之一）或有履行能力而故意违约（不效率的违约）情形下解除合同的泛滥。另一方面，如同英美法越来越重视实际履行对交易安全的促进作用一样，我国也应当借鉴及汲取“效率违约”理论中的合理部分，如对损害赔偿的重视及计算方法的研究、弱化违约行为的道德性非难，转而更重视特殊情形下违约所产生的效率价值。总之，违约方合同解除制度在严格条件下的展开意味着其符合效率，能够阻止当事人之间的投机主义行为，避免交易僵局，减少没有必要的资源浪费，使其能够尽快地进行资源的再投入。其与效率违约理论没有必然联系。[①]

3. 履行成本过高情形下允许违约方解除合同符合效率价值的要求。当履行费用过高时，允许违约方解除合同是《合同法》对效率价值追求的典型情形之一。但迄今为止，我国对履行成本过高情况下的实际履行与违约损害赔偿的效率性比较尚缺乏系统化、精细化的分析与论证。履行费用过高则意味着合同虽然可以继续履行，但债务人履约的成本远远大于其获得的履行利益，或者强制实际履行需要花费很长时间，实际履行不利于社会资源的有效配置，失去了经济上的合理性。[②]此种情形下允许违约方解除合同，实际上既有出于公平的考虑即实际履行给债务人造成的经济负担与其可能的获益严重不匹配，也有出于效率的考虑即在损害赔偿可以弥补债权人预期利益的情况，实际履行将造成额外的浪费。

司法实践中，《合同法》的效率价值在违约方解除合同案件中也被法官普遍用于支持违约方解除合同的重要理由。最高人民法院刘贵祥大

① 参见孙良国：《违约方合同解除权的理论争议、司法实践与路径设计》，载《法学》2019 年第 7 期。

② 参见最高人民法院民法典贯彻实施工作领导小组主编：《中华人民共和国民法典合同编理解与适用（二）》，人民法院出版社 2020 年版，第 738 页。

法官曾指出："合同不能实际履行时，由违约方行使解除权……符合合同法设立解除制度的追求效率之目的。"[①]"新宇公司诉冯某梅案"亦表明，当合同陷入僵局，陷入长期未实质履行的情况或合同的履行十分艰难，成本过高，则意味着合同的交易效率已完全丧失，允许违约方解除合同符合效率原则。类似的案例还有很多，比如，浙江虹安园艺有限公司（以下简称虹安公司）与绍兴市农业科学研究院土地租赁合同纠纷案，法院认为："虹安公司在案涉场地经营的虹越·园艺家绍兴东湖店已于2021年停止营业，店铺内的待销售商品已被清空、温室等设施也荒废至今，客观上已难以再对租赁物进行正常使用，继续履行合同不符合经济效率原则。"[②]有时候，继续履行合同会导致违约方与守约方均不能获益，只会导致社会财富的浪费。比如，中国石油天然气股份有限公司安徽分公司与曲某华、杨某等物权保护纠纷案中，法院认为："本案如继续履行合同，该加油站长期闲置，会造成事实上的资源浪费……继续下去，必然会出现双输的局面。"

总之，无论是基于法律经济学对效率违约理论中合理因素的借鉴，还是《合同法》本身对效率价值的追求，现实中因"合同僵局"导致的效率低下、资源浪费的客观情况，以及司法实践中对《合同法》效率价值的亲身经验，均为违约方合同解除权的构建提供了依据。

---

① 参见刘贵祥主编：《最高人民法院第一巡回法庭精选案例裁判思路与解析（一）》，法律出版社2016年版，第177页。

② 参见浙江虹安园艺有限公司与绍兴市农业科学研究院土地租赁合同纠纷案，案号为（2021）浙0481民初8053号。

第五章 我国合同法定解除制度的二元论

合同解除制度在《合同法》中有着举足轻重的作用和地位，合同解除不仅关系当事人权利义务的终止与清算，关系当事人违约责任的承担与减免，甚至还关系诉讼中形成权、抗辩权的产生以及当事人行使相关权利所产生的不同法律后果。如何理解我国目前的合同解除体系，能否从合同解除体系推演出违约方合同解除权存在的空间，有助于在现行法律体系下为解决“合同僵局”问题寻求规则支持。笔者认为，就目前我国的合同法体系而言，从更加广义和宏观的角度看，在弱化违约方合同解除权道德性考量的基础上，是能够引申出两种明显不同的合同解除权：债权人的法定解除权与债务人的法定解除权。前者即为传统意义上的守约方法定解除权，后者即为违约方合同解除权。

一、我国目前的合同解除体系

我国《民法典》的合同解除体系划分为当事人协商解除、约定解除和法定解除以及其他特殊的解除制度，包括任意解除、基于《民法典》第 533 条的情势变更情形下的司法解除及《民法典》第 580 条第 2 款情形下的司法终止（笔者认为实质为司法解除）。但无论哪种解除方式，无外乎两种原因：一是基于当事人的意思自治解除合同，如协商解除、约定解除；二是基于法律的规范性规定，如法定解除、任意解除、情势变更和《民法典》第 580 条第 2 款情形下的司法终止。

（一）协商解除与约定解除

在上述所有能够发生合同解除法律效果的法律规范中，当事人的协商解除实质上是当事人通过协商在双方之间订立一个新的合同，以此解除之前订立的合同，从而使双方摆脱原合同的束缚。其并非合同解除权的一种，故不在笔者研究范围之内。合同的约定解除是指双方当事人就将来可能发生的事由进行约定，当该事由发生时，当事人可基于该约定解除合同。虽然合同的约定解除在性质上应为形成权，一旦约定的合同解除条件成就，当事人即可以单方通知的形式解除合同，由于此时合同解除是基于当事人的约定，故一般不进行解除权人系守约方或违约方的区分。

（二）合同的法定解除

《民法典》第563条（原《合同法》第94条）规定了单方解除合同的情形。基于上文论述，无论是基于《合同法》的历史解释（立法背景）、目的解释（立法目的），还是该条的文义解释以及《合同法》的体系解释，合同的法定解除均应被解读为债权人即守约方的单方合同解除权，其行使规则采取的是通知解除模式，合同的法定解除性质上当属形成权。目前无论是理论界还是实务界，普遍认为债务人即违约方并不能依据该条单方解除合同，违约方依据《民法典》第563条之规定以通知的方式不能产生合同解除的法律效果，笔者亦赞同这一观点。

（三）合同的司法解除

合同的司法解除是指当事人通过诉讼或仲裁的方式解除合同，目前主要为基于《民法典》第533条的情势变更情形下的司法解除及《民法典》第580条第2款情形下的司法终止两种情形。上文已阐述，笔者认为此种情形下的合同解除为一种特殊的形成权，即形成诉权。形成诉权须有明确的法律规定，性质为“私法中的权力”，而非像普通形成权一样是针对相对人的私权利。[①] 实践中有一种常见的诉讼情形并不属于此类情况：当债权人行使法定解除权后，债务人对债权人单方解除合同的

---

① 参见王杏飞、王安冉：《论〈民法典〉中的形成权及其诉讼实现》，载《广西社会科学》2021年第10期。

效力存在异议，此时无论是债权人还是债务人请求法院确认该解除通知效力的诉讼实质上均是一种确认之诉，法院一旦确认债权人的解除通知有效，则合同即自该通知到达债务人的时间或起诉状副本送达对方的时间确定解除。这与上述形成诉权下的合同解除并不相同。“需要注意，公力通知解除虽被披上了诉请法院这一司法外衣，但本质上仍是通知解除的一种形式，此时当事人的解除权仍属普通形成权而非形成诉权。”[①]

（四）任意解除

任意解除权在《民法典》中的主要表述为“可以随时解除合同”，是一种基于法律特殊规定而产生的解除权。根据任意解除权的特性，是法律在特殊合同关系中对合同严守原则的突破，这种突破必须有法律的明确规定，并且仅以通知的方式才可行使完成，行使的主体是特指合同当事人一方或双方。易言之，在任意解除规则中，行使合同解除权的一方可能是违约方，由此可以证明违约方不享有单方合同解除权也仅是普遍一般意义上的，在具体的合同规则里并不一定完全适用。比如，《民法典》第 933 条规定的委托人或受托人可以随时解除委托合同；又如，《劳动合同法》第 37 条规定的劳动者单方解除劳务合同权、《保险法》第 15 条规定的投保人任意解除合同权、《民法典》第 563 条规定的不定期继续性合同当事人可以随时解除合同。这些合同任意解除权，法律之所以如此规定，要么是基于某种合同的特殊性质，要么是对某一方当事人主体利益的加强保护。在这些法律规定中，在合同解除权的行使上，法律并未区分是守约方还是违约方，只不过是在计算违约责任的承担时，区分了解除权人是违约方还是守约方。

总之，在我国目前的法律解除体系中，无论是基于不可抗力、情势变更情形下的合同司法解除，还是基于《民法典》第 580 条第 2 款排除继续履行抗辩权基础上的合同司法“终止”，抑或基于法律明确规定的

---

① 张海燕:《合同解除之诉的解释论展开》，载《环球法律评论》2022 年第 5 期。

合同任意解除权，均可引申出违约方合同解除的法律基础，[①] 进而抽象出违约方即债务人的法定解除权，通过构建债务人法定解除权的适用要件，为破解“合同僵局”提供可行的解决方案。

二、二元划分：债权人的法定解除权与债务人的法定解除权

（一）债权人的法定解除权——采用通知解除模式

《民法典》第563条第1款可以明确称之为债权人的法定解除权，或守约方的单方合同解除权。主要包括第1项不可抗力致使债权人不能实现合同目的；第2项债务人预期违约；第3项债务人迟延履行主要债务，经催告仍未履行；第4项债务人迟延履行或其他违约行为致使债权人不能实现合同目的；第5项兜底条款。一言概括之，该5项内容均是债务人不履行合同义务致使债权人合同目的不能实现情形下，债权人可以单方依通知解除合同。其最终的落脚点都在债权人的合同目的不能实现，至于债务人的合同目的能否实现并非该条所关心的内容。这一点已经在本书第四章进行了论述。如此看来，建议在将来的立法文字表述上，可以将该条中解除权主体确定为“债权人”，具体表述为：“有下列情形之一的，债权人可以解除合同：（一）在履行期限届满前，债务人明确表示或者以自己的行为表明不履行主要债务；（二）债务人迟延履行主要债务，经债权人催告后在合理期限内仍未履行；（三）债务人迟延履行主要债务或者有其他违约行为致使不能实现合同目的的其他情形。”如此一来，既消除了将原法定解除权人扩大解释为“违约方”的可能，减少了文字歧义，也能与债务人或违约方的合同解除权作出严格的区分。

关于《民法典》第563条第1款第1项中不可抗力情形下，债务人

① 比如，委托人的任意解除权是在委托人不受合同绝对约束的利益（进而以赔偿换取解除合同权利）与受托人的继续履行利益进行权衡比较后得出的利益，受托人的任意解除权在于委托合同作为手段之债，受托人的行为义务很难予以强制履行。这段话实际说明了当受托人作为违约方时，亦享有合同的任意解除权。参见陆青：《合同解除论》，法律出版社2022年版，第279页。

能否据此产生通知解除合同的效力，本书在第四章同样进行了论述，无论从文义解释、目的解释、体系解释等多方面来看，债务人都不能因不可抗力而单方通知解除合同，否则将会造成法定解除权的逻辑混乱、体例违和等情况。那么债务人在不可抗力情形下如何行使合同解除权呢？这恰好体现了本书合同解除二元模式的构建，债务人完全可以通过债务人或违约方的合同解除权来打破不可抗力情形下的合同枷锁。

（二）债务人的法定解除权——采用司法解除模式

债务人的法定解除权或称为违约方合同解除权，之所以如此定义，是因为通过扩大法定解除的语境，与《合同法》的约定解除更好地区别。所谓法定解除权是指合同当事人解除合同的依据是基于法律的明确规定，而不是基于当事人之间的约定。因此法定解除权本身是一个中性称谓，并非特指债权人的单方合同解除权，之所以用法定解除权指代债权人的单方合同解除权，是因为我国《合同法》缺乏对债务人合同解除权的相关规定，基于此种逻辑，笔者将法定解除权体系进行了债权人合同解除权和债务人合同解除权的二元划分，债权人合同解除权采用通知到达即解除的模式，债务人的法定解除权采用司法解除主义。

三、债务人法定解除权的适用情形

（一）情势变更下的债务人合同解除权

1. 因不可抗力致使合同目的不能实现下的情势变更。在我国《民法典》颁布之前，情势变更原则囿于以司法解释的形式存在，并非法律，同时在司法实践中的适用程序过于烦琐，致使其未能发挥应有功能。而且《最高人民法院关于适用〈中华人民共和国合同法〉若干问题的解释（二）》第 26 条规定的情势变更将不可抗力完全排除在外，致使司法实践中，当违约方或者债务人因不可抗力解除合同时，法院只能依据《合同法》第 94 条第 1 款予以裁判，虽然逻辑上不能自洽，但也系无奈之举。《民法典》第533条新规定的情势变更原则正式将不可抗力致使合同目的不能实现或者虽然能够实现，对债务人或者违约方明显不公平的情况下，债务人可以依据该条款请求人民法院解除合同，而且从适用程序来看，由于情势变更已经正式上升为法律，无须进行适用上的层级上报制度，从而大大释放了该条款适用的活力。相信在未来的司法实践中，《民法典》第533条在破解“合同僵局”方面能够发挥更好的作用。

2. 其他情形下的情势变更。无庸赘述，其他情形下的情势变更，主要是合同的基础条件发生了不可归责于当事人的客观因素，发生了重大变化，继续履行合同对当事人一方明显不公平的，受不利影响的当事人当然可以请求人民法院解除合同。这其中自然包括违约一方当事人，因此系债务人法定解除权的情形之一。之所以将不可抗力予以单独强调，是因为不可抗力并不总是会导致合同履行不能，有时合同仍有继续履行的空间，此时违约方无法以履行不能予以抗辩，只能寻求情势变更制度的救济，这是不可抗力的特殊之处。

（二）合同履行不能时债务人合同解除权

首先，履行不能是指由于不可抗力或者其他原因致使合同陷入不能继续履行的境地。从比较法来看，根据发生事由的出现时间，履行不能分为自始不能和嗣后不能；根据履行不能是仅限于当事人还是针对所有人，可以分为主观不能和客观不能；根据履行不能能否归责于债务人，可以分为过错（有责）的履行不能和非过错（无责）的履行不能。[①]《民法典》第580条将合同履行不能分为法律上不能履行和事实上不能履行。所谓法律上不能履行，指的是基于法律规定而不能履行，或者履行将违反法律的强制性规定，如典型的“一房二卖”，由于出卖人已将标的房屋转移登记给买受人甲，则买受人乙再要求出卖人转移房屋所有权即属于法律上的不能履行，乙此时不能请求出卖人继续履行，只能请求

① 参见石佳友：《履行不能与合同终止——以民法典第580条2款为中心》，载《现代法学》2021年第4期。

赔偿损失。所谓事实上不能履行，是指依据自然法则已经不能履行，如合同标的物是特定物，该特定物已经毁损、灭失。[①] 当然，如果合同因某些情况暂时不能履行，并非严格意义上的履行不能，不在本部分讨论之列。总之，无论基于何种原因，导致合同不能履行，债务人均可依据《民法典》第 580 条第 1 款抗辩债权人的继续履行请求权。此时，合同的归宿有三种：一是债权人依《民法典》第 563 条主张解除；二是债权人不同意解除合同，形成“合同僵局”，债务人可依据《民法典》第 580 条第 2 款请求法院或仲裁机构司法解除；三是借鉴比较法（如德国法、日本法）之经验，合同自动终止。这其中不可抗力是一个较为特殊的因素。正如上文所述，《民法典》第 563 条所规定的法定解除权应当解释为债权人（守约方）所专有的一种单方解除权，如此才能与《合同法》的整个体系相符合，也与我国法定解除权的通知解除模式相匹配。因此，在逻辑上，该条排除了债务人（违约方）即使在不可抗力致使合同目的无法实现的情形下单方解除合同的可能性，此时债务人只能将不可抗力作为免责的事由，而非解除合同的事由。目前学界与司法实践中普遍认为不可抗力致使合同目的无法实现情形下，双方当事人均享有法定解除权显然是对《民法典》第 563 条的误读。

首先，不可抗力作为阻碍合同履行的原因所导致的结果无非有两种：一是不可抗力导致合同永久履行不能，如自然灾害导致标的物灭失或者债务人丧失履行能力或因政府政策变化导致债务法律上履行不能；二是不可抗力导致合同暂时履行不能或者履行困难，如受疫情影响，可能导致有些合同暂时不能履行，疫情消除后合同仍可继续履行；或者导致合同履行困难，如当事人履行的成本变高。在前一种情形下，在我国现行法中，债务人或违约方可依据《民法典》第 580 条第 1 款第 1 项抗辩债权人的继续履行请求权，并依据第 2 款请求司法终止合同。在后一种情况下，由于我国《民法典》第 533 条规定的情势变更规则并未排除

① 参见黄薇主编：《中华人民共和国民法典合同编释义》，法律出版社 2020 年版，第 271 页。

不可抗力的适用空间，此时合同目的能否实现以及能否继续履行有赖于双方当事人的协商，如果协商不成，当事人双方均可依据该条规定的情势变更规则请求由法院或仲裁机构认定合同目的能否实现并判定是否解除合同。

其次，笔者认为当合同履行不能时，合同目的应被视为当然不能实现，此时借鉴比较法上的经验，采用合同自动终止模式，是最优解决办法。一是将不可抗力从债权人的单方解除权中予以剥离，可以消弭上述逻辑不足，合同解除体系也更清晰。二是履行不能情况下的合同自动终止模式有成功先例。与我国《合同法》不同的是，德国、法国、日本等大陆法系国家均规定了合同永久履行不能情况下的自动终止模式。《德国民法典》第 275 条第 1 款规定：只要给付对于债务人或任何人均不能，则给付请求权可以被排除；第 326 条第 1 款规定：债务人根据第 275 条第 1 款至第 3 款无须履行给付的，对待给付义务消灭。通说认为，《德国民法典》的上述规定采用履行不能情况下合同自动终止规则。《法国民法典》中也有类似规定。第 1218 条第 2 款规定，如果履行障碍仅仅是暂时的，债务人可暂时终止其债务的履行，除非由此导致的迟延使债权人有权解除合同。如果该障碍是永久性的，则合同自动解除，双方当事人依照第 1351 条和第 1351-1 条规定的条件不再履行债务。第 1351 条规定，如不可抗力使合同终局性地不能履行，债务人在履行不能范围内免除债务，除非双方已约定不可抗力风险的负担，或者债权人已催告债务人履行债务。《欧洲合同法原则》规定，如果一方当事人因完全的和永久的障碍而免责，则合同于该障碍产生时起自动解除而无须通知。从以上规定可以看出，当合同处于永久履行不能的状态，《德国民法典》和《法国民法典》均明确债务关系自动解除，此时债务人的给付义务当然发生消灭，债权人亦无须对待给付，故不存在合同履行不能时的“合同僵局”问题。

最后，值得注意的是，因可归责于债务人之事由导致合同履行不能，应承担相应违约责任。在非不可抗力导致的合同履行不能，是否会使债务人故意违约和产生机会主义违约？答案当然是否定的，因为合同的履行不能只是一种客观状态，无论基于何种原因引起都无法改变这种客观状态，合同履行不能并不当然免除违约方的违约责任，只有对客观不能、非过错履行不能（如不可抗力）的情况下，当事人才能援引相关条款予以部分或全部免责，如我国《民法典》第180条、第590条规定的不可抗力免责条款。当合同履行不能的原因是嗣后不能（如迟延履行后发生不可抗力，债务人仍要承担迟延履行的违约责任）、主观不能和过错的履行不能，当事人并不能免除其应承担的违约责任。

综上，笔者建议合同永久履行不能，采用合同自动终止模式，既可以消弭不可抗力与我国《合同法》债权人单方解除权混在一起所产生的逻辑矛盾问题，也有比较法上的支持，甚至更契合我国不可抗力的免责条款。合同永久履行不能致使合同自动终止模式下，债务人一方应当对不能履行之事由，负有向债权人及时告知及证明义务，而无需有合同解除的意思表示。合同自动终止的法律效果，一方面是债务人继续履行义务的排除，但对债务人已经取得的履行利益应当予以返还或者补偿；另一方面是债权人尚未履行的，其对待给付义务当然消灭。故通常情况下债权人无须通过诉讼确认，亦不会存在“合同僵局”一说。具体可表述为：若合同永久履行不能，合同自动终止，债务人无须给付，债权人对待给付义务消灭。非因可归责于债务人的事由，导致的合同履行不能，债务人可依有关法律规定主张部分或者全部免除责任，但当事人另有约定或法律另有规定的除外。因可归责于债务人的事由导致的合同履行不能，不免除其违约责任。债务人应就履行不能的事由及时通知对方，以减轻可能给对方造成的损失，并应当在合理期限内提供证明，由此扩大的损失，应由债务人承担赔偿责任。

（三）非金钱债务“合同僵局”下的债务人合同解除权

除履行不能外，非金钱债务还存在其他排除债权人继续履行的事由存在，即《民法典》第580条第1款的其他情形：债务的标的不适于强制履行或者履行费用过高；债权人在合理期限内未请求履行。如前所述，债务人除了依据该条款抗辩债权人继续履行请求权之外，《民法典》第 580 条第 2 款还赋予了债务人司法终止合同的权利，实际为解除合同的权利。因此笔者将该两种情形均列为非金钱债务排除继续履行基础上的债务人合同解除权。

关于债务的标的不适于强制履行，通常表示合同义务应当由债务人亲自履行，且替代交易亦难以实现合同目的，因为这些义务通常情况下均具有人身专属性质，强制履行意味着必须对债务人采用人身强制措施，这与现代法的人权理念完全相悖。具体而言，包括《合同法》的演出合同、教育培训合同、委托合同、经纪合同、预约合同等。至于履行费用过高，有学者主张，是以诚信原则作为审查实际履行是否构成不合理负担的标准，同时，基于节约资源、注重效率的价值理念，对标的物强制履行的代价过大的情况下，允许债务人拒绝债权人的继续履行请求。如果继续履行，则合同已经失去积极意义。[①] 除此之外，笔者认为，对于履行费用过高的排除继续履行抗辩权而言，在个案中仍有实质公平或者说当事人利益衡量的因素包含在内。比如，新宇公司诉冯某梅案一审判决中，法官即是依据公平原则进行裁判。

关于债权人在合理期限内未请求履行，其情况较为特殊。在《欧洲合同法原则》以及《国际商事合同通则》中对此均有规定，“债权人在合理期限内未请求履行”是指债权人在已知或应知债务人不履行后的一段合理时间内没有要求实际履行；如果债权人未在合理期限内要求履行，债务人有理由认为债权人可能不会再要求履行。之所以如此规定，是因为如果允许债权人在长期未要求债务人履行合同义务后要求债务人履行，会将债务人处于不确定状态，从而可能会助长债权人的不公平机会主义行为。[②] 比如，甲与乙签订了一份樱桃买卖合同，约定由乙向甲

① 参见石佳友：《履行不能与合同终止——以〈民法典〉第 580 条第 2 款为中心》，载《现代法学》2021 年第 4 期。

② 参见石佳友：《履行不能与合同终止——以〈民法典〉第 580 条第 2 款为中心》，载《现代法学》2021 年第 4 期。

供应樱桃1000公斤，约定的价格与去年樱桃采摘时期的价格相同。根据我国北方季节气候特征，每年5月为樱桃采摘时期，甲在5月迟迟未要求乙履行，也未提供履行的条件如目的地、如何储存等，而是等到了冬季才要求乙履行，虽然合同没有明确约定履行时间，但根据合同价格可推知乙有理由相信履行期间为采摘季节，甲未在采摘季节要求乙履行，对乙而言也有理由相信其已经没有购买樱桃的意思表示，故此种情况下应视为债权人在合理期限内未请求履行，甲等到冬季时才要求乙履行供货义务，乙当然可以抗辩拒绝履行并得以依据本条请求人民法院解除合同。

（四）金钱债务“合同僵局”下的债务人合同解除权

关于金钱债务“合同僵局”的破解问题，在我国现行法上属于法律漏洞，目前并没有具体的法律规则予以解决，这也是笔者研究的重点之一。实践中，大量的金钱债务“合同僵局”案件均是由于债务人无法履行金钱给付义务，陷入终局性的无法履行状态，如笔者提到的多起房屋租赁合同中的“合同僵局”问题。石佳友教授建议最高人民法院将来通过制定司法解释，允许对金钱债务的“合同僵局”问题参照适用《民法典》第580条第2款，即对该条款予以扩张适用。[①]笔者认为，虽然目前司法实践中，有不少判决书引用《民法典》第580条第2款作为支持债务人打破金钱债务“合同僵局”的请求权基础，但若将《民法典》第580条第2款扩张适用于金钱债务“合同僵局”，必然会带来司法实践的混乱。首先，目前引用《民法典》第580条第2款解决金钱债务“合同僵局”问题，是在无法可依情况下法官的无奈之举。其次，究其根本原因，金钱债务“合同僵局”的问题，并非合同履行不能，而是涉及公平问题和当事人的利益衡量问题，如何围绕这一核心问题，设计相对科学、合理的法律规则是当务之急。

---

① 参见石佳友：《履行不能与合同终止——以〈民法典〉第580条第2款为中心》，载《现代法学》2021年第4期。

综上，无论是哪一种情形下的债务人合同解除权，均是建立在合同法定解除的二元论基础之上，二者都应当基于法律的明确规定，而非当事人约定。当然，在具体行使方式和行使后果以及解除时间上肯定存在不同。笔者认为，只需简单地抛弃法定解除权为守约方所独有以及法定解除权的行使方式仅为通知解除的传统观念，认可特定情形或者特定构成要件下债务人享有合同解除权的合理性，“合同僵局”问题将迎刃而解。

第六章　债务人（违约方）合同解除权的构成要件

关于债务人（违约方）合同解除权的规则设计，中国法学会民法学研究会起草的《民法典合同法编》（专家建议稿）中曾这样描述：法定解除权原则上由非违约方享有，但在维持合同效力将显著不当增加违约方负担的情形下，违约方也有权解除合同。熊丙万之后又建议在此后面补充："违约方行使解除权不得损害守约方的预期利益。"应当说该表述具有借鉴意义，但该条款对于违约方解除合同的构成要件描述得不够详细，其适用范围有些过窄。此外《民法典各分编（草案）》和《民法典（草案）（二次审议稿）》第353条的规定，虽然没有被《民法典》最终吸纳，但仍有重要的参考价值。《民法典》实施一年来，《民法典》第580条第2款及《全国法院民商事审判工作会议纪要》第48条在处理违约方解除合同的相关案件中发挥了重要作用，在构建违约方合同解除权相关规则时，更应该结合实践中对上述法律规范的适用情况，加以完善、充分融合，方能构建出全新的债务人（违约方）合同解除权规则。

通过对违约方合同解除权的各种学说的归纳总结，可以看出对于违约方合同解除权这一问题上，各方存在一定的共性认识：首先违约方解除合同并非一般规则；其次需要满足特定的条件。在此之前，也已经有研究者对违约方合同解除权的适用条件作出过论述，如归纳为五个方面：第一，继续履行不能实现合同目的；第二，解除权人不行使解除权违反诚信原则；第三，合同继续履行对违约方明显不公平；第四，合同陷入僵局；第五，违约方通过诉讼或者仲裁的方式主张。[①] 从《民法典》立法过程中各方对《民法典各分编（草案）》和《民法典（草案）（二次

① 参见王俐智：《违约方合同解除权研究》，吉林大学2020年博士学位论文。

审议稿）》第353条的争论以及有关学者研究来看，在构建违约方合同解除规则时，也存在一定的共识，主要表现在：第一，违约方合同解除规则的前提条件；第二，违约方合同解除规则的主观要件；第三，违约方合同解除规则的价值要件；第四，违约方合同解除规则的程序要件。

一、前提条件：形成合同僵局

关于合同僵局概念的厘清，本书第三章已经进行了详细的论述，不再重复。毋庸置疑，笔者讨论债务人合同解除权问题就是为了解决合同僵局，如果不存在合同僵局，那么债务人合同解除权问题也就没有讨论的必要。合同僵局的特征必然是拥有单方解除权的债权人不行使合同解除权，这也是目前研究违约方合同解除权各方达成的共识。笔者可以根据合同僵局的不同特征对其进行简单的分类，以能够更清晰地呈现。根据债务人合同义务的性质不同，可以将合同僵局划分为金钱债务的合同僵局和非金钱债务的合同僵局，一般来讲，这是最常见的合同僵局分类。所谓金钱债务的合同僵局，是指由于债务人不履行金钱债务导致合同长期未履行，债权人又不解除合同情况下形成的合同僵局。比如，在房屋租赁合同中，承租人由于经营失败导致无力继续支付较高的房屋租金，而出租人又不愿意解除合同，仍然要求承租人按原合同约定支付租金，导致合同在较长时间内无法继续履行，故形成合同僵局。所谓非金钱债务的合同僵局，是指由于债务人不履行非金钱债务致使合同陷入较长时间无法履行，而债权人又不解除合同的情形，如在劳务合同纠纷中，提供劳务一方由于疾病或者有更好的工作机会而拒绝按原合同履行劳务，但债权人不同意解除合同，坚持要求债务人必须提供劳务而形成的合同僵局。另外，根据合同履行的长短，可以将合同僵局分为一时性合同僵局和继续性合同僵局。所谓一时性合同是指合同的履行在短时间内即可完成但又不属于即时结清的合同，合同的履行需要一段时间，当这种合同陷入履行僵局时，我们称之为一时性合同僵局。典型如商品房销售合同，在这一合同中，买受人对房屋价款的支付往往需要两个部分即首付款加银行按揭贷款。在现实生活中，买受人由于受到个人征信问题或者政府限购政策的影响，在签订完合同、支付完首付款后，出现无法办理按揭贷款的情形，此时债务人无法支付全部的购房款，出卖人又不愿意解除合同，由此就构成一时性合同僵局。所谓继续性合同，是指合同的履行需要较长甚至很长的时间，且有固定的期限。典型如土地承包经营合同、房屋租赁合同等。在这些合同的履行过程中，当一方合同当事人违约，另一方当事人又不愿意解除合同，就会形成继续性合同僵局。上述两种分类并无优劣之分，只是从不同角度描述了合同僵局。但鉴于非金钱债务和金钱债务在我国合同法上均有明显的请求权基础，分别对应了《民法典》第 579 条和第 580 条第 1 款前半部分，故笔者以非金钱债务合同僵局和金钱债务合同僵局作为讨论的分类予以论述。

二、价值要件：债权人不同意解除合同违背诚信原则

合同僵局的形成条件之一就是解除权人不行使解除权，对该种行为探究及评价，是在构建债务人合同解除权规则时应当考虑的价值要件。《全国法院民商事审判工作会议纪要》选择了诚信原则的价值判断，而《民法典》第 132 条采用了“禁止权利滥用”的价值判断，可以看出二者的不同，因为二者都是民法的基本原则，故有必要考察孰优孰劣。

（一）禁止权利滥用价值要件的排除

禁止权利滥用原则被我国《民法典》所正式确立，是《民法典》立法的重大突破。《民法典》第 132 条规定：民事主体不得滥用民事权利损害国家利益、社会公众利益或者他人合法权益。在比较法上，禁止权利滥用是各国民法典普遍确立的基本原则。《德国民法典》第 226 条规定，权利人不能仅仅以损害他人为目的行使权利；《瑞士民法典》第 2 条规定，显系滥用权利时，不受法律保护；我国台湾地区“民法”第 148 条第 1 款规定，权利之行使不得违反公共利益，或以损害他人为主要目的。此外，《日本民法典》《韩国民法典》《西班牙民法典》等对此

也都有相应规定，由此可见禁止权利滥用原则的重要性。但判断解除权人不行使解除权是否构成权利滥用才是适用该条价值评判的前提，对此可以通过权利滥用的构成要件予以探究。关于权利滥用的构成要件，教授学者的主要观点有：王利明认为应概括为权利的存在、对他人或者社会利益的损害以及行为人存在主观过错；[①] 史尚宽认为包括权利的存在、有行使权利的行为、行为具有违法性三个要件；[②] 黄立则主张除了上述三个要件，还要有损害结果的发生。[③] 也有美国学者伊安诺波洛斯总结“滥用权利”情形有：（1）专门为损害他人或者以造成损害的主要动机行使权利的；（2）不存在值得司法保护的重大合法利益；（3）违反道德、诚信或者公平原则行使权利的；（4）该项权利的行使与授予该权利的目的相悖。综合以上观点不难看出，权利滥用的构成要件应该包括：权利的存在、有行使权利的行为、行为人主观上有滥用的故意以及损害后果的发生。

根据权利滥用的构成要件，结合解除权人不行使解除权的具体表现，笔者认为解除权人不行使解除权不宜认定为权利滥用，理由如下：第一，权利滥用以行使权利为前提，无权利的行使，不能构成权利滥用。[④] 而解除权人不行使解除权是怠于或放弃对权利的行使，不属于行使权利的行为。有研究者检索了全国范围内有关权利滥用的全部 185 篇裁判文书，在上述裁判文书中，构成权利滥用的行为均表现为权利人的积极行为，不作为构成权利滥用的案件数量为零。[⑤] 第二，解除权人不行使解除权的行为难以认定存在权利滥用的故意。权利滥用的要件是权利人主观上有滥用的故意，其目的是对国家利益、社会公众利益或者他人合法权益造成损害，因此主观上应当具有明显的过错。而解除权人不行使解除权并不存在对国家利益、社会公众利益的损害，其相对人仅限

① 参见王利明：《民法总则研究》，中国人民大学出版社 2012 年版，第 457 页。
② 参见史尚宽：《民法总论》，中国政法大学出版社 2000 年版，第 716 页。
③ 参见黄立：《民法总则》，中国政法大学出版社 2002 年版，第 505~509 页。
④ 参见黄立：《民法总则》，中国政法大学出版社 2002 年版，第 505 页。
⑤ 参见王俐智：《违约方合同解除权研究》，吉林大学 2020 年博士学位论文。

于合同相对方。而解除权人不行使解除权造成违约方的损害后果，也并非解除权人主观上积极追求的结果，更多时候是由于合同履行的主客观因素发生了变化所致，因此解除权人不行使解除权难以认定为主观上有滥用权利并损害他人合法权益之故意。综上，解除权人不行使解除权不符合权利滥用的构成要件。

（二）诚信原则的价值要件

诚信原则作为民法帝王原则，贯穿了合同法的始终，无论是合同订立前禁止恶意磋商、合同履行中的善意履行，还是合同通知、保密、协助等附随义务以及合同解除、终止后违约责任的承担等全部源自诚信原则的要求。在合同解除领域亦是如此，当债务人无正当理由违反合同约定，法律会认为债务人违反诚信原则，应当承担违约责任，构成根本违约导致债权人不能实现合同目的，债权人还可以单方解除合同。这是诚信原则对债务人的要求。虽然债权人原则上享有行使解除权或者不行使解除权的自由，但在诚信原则的约束下，该种权利实际受到一定限制：一是解除权人放弃解除权后不得再主张解除权。例如，解除权人一直不行使解除权，相对人有正当事由信赖该解除权已经不能行使，之后再行使上述解除权将被认为是违反诚信原则。[①] 对此，《民法典》新增加了债权人解除权行使期间的规定，[②] 也体现了诚信原则对债权人行使解除权的要求。二是违约行为显著轻微，不影响守约方合同目的的实现，根据诚信原则，守约方不享有解除权。体现在《全国法院民商事审判工作会议纪要》第 47 条的规定，[③] 是依据诚信原则对债权人单方解除权的限制。三

① 参见王融擎编译：《日本民法条文与判例》，中国法制出版社 2018 年版，第 11 页。

② 参见《民法典》第 564 条规定："法律规定或者当事人约定解除权行使期限，期限届满当事人不行使的，该权利消灭。法律没有规定或者当事人没有约定解除权行使期限，自解除权人知道或者应当知道解除事由之日起一年内不行使，或者经对方催告后在合理期限内不行使的，该权利消灭。"

③ 参见《全国法院民商事审判工作会议纪要》第 47 条规定："合同约定的解除条件成就时，守约方以此为由请求解除合同的，人民法院应当审查违约方的违约程度是否显著轻微，是否影响守约方合同目的的实现，根据诚实信用原则，确定合同应否解除。违约方的违约程度显著轻微，不影响守约方合同目的的实现，守约方请求解除合同的，人民法院不予支持；反之，则依法予以支持。"

是合同解除的异议期限内未提出异议，不代表合同必然解除，人民法院应当审查发出解除通知的当事人是否享有法定或约定的解除权。[①] 这体现了依据诚信原则，债务人对债权人单方解除合同享有异议权。

综上，依据诚信原则对“合同僵局”时债权人不行使解除权的行为进行价值判断，既符合诚信原则的内涵，也符合合同解除制度的功能与目的。《全国法院民商事审判工作会议纪要》对此释义为，根据诚信原则，合同交易不是零和游戏，而是互赢的关系，合同的双方当事人都要照顾对方的合理期待，任何一方都必须尊重另一方的利益。通常在形成合同僵局的情形下，如果违约方能够找到替代的履行方式，能够保障守约方履行利益的实现，而且对守约方因合同解除而遭受的损失进行赔偿，则能够保障守约方的利益，但此情形下，守约方坚持继续履行合同，可以认定违约方已经违反了诚信原则。[②]

（三）解除权人不行使解除权违反诚信原则的判断标准

诚信原则具有高度抽象性和概括性，解除权人单纯地不行使解除权的行为并不必然违反诚信原则，必须结合具体案件的当事人以及合同履行的具体情况进行分析判断。通过对现实“合同僵局”中解除权人不行使解除权的情形进行归纳总结，笔者认为，以下三种情形应当认定为解除权人不行使解除权违反诚信原则：

第一，解除权人不行使解除权是为了获取高额的违约赔偿，即俗称债权人利用合同严守原则“敲竹杠”的行为，这是实践中最常见的情形。如上文所述，在很多情况下，债务人已经构成根本违约，债权人为了拖延时间增加在违约责任上的利益或以此为筹码进行“敲竹杠”，显然违背诚信原则……如果支持债权人维持合同效力的主张，还可能导致

① 参见《最高人民法院研究室对〈关于适用《中华人民共和国合同法》若干问题的解释（二）〉第24条理解与适用的请示的答复》。

② 参见最高人民法院民二庭编著：《全国法院民商事审判工作会议纪要理解与适用》，人民法院出版社2019年版，第309~313页。

债权人“敲竹杠”的行为。[①] 实践中大量的案例，都能予以充分体现。比如，新宇公司诉冯某梅案，冯某梅之所以不同意解除合同即是为了索取高额的赔偿，该赔偿数额远超当时的市场价评估的房屋价值。再如，张某栋与郝某房屋租赁合同案，出租人张某栋明知承租人郝某因新冠疫情导致以标的房屋经营的餐馆持续亏损，经营难以为继，其不同意解除合同的目的是索取高达 50 余万元的一年租金的损失。[②] 此外蔡某建、应某水、周某进等与遂昌星承酒店管理有限公司房屋租赁合同系列纠纷案也是如此。[③]

第二，解除权人不行使解除权违反了债权人防止损失扩大的减损义务。《民法典》第 591 条规定了债权人防止损失扩大的减损义务，[④] 该义务要求债务人违约时，债权人不能无动于衷，任凭损失的扩大，如此规定有助于增进整体效益。学说上称该义务为不真正义务，其法律基础正是源自诚信原则。在“合同僵局”的情况下，解除权人不行使解除权在主观目的上可能是获取高额的履行利益或损害赔偿，表现在其客观行为上则可能是放任损失的扩大。比如，在常见的房屋租赁“合同僵局”中，当承租人违约，以搬离标的房屋、返还钥匙等行为已经明确表明不再履行合同时，此时出租人作为解除权人明知房屋已经闲置，合同已无继续履行的可能，其仍旧放任房屋闲置状态持续较长时间而未采取任何减损措施（如重新招租），这种情况一般是出租人为了获取高额的履行利益或损害赔偿而故意为之，可认定出租人违反了诚信原则。对此，北京市高级人民法院出台的《关于审理房屋租赁合同纠纷案件若干疑难问题的解答》有较为详细的规定：“承租人拒绝履行租赁合同给出租人造

① 参见石佳友：《履行不能与合同终止——以〈民法典〉第 580 条第 2 款为中心》，载《现代法学》2021 年第 4 期。

② 参见张某栋与郝某房屋租赁合同纠纷案，案号为（2021）鲁 0113 民初 2918 号。

③ 参见蔡某建、应某水、周某进等与遂昌星承酒店管理有限公司房屋租赁合同系列纠纷案，案号分别为（2021）浙 1123 民初 1312 号、（2021）浙 1123 民初 1313 号、（2021）浙 1123 民初 1315 号等。

④ 参见《民法典》第 591 条规定：“当事人一方违约后，对方应当采取适当措施防止损失的扩大；没有采取适当措施致使损失扩大的，不得就扩大的损失请求赔偿。当事人因防止损失扩大而支出的合理费用，由违约方承担。”

成损失的，应当承担赔偿损失的违约责任，出租人作为守约方也负有减少损失扩大的义务，具体损失数额由法院根据合同的剩余租期、租赁房屋是否易于再行租赁、出租人另行出租的差价、承租人的过错程度等因素予以酌定，一般以合同约定的三至六个月的租金为宜。”[①] 从该规定也可以看出，出租人未采取减损措施，超出6个月的房屋闲置损失，法院可能会不予支持。

第三，有合理的替代交易，解除权人无正当理由拒绝而不行使解除权，违反诚信原则。关于替代交易的合理性，在上述金钱债务“合同僵局”部分有所论述，但替代交易并不限于金钱债务，在非金钱债务中更应发挥重要的作用。在“合同僵局”中，当债务人不履行合同义务，提出了合理的替代交易方案，但债权人无正当理由拒绝；或者债权人很容易就能在市场上寻找到合理的替代交易，但宁可使违约方面临“过高的损失”也不寻求合理的替代交易，其通常的目的可能仍是获取高额的履行利益或违约损失，应当认定为违反了诚信原则。

三、主观要件：债务人并非恶意违约

在展开本部分论述之前，有必要进行着重说明，如何判断债务人是否为“恶意”违约？这是一个高度主观的命题。笔者在中基层法院工作多年，相信每一个受过良好教育的法官都能够在具体的案件语境下，凭借朴素的道德直觉能够分辨出债务人是否为“恶意违约”。这种朴素的

① 参见:《北京市高级人民法院关于审理房屋租赁合同纠纷案件若干疑难问题的解答》第24条规定，承租人在合同租赁期限内单方搬离租赁房屋，并主张解除合同，而出租人坚持要求继续履行合同的，如何处理？承租人在租赁合同履行期限内拒绝接收房屋，或者单方搬离租赁房屋并通知出租人收回房屋的行为，属于以自己的行为表明其不再履行租赁合同，其拒绝接收或搬离房屋的行为不符合合同法规定的解除条件，不具有单方解除合同的效力，出租人有权据此解除合同，但合同另有约定的除外。经法院释明出租人坚持不解除的，考虑到承租人不愿继续履行租赁合同，该义务性质又不宜强制履行，租赁合同目的已无法实现，法院可以直接判决解除租赁合同，并根据案件具体情况以出租人收回房屋、当事人起诉或判决生效之日等时间合理确定合同解除的具体时间。承租人拒绝履行租赁合同给出租人造成损失的，应当承担赔偿损失的违约责任，出租人作为守约方也负有减少损失扩大的义务，具体损失数额由法院根据合同的剩余租期、租赁房屋是否易于再行租赁、出租人另行出租的差价以及承租人的过错程度等因素予以酌定，一般以合同约定的三至六个月的租金为宜。

道德直觉并非空穴来风，而是来源于所接触当事人的一言一行、合同文本上的约定、合同履行中当事人权利义务分配以及日常的生活经验法则。如果不能承认法官的这种道德直觉，则任何一个司法案件的处理都将无迹可寻。这种道德直觉或称之为内心确信，是支撑司法案件公平正义的真正核心力量，在某种程度上具有先验性的存在。正如康德提出的人们心中的“道德律”一样，对是否“恶意”违约的判断也是如此，虽然无法以量化的形式予以呈现，但在每一个案件中又能够较为清晰地为法官所感知。下面笔者根据违约行为的表象特征，对如何判断“恶意”违约进行有益的探索。

（一）债务人违约情形的划分

一般来说，通过探求违约行为发生的动因，可以将违约行为划分为主观违约和客观违约，主观违约指因可归责于当事人之事由发生的违约，客观违约指因不可归责于当事人之事由（与当事人主观因素无关的客观情况）发生的违约。根据债务人违约时的主观状态，可以将主观违约区分为恶意违约和过失违约。所谓恶意违约，一方面指债务人履行无碍却主动选择、有意促成违约，另一方面指债务人有追求更大经济利益、造成交易相对方损失等动机而选择违约。[①] 所谓过失违约，一般指债务人因自身经验不足或对市场风险判断不足或由于未预料到客观因素发生了变化导致的违约。因此，客观违约与过失违约一般均不认为是恶意违约。

从上文关于违约方道德性调查的结果来看，只有债务人在恶意违约或又称机会主义违约的情形下，才被普遍认为是不道德的。之所以强调债务人并非恶意违约，是为了防止债务人通过实施机会主义行为而侵害债权人的利益。值得注意的是，“恶意违约”不等同于“存在过错”，过失违约中也可能存在过错，故应当注意区分恶意违约与过失违约，二者

---

① 参见某水务公司与某装饰公司买卖合同纠纷案，案号为（2021）沪民终 2526 号，郑军欢、俞悦编写，获全国法院系统 2021 年度优秀案例分析三等奖。

可以从以下四个方面予以区分：第一，在过错程度上，恶意的过错程度要高于一般过失。第二，从违约方主观状态看，恶意违约往往是债务人主动追求或选择的结果；而违约方的过失违约并非其主动追求的结果，其并未有违约的打算，而是由于合同履行的主客观因素发生了变化，违约方被迫选择违约。第三，从违约方的客观表现看，恶意违约表现在债务人通过违约获得不当利益或者将风险不合理地转嫁给守约方，如现实中的“一房二卖”；而过失违约表现在违约方并未通过其违约行为获得不当利益或将风险不合理地转嫁给了守约方，债务人违约的目的往往是避免其自身遭受超出其签订合同时所未预料到的不利影响，典型例证为现实中因缺乏经验或对市场风险评估不足导致经营失败情形下的违约。第四，从对守约方的损害赔偿态度来看，恶意违约往往表现为违约方拒绝或少量地赔偿守约方的损失；而过失违约往往表现在违约方愿意赔偿甚至超额赔偿守约方的合理损失。总之，可以结合具体案情和当事人违约时的具体情形，结合上述四点，来判断债务人的违约情形是否属于恶意违约。

（二）不同情形下对违约方能否解除合同支持度的调查研究

为了探求对违约方解除合同的态度认知，笔者对违约行为进行道德性调查之后，一并对违约方是否享有合同解除权通过问卷形式进行了调研。笔者共计通过微信群发出调查问卷1000余份，回收有效问卷270份，具体统计情况如下：

1. 违约方是否享有合同法定解除权：针对该问题的答案，可以看出对违约方是否享有法定解除权，实践中还是存在巨大的认知差异，这与上文对违约方合同解除案例的裁判依据的分析数据相吻合，也能印证出《民法典》第563条法定解除权中“当事人”语焉不详引起的歧义。（见图6–1）。

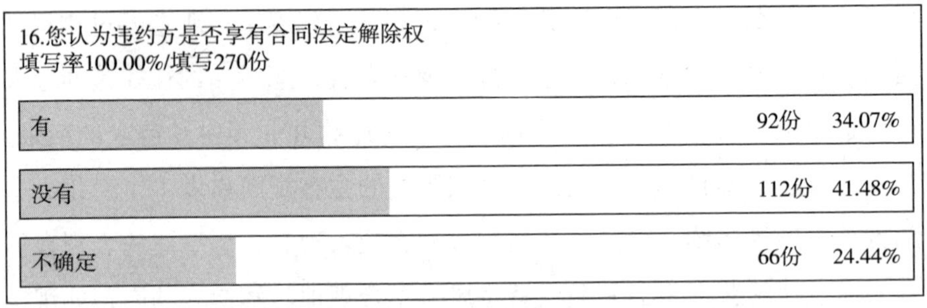

图 6-1 违约方是否享有合同法定解除权的调查

2. 客观违约情形下违约方能否解除合同支持度。通过列举实践中因客观原因导致债务人违约的情形，调查受访者是否支持其解除合同。四种情况下均超过 60% 的受访者表示支持违约方解除合同，只有一种情况即商业风险情况下的支持度较低。具体情况如图 6–2、图 6–3、图 6–4、图 6–5 所示：

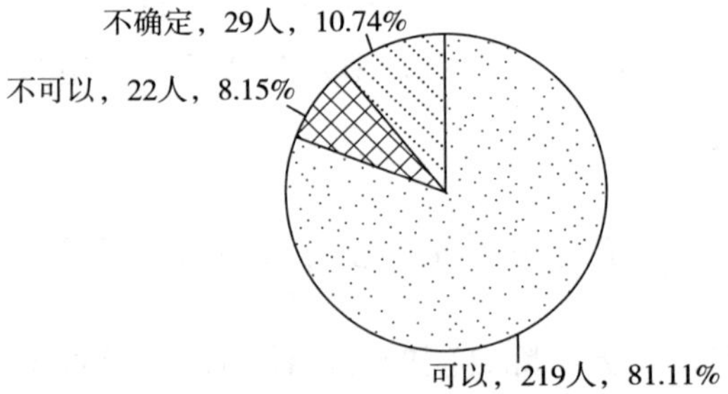

图 6–2 违约方是否可以依据不可抗力解除合同

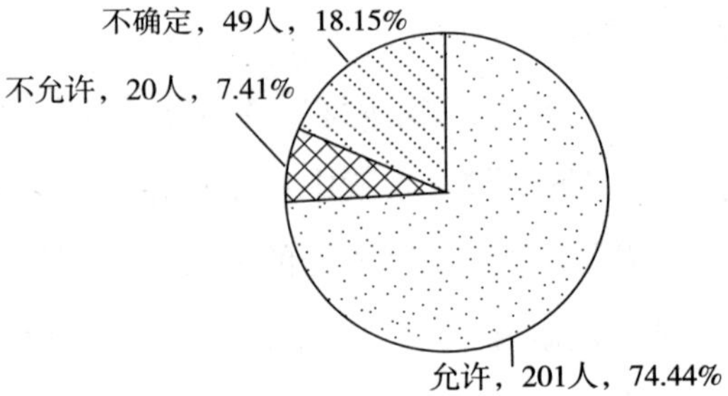

图 6–3 违约方因新冠疫情导致合同无法继续履行或履行困难，是否允许解除合同

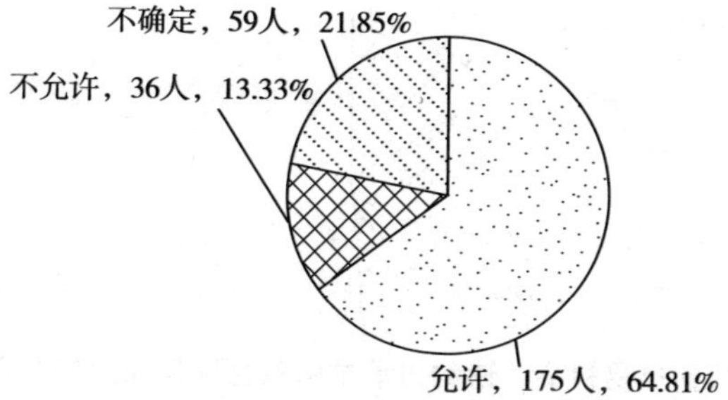

图 6-4　因限购、双减等政策变化而导致合同无法继续履行或履行困难，是否允许违约方解除合同

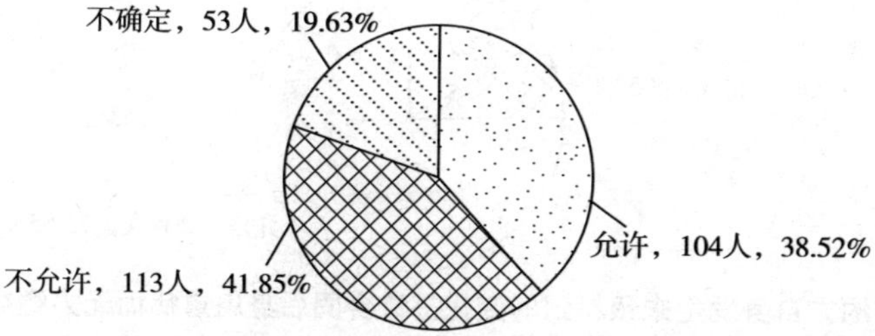

图 6-5　因市场价格的大幅波动如油价大涨违约方请求解除合同是否允许

3. 主观违约情形下违约方能否解除合同支持度。通过列举实践中因债务人主观原因导致其违约的四种情况进行调查，可以看出在债务人“恶意违约”的情形下，超过 50% 的人均认为不应支持违约方解除合同；而在债务人过失违约的情形下，反对违约方解除合同的人均未超过 50%。（见图 6-6、图 6-7、图 6-8、图 6-9）

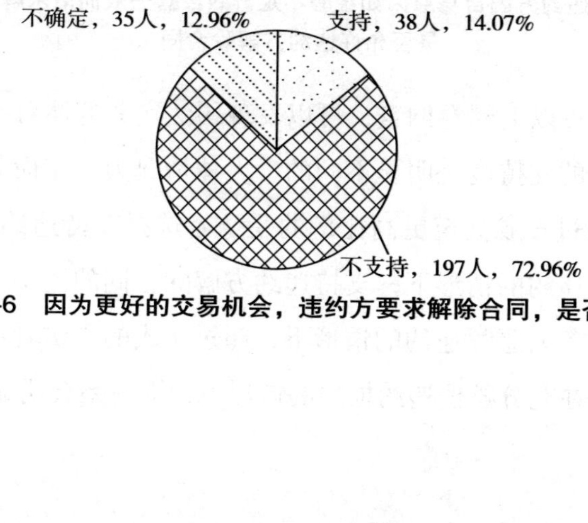

图 6-6　因为更好的交易机会，违约方要求解除合同，是否支持

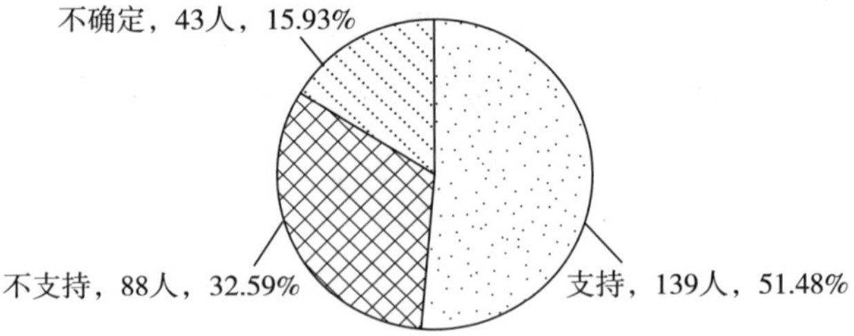

图 6-7 因为更好的交易机会，违约方请求解除合同但同意赔偿守约方的损失（包括预期可得利益），是否支持

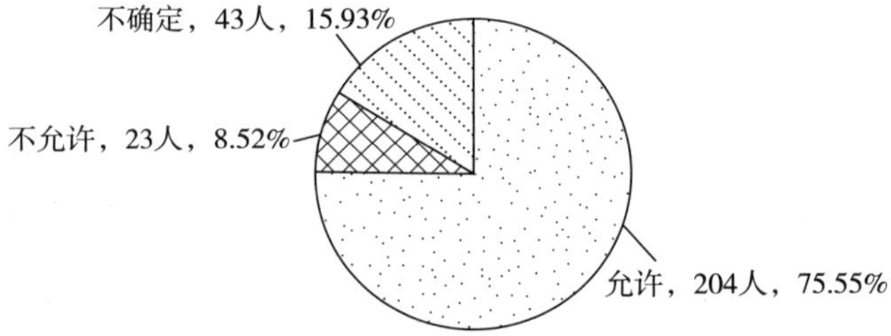

图 6-8 违约方自身发生未预料到的变化签订合同后身患重病而无力继续履行合同，是否允许违约方解除合同

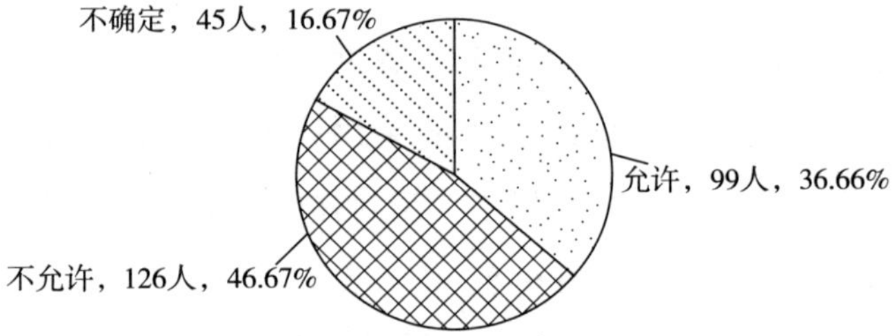

图 6-9 违约方因自身原因如经验不足导致经营失败而请求解除合同，是否允许违约方解除合同

小结：通过以上问卷调查，可以发现司法实务群体对不同情形下违约方解除合同的支持度是明显不同的。大体情况为：在债务人客观违约的情形下，超过 6 成甚至更高比例的受访者选择支持违约方解除合同；在债务人过失违约的情形下，支持违约方解除合同的比例也明显高于反对比例；在债务人恶意违约的情形下，超过 7 成的受访者不支持违约方解除合同，但在充分赔偿违约损失的情形下，支持率会明显上升。

（三）恶意违约的典型情形

通过上文对违约行为道德性调查的开放性问题进行统计，可以看出，违约行为被认为不道德的两种情形为：为追求更高的利润和有履行能力而故意不履行。基于此，可以将现实中恶意违约的情形主要归纳为以下两种情形：

1. 积极违约型：主要表现为债务人为追求更大经济利益而违约。在这种情形下，债务人违约往往是由于发现了更好的交易机会，通过违约可以比履行原合同获得更高的经济利益。现实中比较常见的如因房价上涨，出卖人“一房二卖”的情况。值得探讨的是，积极违约型中包含一种典型的效率违约情形，效率违约的情形可能会由于双方交易信息不对称，违约方通过支付违约金弥补守约方损失，而结果看起来双方实现了“共赢”。比如，甲向乙出售一台机器，价格是 1 万元，双方约定了若甲违约未按时交货则赔偿 20% 的违约金，后甲发现由于某地对机器供不应求，若销往该地可得价款 14000 元，而乙对该信息完全不知情。后甲将该机器卖往外地，对乙违约并自愿返还价款及支付违约金共 12000 元，此时结果看起来是实现了“共赢”。对乙而言，其按约定获得了 2000 元违约赔偿，足以弥补其损失；对甲而言，通过违约也额外获得了 2000 元的利润。在效率违约的情况下，英美法系普遍被认为是允许的，但大陆法系一般并不接受。在上文效率价值部分对此进行了论述，不再赘述。笔者认为尽管在效率违约的情况下，违约方解除合同的支持率会显著上升，但仍应当是禁止的。理由是允许债务人为追求更大经济利益而违约，会严重损害合同严守原则及危害市场的交易安全，也将会架空实际履行的违约救济，即便是在个案中的违约行为使双方当事人都获益，但当效率违约行为成为市场交易的主流，可能会导致市场交易秩序的混乱，则效率违约最终可能并不“效率”。

2. 消极逃避债务型：主要表现为债务人有履行能力而消极履行债务，使相对方遭受了不合理的损失。对于该种类型，与积极追求更高的经济利益不同，该种恶意违约是债务人明知有履行能力而故意逃避履行或拖延履行。现实中较为常见的情形如恶意拖欠农民工工资、有履行能力而不偿还借款、故意拖欠货款或者故意以各种瑕疵借口不履行给付金钱债务等诸多“老赖”行为。对于该种行为，因为严重违反了诚信原则，自然应当予以严惩。值得注意的是，实践中因自身经验不足或者市场风险导致经营失败，债务人丧失履行能力的情形，因与上述情形存在一定的类似，容易引起混淆。主要是现实中认定“有无履行能力”存在一定困难，市场风险的程度和原因也不尽相同，若动辄因为市场风险就允许违约方解除合同，显然不符合合同法的基本原则。对此，需要司法裁判者在个案中，根据具体的案情、双方当事人的市场经验、履约能力以及市场风险的大小等各种因素，综合判定违约方的违约行为是否为上述恶意违约行为。

四、结果要件：继续履行合同会造成社会资源的浪费

（一）如何理解社会资源的浪费

本书第四章已经详细论证了合同僵局情况下，赋予违约方合同解除权符合合同法的效率价值追求，因此对其价值意义上的理论证成不再赘述。该要件更重视的是结果意义上的判断：继续履行合同，将造成显而易见的资源浪费，既可能是债权人一方的资源浪费，如承租人违约导致房屋长时间的闲置，又可能是债务人一方的资源浪费，如债务人继续履行合同将额外耗费巨大的人力、物力、财力。在合同僵局情形下，守约方不行使单方解除权，若不允许违约方解除合同，合同的继续履行必将导致社会资源的持续性浪费，对合同双方以及上下游交易方甚至整个社会的资源配置都会产生不利影响。而打破该种合同僵局，一方面，违约方从原交易中解脱出来，从而寻找更好的交易机会；另一方面，守约方可以和有交易意愿的新的交易方继续交易，守约方从违约方处获得的损害赔偿可以弥补更换交易对象造成的损失。破解合同僵局，交易不会陷

入停滞状态，资源不会空置而是得到有效利用，这才符合效率价值。[①]

（二）避免社会资源浪费符合《民法典》绿色原则的要求

司法实践中，避免社会资源浪费也是法院支持违约方解除合同的一个重要理由。这说明破解合同僵局时，法院并不仅仅是站在合同双方当事人之间的利益衡平方面考虑，还要考虑社会整体的经济利益，以及司法判决对社会的价值导向。若在大量合同僵局的案件中，固守合同解除权仅为守约方单方享有的传统观念，宁可严守已无履行意义的合同，也不正视违约方的合理请求，必将造成此类合同僵局越来越多，这也明显不符合我国《民法典》上新增的“绿色原则”。有研究者归纳的典型类型有：（1）针对分割商铺的情形，应从有利于物业整体功能发挥，避免社会财富损失角度作出裁判。[②]（2）对不能继续履行的合同予以解除从而节约诉讼资源，也是避免社会财富浪费的一种方式。[③]

绿色原则是我国《民法典》首次新增的一项基本原则，被誉为《民法典》编纂体现的时代精神与中国特色。最高人民法院原二级大法官杜万华曾说：“绿色原则是《民法总则》最大亮点之一，它在世界民法史上是可以载入史册的。外国民法，如《德国民法典》《法国民法典》都没有规定绿色原则，只有我国《民法总则》作了规定。”[④]由此可见绿色原则的重要性。《民法典》绿色原则具体体现在合同编第509条第3款之规定：“当事人在履行合同过程中，应当避免浪费资源、污染环境和破坏生态。”其与全面履行、诚信并列为合同履行的三大原则，统领合同履行的整个篇章。绿色原则首先要求民事主体要本着有利于节约资源、保护生态环境的理念从事民事活动；其次要求司法机关在审理民事案件时，要树立正确的价值导向，倡导节约资源的民事法律行为，反对

---

① 参见王俐智：《违约方合同解除权研究》，吉林大学2020年博士学位论文。

② 参见郑某兵与郭某强房屋租赁合同纠纷案，案号为（2016）闽0322民初6075号。

③ 参见陈某卓与湖南兴盛水利水电工程建设有限公司、南县水务局挖泥船队等商品房销售合同纠纷案，案号为（2016）湘0921民初939号。

④ 参见最高人民法院原二级大法官杜万华的内部讲稿：《〈民法总则〉对民商事审判的影响及应对》。

资源浪费。因此，合同僵局导致的资源浪费必然不符合《民法典》绿色原则的要求，将继续履行合同会造成社会资源的浪费作为违约方解除合同案件的结果要件予以考察，也是允许违约方解除合同的重要考量因素之一。司法实践中，很多的案例中，法院以“会造成社会资源极大浪费”“造成社会财富的极大浪费”“为有效利用资源”“有利于社会资源有效配置”等作为说理理由，[①] 支持违约方解除合同的诉讼请求。

五、实质要件：合同继续履行不能实现合同目的

（一）“合同目的”的判断标准

首先，合同目的是一般目的与特殊目的的结合。合同目的是我国《合同法》中的重要概念，有学者将合同目的表述为“当事人订立合同意欲实现的效果”[②]，但鉴于合同目的存在于现实世界里各种千奇百怪的合同中，识别起来具有一定的困难性，而且《合同法》以及官方释义中均未明确其内涵，因此，有的研究者也认为“合同目的”是一个高度不确定性的概念。[③] 但总的来说，无论是最高人民法院的司法解释还是学界，均认可合同目的是一般目的与特殊目的的结合。最高人民法院在对《最高人民法院关于审理买卖合同纠纷案件适用法律问题的解释》第19条“出卖人没有履行或者不当履行从给付义务，致使买受人不能实现合同目的”进行解释时，认为合同目的是一般目的与特殊目的的结合。[④] 以笔者之理解，所谓一般目的是指从抽象意义上考虑，当事人订立某一

---

① 参见北京城建集团有限责任公司与沈阳世茂新世纪房地产开发有限公司建设工程施工合同纠纷案，案号为（2021）最高法民终695号；蔡某建、应某水、周某进等与遂昌星承酒店管理有限公司房屋租赁合同系列纠纷案，案号分别为（2021）浙1123民初1312号、（2021）浙1123民初1313号、（2021）浙1123民初1315号等；张某因与李某卉、北京链家置地房地产经纪有限公司房屋租赁合同纠纷案，案号为（2021）京02民终15366号；烟台正方制药有限公司与杨某奎房屋租赁合同纠纷案，案号为（2022）鲁06民终457号。

② 参见王利明：《合同法研究》（第一卷），中国人民大学出版社2015年版，第461页。

③ 参见孙良国：《违约方合同解除的理论争议、司法实践与路径设计》，载《法学》2019年第7期。

④ 参见最高人民法院民事审判第二庭编著：《最高人民法院关于买卖合同司法解释理解与适用》，人民法院出版社2012年版，第407~408页。

类典型合同所欲实现的共同性法律效果。比如，在买卖合同中，从一般意义上说买受人的合同目的即是取得标的物的所有权，而出卖人的合同目的即是通过出让标的物的所有权换取相应的价金。在租赁合同中，承租人的合同目的即是通过支付相应的价金取得租赁物的使用权，而出租人的合同目的即是通过出让租赁物的使用权获得相应的价金。此类合同目的不需要考虑标的物的具体数量、种类，因其具有抽象上的共性，有学者又称之为“典型交易目的”，因该典型交易目的决定了给予的法律性质及对其所适用的法规。所以，依据符合合同目的原则解释，首先确定被解释合同的典型交易目的，就可以锁定合同的性质、种类；其次确定适用于被解释合同的法律规范。[①] 所谓特殊目的，即指当事人签订合同所欲实现的特有的主观动机。比如，在某一具体合同中，承租人租赁某一房屋是为了餐饮经营、自住或者转租。又如，某人买一件金戒指是因为女朋友对该金首饰的造型特别喜欢，此时其交易目的具有很强的主观性，有学者又称之为交易的“主观目的”。如果机械地将合同的一般目的作为合同目的，而忽略特殊目的，有时候也会失之偏颇。比如，上个案例中交付时出卖人对金戒指的造型出现了轻微瑕疵，从一般意义上说并不影响其使用，但可能由于该买受人女朋友对该金戒指的外形有近乎完美的挑剔，这种轻微的瑕疵可能也会影响合同目的的实现。

当然，由于合同交易的特殊目的往往因人而异，具有高度的不确定性，因此这要求当事人在订立合同时应当将其特殊之交易目的通过意思表示外化于交易对手，让其知晓，即只有在当事人明确地将其签订合同的动机告知了对方当事人，并且作为成交的基础，或者说作为合同的条件；或者虽然当事人在签订合同时没有明确告知，合同中也没有将该动机条款化，但有充分且确凿的证据证明该动机就是该合同（交易）成立的基础，才可以甚至应当将此类动机视为合同目的。[②] 对此，最高人民

① 参见崔建远：《合同目的及其不能实现》，载《吉林大学社会科学学报》2015 年第 3 期。

② 参见崔建远：《合同一般法定解除条件探微》，载《法律科学（西北政法大学学报）》2011 年第 6 期。

法院“张某华、徐某英诉启东市取生置业有限公司房屋买卖合同纠纷案”中关于合同目的的分析，可以作为重要参考。该案中，双方对标的房屋的左右布局进行了明确约定，后启东市某生置业有限公司交付的房屋内部布局与约定不一致，与二原告购房时参观的样板房也不一致，二原告认为不能实现合同目的，遂诉至法院。法院经审理认为：“当事人将特定主观目的作为合同条件或成交基础并明确约定，则该特定主观目的之客观化，属于《合同法》第94条第4项的规制范围。开发商交付的房屋与购房合同约定的布局相反，且无法调换，购房者可以合同目的不能实现解除合同。”①

在某一具体的合同中，一般目的和特殊目的也会呈现共性与个性的联系，两种目的相互交织、相互依存，因此在判断当事人的合同目的时，既应当考虑该合同的一般目的，又应当考虑在合同约定的具体语境下合同当事人的特殊目的或者动机，只有如此，才能完美探知合同双方当事人的真实意思表示，才能更好地衡平双方的权利义务，更接近合同的实质正义。

其次，“合同目的不能实现”是指守约方的合同目的还是违约方的合同目的或者二者兼而有之？通常情况下，在单务合同情形下，对双方当事人合同目的的判断较为简单，即债权人的合同目的。比如，赠与合同，合同目的就是受赠与人取得某物的所有权；在无偿借用合同中，合同双方的合同目的就是借用人无偿取得某一物的使用权。但在双务合同中，对合同目的的判断则要复杂得多，在有些“共同行为”的合同中，当事人双方的合同目的趋于一致性，此时一般认为双方当事人的合同目的是共同的，如“合伙合同”“合作开发合同”，双方的合同目的都是取得某一事项的成功或取得一定的成果。

但实践中大部分的双务合同，则属于双方当事人意思表示方向相对、目的相向的合同，买卖、租赁、承揽、运输、委托等合同均属此

① 参见江苏省南通市中级人民法院（2015）通中民终字第03131号民事判决书，载《最高人民法院公报》2017年第9期。

类，实践中形成“合同僵局”的也大都是此类合同。因此在合同解除案件中，判断“合同目的无法实现”是单纯考虑债权人即守约方的合同目的还是也考虑债务人即违约方的合同目的，或者二者兼而有之，对该问题的判断常常成为实践中困惑法官的难点。

《民法典》第563条中的“合同目的”应理解为债权人或守约方的单方合同目的。在《合同法（草案）》修改和审议过程中，“不能实现合同目的”多次为“（严重）影响订立合同所期望的经济利益”的表述所替代，因而“不能实现合同目的”与“（严重）影响订立合同所期望的经济利益”具有相同或相似的含义。[①] 故《民法典》第563条中规定“不能实现合同目的”的判断标准是违约结果的客观严重性，即是否剥夺了债权人的履行利益，使得当事人订立合同所追求的履行利益不能实现。[②] 由以上表述可以看出，在债权人单方解除权即目前《民法典》法定解除权体系中，将债务人的合同目的排除在考虑范畴之外。

那么，当继续履行合同、债务人的合同目的无法实现时，是否允许债务人解除合同？或者说债务人（违约方）的合同目的是否值得保护？实践中，很多法官对此存在疑惑，也存在很大争议。比如，在典型的房屋租赁合同中，承租人的合同目的当然是获得房屋的使用权，当承租人出于个人原因（如工作变动）欲提前解约时，实践中很多法官认为从保护和鼓励交易安全的角度来看，作为守约方的出租人之合同目的更应优先保护，鉴于承租人的合同义务为支付租金，属于金钱债务，不能排除强制继续履行，故承租人应当继续支付租金，至于是否选择继续使用房屋，则属于承租人的权利，承租人可以放弃此种权利或者可通过转租等

① 参见崔建远：《合同法总论》（中卷），中国人民大学出版社2016年版，第679页。

② 参见最高人民法院民法典贯彻实施工作领导小组主编：《中华人民共和国民法典合同编理解与适用（一）》，人民法院出版社2020年版，第639页。

方式实现其合同目的，从而驳回了承租人的解除权。[①]

对此，笔者认为，债务人或者违约方的合同目的同样值得保护。理由如下：第一，债务人或违约方的合同目的是事后判断称谓，在双务合同中，合同订立时并无守约方、违约方之分，双方的合同目的均是合同得以订立的基础，双方互负债权债务关系，并无债权人、债务人之分，故双方的合同目的同样受法律保护。当一方履行了合同义务，得以向对方请求对待给付时，此时才有了法律意义上的"债权人"与"债务人"的区分，或才有了所谓的"守约方"与"违约方"。第二，违约方的合同目的能够实现同样是合同得以继续履行的条件。之所以合同一方会出现违约，除了现实中的恶意违约、机会主义违约等情形外，很多情况下是因为继续履行合同对债务人而言无法实现甚至严重偏离其最初订立合同之目的，此时合同的履行将难以为继或变得异常艰难，尽管债权人可以通过诉诸法律等手段强制合同的继续履行，表面上看债权人的合同目的能够实现，但从长远看，此种必须依靠法律强制力维持效力的合同，不仅效率低下，而且尤其是在继续性合同中，由于作为双方之间履约基础的信赖关系已不复存在，继续维持合同，不仅违约方已无履行利益期待可能性，守约方之合同目的必定也无法实现。第三，违约方合同目的值得保护有法律上之请求权基础，也获得了司法实践中的大量支持。比如，《民法典》第 580 条第 2 款规定中合同目的既可以是守约方的合同目的，又可以是违约方的合同目的，因为该条中的"当事人"并非如

---

① 参见中建铁路投资建设集团有限公司（承租人）与田某（出租人）房屋租赁合同纠纷案，案号为（2019）京 02 民初 817 号。该案中，双方签订了 5 年的房屋租赁合同，但合同签订刚一开始，双方便因装修发生争议，最终施工停滞、房屋闲置，中建铁路投资建设集团有限公司遂诉至法院要求解除合同。法院在判断双方的合同目的时认为："中建铁路投资建设集团有限公司的主要合同义务为支付租金，属于金钱债务，属性上具有强制履行的可行性，而使用房屋属于中建铁路投资建设集团有限公司的合同权利，中建铁路投资建设集团有限公司可以选择放弃权利。"在张某与谭某万租赁合同纠纷案中，一审法院认为："虽然随后的新冠疫情属于不可抗力，但就案涉门市所在地而言，结合当地疫情防控部门的相关文件要求，疫情导致张某无法经营餐饮的期限为一个月左右，之后餐饮业陆续恢复正常营业。因此，新冠疫情并不必然导致合同目的无法实现，张某经营困难、亏损严重、无法继续经营，系其自身的商业风险。双方签订租赁合同时约定的租金价格等相关事宜也是基于三年的租赁期限考虑，根据诚信及公平原则，不能因一方的商业风险而解除合同损害合同相对方的权益，且张某尚有转租等其他救济措施。"法院驳回了张某解除合同的诉讼请求。案号为（2021）川 16 民终 751 号。

《民法典》第563条中的“当事人”所特指债权人，而是指合同双方。但由于合同僵局的大部分情况都是享有解除权的守约方不愿意行使解除权，若其欲解除合同，依据《民法典》第563条规定的单方解除权效率更高、成本更低，故实践中依据该条提起诉讼的基本为违约方。此种情况下，法院则需要根据诚信和公平原则，反复评估守约方的合同目的与违约方的合同目的在继续履行合同与终止合同两种情形下，哪一种情形能够更好地实现平衡和接近实质公平，并进而作出判断。实践中也存在大量的案例以违约方不能实现合同目的为由支持解除的案例。比如，深圳市华瑞诺科技有限公司与白云区永平街社区卫生服务中心合同纠纷案，法院认为：“当违约方即本案永平街社区卫生服务中心已经明确表示案涉合同继续履行会给其造成损失且表明其不愿意履行合同，继续履行合同已达不到其签订合同的目的时，应当允许违约方解除合同，用赔偿损失来代替继续履行合同。”[①] 此处的合同目的明显即指违约方的合同目的。

（二）“不能履行”与“合同目的无法实现”优劣比较

值得注意的是，《民法典》在立法过程中，《民法典（草案）》与《民法典合同编（草案）（二次审议稿）》均将违约方解除合同的条件规定为合同不能履行致使不能实现合同目的。虽然该规定没有正式写入《民法典》，但这种判断方式值得反思。有研究者称之为“不能履行与目的不达”的双重构造，并对其进行了批判，认为这种双重构造模式既不符合域内外的通行做法，又会造成条件的重复和混乱。[②]

① 参见深圳市华瑞诺科技有限公司与白云区永平街社区卫生服务中心合同纠纷案，案号为（2021）粤0111民初19723号。类似的案例还有：王某珺诉曹某涛房屋租赁合同纠纷案，案号为（2020）甘0102民初14121号；湖南省丰源水务投资建设有限责任公司与蔡某祥、第三人株洲市天伦大酒店有限责任公司、株洲市四季天伦公寓酒店管理有限责任公司房屋租赁合同纠纷案，案号为（2021）湘0221民初459号；广东瑞安科技实业有限公司与吴某畅房屋租赁合同纠纷案，案号为（2017）粤08民终1644号；张某伟与牛某城房屋租赁合同纠纷案，案号为（2016）甘04民终512号。

② 参见王俐智：《违约方合同解除权研究》，吉林大学2020年博士学位论文。

从比较法来看，大陆法系以履行障碍为中心构建合同解除的规则体系，将履行障碍区分为履行不能、延迟履行、履行瑕疵等情形。而将履行不能作为判断合同解除的独立判断标准，如《日本民法典》第 543 条规定：因应归责于债务人的事由，致债务的全部或一部不能履行时，债权人可以解除契约。我国台湾地区“民法”第 256 条规定了因给付不能得以解除契约。[①] 而英美法系将合同解除分为因合同受挫而解除和因违约解除，合同受挫即包括履行不能、履行不现实或合同目的受挫。[②] 从我国《合同法》的表述来看，我国在《合同法》立法时，更偏向采用英美法系的解除标准，将“不能实现合同目的”作为合同解除的最终判断标准，而将履行不能作为排除债权人继续履行请求权的情形之一。从适用范围来看，不能实现合同目的覆盖范围明显更大，合同的不能履行必然会导致合同目的无法实现，但合同目的无法实现还可能是由其他情况所致，因此若在违约方合同解除权的设计规则中同时将“不能履行”与“合同目的无法实现”并列规定，会导致重复和混乱。

除此以外，“不能实现合同目的”比“履行不能”覆盖范围更广。从实践中看，合同僵局的情形除了履行不能，还有不适于强制履行、履行费用过高、债权人在合理期限内未要求履行以及金钱债务的持续性履行导致显失公平等多种情形，因此“不能实现合同目的”更适合作为违约方合同解除权的实质判断要件。

(三)“不能实现合同目的”的实质要件契合法定解除权体系

第一，符合我国法定解除体系的根本判断标准。“不能实现合同目的”，在英美法上又称“合同落空”，作为债权人的单方解除权，其解除合同的要件是因债务人构成“根本违约”导致债权人无法实现合同目的，所以才赋予债权人单方解除合同的权利。从这个角度说，债权人的

---

① 我国台湾地区“民法”第 256 条规定，债权人于有第 226 条之情形时，得解除其契约。第 226 条规定，因可归责于债务人之事由，致给付不能的，债权人得请求损害赔偿。

② 参见李先波：《英美合同解除制度研究》，北京大学出版社 2008 年版，第 123 页。

单方解除权是为了保护守约方的合同目的。而与此相对应，在设计债务人的合同解除权时，亦应当采用同样的判断标准，否则会引起判断标准的混乱以及权利义务的失衡。同时，在考虑不能实现合同目的时，更要衡平合同双方当事人的合同目的。

第二，合同目的在我国《合同法》中具有重要的位置。与合同目的相关的表述多达十几处，[①]《民法典》中虽然对《合同法》进行了一定的修改，但涉及"合同目的"的条文仍有 11 条之多，[②] 其中最重要的新增表述为《民法典》第 580 条第 2 款规定，依然使用了"合同目的"的表述，这充分说明了立法者是否允许违约方在排除继续履行的三种情形时解除合同，仍以"不能实现合同目的"作为判断标准。其新增加的第 587 条同样将"合同目的"作为当事人主张没收或返还定金的判断标准。以上变化充分说明了合同目的在我国《民法典》中的重要地位和作用，若贸然将违约方合同解除权的判断标准定为"不能履行"或其他条件，有可能会引起整个合同法体系的紊乱。

第三，采用不能实现合同目的的判断标准，能够排除债务人的机会主义违约。以合同目的不能实现作为违约方合同解除权的实质判断标准，已足以排除现实中的恶意违约及机会主义违约。探寻当事人的合同目的应当以当事人订立合同之时的背景、动机加以考虑，即寻找当事人订立合同之"初心"。现实中的恶意违约和机会主义违约，通常是指债务人有能力履行合同而故意不履行或者为了追求更高的利润而违约，在这种情况下，判令债务人继续履行合同，通常是能够实现其合同目的，

① 有研究者对其进行了罗列，包括《合同法》第 52 条第 3 项规定，以合法形式掩盖非法目的的合同无效；第 60 条第 2 款规定，当事人应当……根据合同的目的履行通知、协助、保密等义务；第 60 条第 2 款，第 62 条第 1 项、第 5 项，第 94 条第 1 项、第 4 项，第 125 条第 1 款，第 148 条，第 166 条第 1 款、第 2 款，第 231 条，第 244 条等均与合同目的相关。参见崔建远：《论合同目的及其不能实现》，载《吉林大学社会科学学报》2015 年第 3 期。

② 分别对应《民法典》第 511 条、第 563 条、第 580 条、第 587 条、第 611 条、第 633 条、第 729 条。其中第 580 条、第 587 条为新增加内容。第 587 条规定："债务人履行债务的，定金应当抵作价款或者收回。给付定金的一方不履行债务或者履行债务不符合约定，致使不能实现合同目的的，无权请求返还定金；收受定金的一方不履行债务或者履行债务不符合约定，致使不能实现合同目的的，应当双倍返还定金。"

从而避免违约方恶意逃避债务的情形。

六、程序要件：司法解除模式

（一）现行法律关于合同解除权的行使方式

1. 通知解除模式：适用于债权人的单方解除权及约定解除权。合同解除权的行使方式主要分为通知解除模式和司法解除模式。我国《合同法》第 96 条规定的通知解除程序明显是适用于债权人的单方解除权，《民法典》第 565 条延续了该解除模式。根据该条款的文义解释，依法通知解除合同的一方当事人前提是必须享有解除权，"不具备上述条件（不符合《民法典》第 562 条第 2 款和第 563 条），当事人即不享有解除权，自然不能行使解除权而单方解除合同，即使解除通知到达对方，对方未提出异议，也不发生合同解除的效果"[①]。由此可见，我国现行法律并不承认违约方享有合同解除权，因此违约方的解除通知即使到达对方，也不产生合同解除效果。

2. 司法解除模式：适用于情势变更情形下的合同解除。关于司法解除模式，在比较法上，《法国民法典》曾经将司法解除作为一般规则，2016 年《法国民法典》最新的债法修改才将通知解除模式作为一般规则。[②] 我国在《民法典》第 533 条明确规定了情势变更情形下，当事人解除合同须通过诉讼或仲裁即司法解除的方式。其目的是防止当事人以情势变更制度作为逃避履行合同的借口，损害合同的效力和权威，破坏正常的交易秩序。

从以上两种解除模式可以看出，通知解除侧重于保护守约方的利益，以效率和行使的简便易行、低成本为原则，只要对方未提出异议，即发生解除合同的法律效果，无须进入司法程序，但缺点是不具有终局

---

① 参见黄薇主编：《中华人民共和国民法典合同编释义》，法律出版社 2020 年版，第 236 页。

② 1804 年《法国民法典》第 1184 条第 3 款规定，债权人解除契约，必须向法院提起之。《法国民法典》（2016 年修正）第 1224 条规定，合同解除可以是约定解除条款行使的结果，也可以是在严重违约的场合，通过债权人向债务人的通知或者法院裁决来实现。

性，当合同双方争议较大时，仍需请求司法予以确认解除效力。而司法解除模式优点是能更好地衡平合同双方的利益，且具有终局性，缺点当然是缺乏效率、成本高。因此通知解除模式与司法解除模式在合同解除权的行使方面各有优劣，关键看制度设计的目的。

3. 司法终止模式:《民法典》第 580 条第 2 款“终止合同权利义务关系”的表述值得商榷。

其一,《民法典》第 580 条第 2 款采用了“根据当事人的请求终止合同权利义务关系”的表述，[①]对此权威解释为“当事人根据本款所享有的仅仅是申请司法终止合同的权利，而非终止合同的权利，本款规定的并非当事人的终止权或者形成诉权，而是司法终止权”[②]。笔者认为该观点值得商榷，主要理由为：第一，我国《合同法》并未区分“合同终止”与“合同解除”。《德国民法典》对“终止”与“解除”一般性地进行了区分：终止在德国法中只适用于继续性合同，其与一时性合同的解除相对。[③]终止适用于继续性合同，其效力仅向将来发生；而解除有溯及力，一般适用于非继续性合同。[④]《法国民法典》也有类似的规定，解除通常被认为有溯及力，而合同终止则无溯及力。因此，在比较法上，“合同终止”与“合同解除”有截然的不同。但在我国《合同法》中，终止与解除并无此区分,《民法典》第 557 条第 2 款规定“合同解除的，该合同的权利义务关系终止”，由此可以看出，合同解除作为合同终止的情形之一，合同解除即等于合同权利义务的终止。至于合同解

① 该表述最先由石佳友教授提出。参见石佳友、高郦梅:《违约方申请解除合同权：争议与回应》，载《比较法研究》2019 年第 6 期。

② 参见黄薇主编:《中华人民共和国民法典合同编释义》，法律出版社 2020 年版，第 274 页。

③ 参见韩富鹏:《违约方申请司法终止权：质疑回应、规范解释与漏洞填补》，载《政治与法律》2020 年第 12 期。

④ 参见［德］迪特尔·梅迪库斯:《德国债法总论》，杜景林、卢谌译，法律出版社 2004 年版，第 391~392 页。

除有无溯及力则是通过《民法典》第566条合同解除的后果予以解决。[①]而《民法典》第580条第2款语境下的合同权利义务关系终止显然并非指第557条债权债务终止的其他情形，而是特指合同解除。因此，在二者含义相同的情况下，在此用“终止合同权利义务关系”既非必要，又与《民法典》第533条的表述相违和，应当直接采用“解除合同”的表述。

其二，司法终止权并非准确的法律概念。所谓“形成诉权”的担心也实属多余，构建违约方合同解除规则的目的就是明确何种条件下应当允许违约方解除合同，在司法解除的模式下，是否解除合同有赖于法官的最终认定。在这个意义上，《民法典》第580条第2款与第533条的行使结果并无差别。之所以如此表述，主要还是因为该条款对于违约方合同解除规则的设计尚不完善。在学界，即便该种表述的提出者石佳友教授也认为，“从广义上来说，第580条第2款性质上属于一种司法解除（与情势变更一样）；这也是近年来得到我国许多学者所认可和使用的称谓”[②]。因此，司法终止权的观点与学界的认知并不一致。

其三，司法实践中，《民法典》第580条第2款已然被视为“违约方合同解除权”专用条款，“司法终止权”的观点并未获得普遍认同。在引用《民法典》第580条的大部分案例中，均将其视为是否支持违约方解除合同的依据，判决中亦采用了“解除”的表述，而非“终止权利义务关系”的表述。

（二）债务人合同解除权的行使方式

1. 相关的学术观点。关于债务人合同解除权的行使方式，学术界主

① 《民法典》第566条的“根据合同性质”，理论界和实务界形成的共识是需区分一时性合同和继续性合同。一般来说，一时性合同的解除可以溯及既往，发生恢复原状的效果；而继续性合同的解除只针对尚未履行的部分，不具有溯及力。参见崔建远：《合同法总论》（中卷），中国人民大学出版社2012年版，第685~689页；韩世远：《合同法总论》（第三版），法律出版社2011年版，第529页。相关案例可参见：（2008）浙民一终字第280号、（2015）三中民（商）终字第08614号。

② 参见石佳友：《履行不能与合同终止——以〈民法典〉第580条第2款为中心》，载《现代法学》2021年第4期；韩世远：《合同法的现代化：为何及如何》，载《法治研究》2019年第6期。

要有两种观点：一是采用司法解除模式，以王利明为代表；二是以孙良国为代表，认为采用通知模式更有效。

主张司法解除模式的理由主要为：一是比较法上存在先例，如上文提到的《法国民法典》第1228条规定“当事人任何情况下，都可以通过司法途径主张解除”，该做法被比利时法律和卢森堡法律及东欧和中亚多国的法律所接受。[①]二是合同僵局是否形成需要由法院进行判断，如果不经法院判断，允许违约方随意打破合同僵局，将导致合同沦为一纸空文，合同严守原则名存实亡。三是合同僵局是否打破需要由法院认定，是否符合打破合同僵局的必要条件，需要法官通过严格审查予以把握。只有通过司法解除才能阻止当事人之间的投机主义行为，避免交易僵局，减少不必要的资源浪费。四是合同僵局被打破后的后果需要由法院确定。在违约方申请司法解除的情形下，合同能否解除，以及解除后的法律效果和损害赔偿等问题，均与一般情况下的解除权的行使有所不同。[②]

主张通过通知解除模式直接赋予违约方合同解除权的主要理由为：一是司法解除不具有灵活性，也无法避免法官误判，从客观结果上看，司法解除的后果依然是解除合同，这与赋予违约方特定情形下的解除权没有差别。二是赋予违约方合同解除权是特殊规则，而非通常规则，在严格约束要件下，能够降低当事人投机性地解除合同的激励，其和司法解除所产生的最终结果无异。[③]三是赋予违约方合同解除权能够更为便捷和有效地解决合同僵局。四是市场自身所产生的非法律制裁（如声誉和商誉制裁）的强大约束力以及《合同法》将其设计为一个有严格约束条件的规则，违约方的合同解除权不会打开诉讼闸门，更不会挑战或者破坏既有的规则体系和理论体系。[④]

---

① 参见［德］克里斯蒂安·冯·巴尔、［英］克莱夫主编：《欧洲司法的原则、定义与示范规则：欧洲示范民法典草案》（第一、二、三卷），高圣平等译，法律出版社2014年版，第762页。

② 参见王利明：《论合同僵局中违约方申请解约》，载《法学评论》2020年第1期。

③ 参见孙良国：《违约方合同解除的理论争议、司法实践与路径设计》，载《法学》2019年第7期。

④ 参见孙良国：《违约方合同解除的理论争议、司法实践与路径设计》，载《法学》2019年第7期。

2. 债务人合同解除权的行使应采用司法解除模式。笔者赞同司法解除模式，除了王利明教授的以上观点，从实然的角度考虑，司法解除模式相比通知解除模式还具有如下优势：

第一，司法解除模式当前获得了普遍的认可。从学界看，无论是支持违约方合同解除权还是反对违约方合同解除权的观点，均未能在司法解除上达成共识。从立法机关看，《民法典》编纂过程中，明显采用了司法解除（终止）模式，而否定了通知解除模式。从司法实践看，违约方不享有单方合同解除权已经成为主流观点，违约方发出的解除合同通知不能产生合同解除的法律效果，已获得广大法官、律师等法律职业群体的认可。故采用司法解除模式，有着广泛的共识基础，不会引起现在裁判案件与既往裁判案件结果的巨大反差，很大程度上能够避免造成大量同案不同判的不良社会效果。

第二，司法解除模式能够更好地平衡合同双方的利益。采取司法解除的方式有利于防范当事人的机会主义行为和道德风险，诉讼成本和败诉风险等因素可以有效过滤大部分恶意违约和非僵局情形。[①] 诉讼或仲裁具有较高的时间成本与金钱成本，如诉讼费、律师费、差旅费、鉴定费等，同时诉讼还会面临败诉风险，而败诉的后果可能是不仅要承担自身的诉讼成本，还要额外负担胜诉方的诉讼成本。通过诉讼导致守约方损失扩大的，违约方可能还要面临较高的损害赔偿。所有这些都能够有效地防止违约方恶意违约和恶意诉讼。如果采用通知解除模式，很有可能会导致违约方合同解除权的滥用，不利于维护交易安全与市场秩序，从而引发大量的诉讼。

第三，司法解除具有终局性，能够更好地解决合同僵局。一方面，法院或者仲裁机构作为居中裁判者，诉讼机制能够保障合同解除的公平性和妥当性，充分保障当事人的权利救济。同时，法院或仲裁机构在处

---

① 如果从功能主义的维度看待《合同法》,《合同法》规则也可以被视为事前规则，因为它们改变了潜在缔约方的激励。因此规定履行不能情形下的合同终止对于防止债权人“敲竹杠”等策略性行动具有负面激励效应。参见石佳友:《履行不能与合同终止——以〈民法典〉第 580 条第 2 款为中心》，载《现代法学》2021 年第 4 期。

理条件复杂、双方争议巨大的合同僵局问题时有更为丰富的经验和专业的判断，能够得出更为恰当的结论。另一方面，司法解除具有权威性和终局性，违约方通知解除由于缺乏既有的实践基础，必然会在当事人之间引发巨大的争议，因此司法程序将不可避免，反而可能会让效率变得更低。

3. 债务人的抗辩能否引发合同解除的法律后果。最后一个并未引起重点关注但在司法实践中存在的具体问题是债务人的抗辩能否引发合同解除的法律后果？在统计大量涉及违约方解除合同的案例中，存在这样一种案例类型：当双方就合同的解除无法协商一致时，债务人以实际行动明确表明不再继续履行合同义务（典型例证如承租人搬离案涉房屋）并同时向守约方发出了解除合同通知书，守约方不同意解除合同。合同陷入僵局并持续一段时间后，守约方起诉违约方要求其继续履行合同（常见类型为给付金钱债务），而此时违约方仅提出合同已经解除的抗辩，而不诉请解除合同时，法院该如何处理？此时法院应否对违约方合同已经解除的抗辩予以审查，能否引发合同解除的法律后果？

第一，此类案件具有普遍性，由于法律未赋予违约方合同解除权，故司法实践中违约方不主动起诉请求解除合同的情形较为常见。根据笔者统计，此类案件占到了实践中“涉违约方解除合同”案件比例的43%。违约方不起诉甚至不以反诉的方式请求解除合同的原因可能有很多，既有对法律认知不足的原因，又有出于诉讼成本、诉讼风险的考虑，还有缺乏诉讼能力的原因（如有的违约方因经营失败，基本生活都难以保障，更难以苛求其诉讼解除合同），甚至还有一种“破罐子破摔”的放任心态。

第二，法院的裁判结果主要为两种：一是经审查，认为合同应当继续履行，从而不采信违约方的抗辩主张，支持守约方的诉讼请求。二是经审查，合同确已陷入僵局，合同不应当继续履行，但由于双方当事人均未诉请解除合同，故基于不告不理的基本原则，法院仅能驳回守约方继续履行合同的诉讼请求，对合同能否解除未作出确认或判断。如此一来，导致合同的效力仍长期处于悬而未决的状态，不利于纠纷的一次性解决，也为当事人的合同关系埋下了隐患或产生新的诉累。

第三，对于违约方在诉讼案件中的抗辩行为，笔者认为应当视为司法解除的一种特殊形式，由人民法院在诉讼中一并予以审查，一次性彻底解决合同僵局下双方当事人的权利义务关系，以减少当事人诉累。经审查，符合违约方解除合同情形的，应当对违约方的该种抗辩予以正面回应和确认。当然，基于不告不理的诉讼原则，此时对合同解除的确认不应出现在裁判主文中，但可以通过本院认为部分的说理内容，确认涉案合同是否已经解除的事实。

综上，本章通过对债务人合同解除规则的前提条件、价值要件、主观要件、结果要件、实质要件、程序要件的探讨，建构了较为清晰的债务人合同解除制度，为判断是否允许债务人解除合同厘清了法理基础。

第七章　非金钱债务合同僵局下债务人合同解除权的解释路径

一、非金钱债务合同僵局下债务人合同解除权的规则路径

当前《民法典》实施背景下，非金钱债务合同僵局下允许违约方解除合同的规则路径，司法实践中主要有两种：一是因非可归责于当事人的原因，合同的基础条件发生变化致使合同目的不能实现，可基于情势变更请求予以解除；二是基于《民法典》第580条第2款排除继续履行抗辩权基础上的债务人请求法院或仲裁机关终止合同。两种规则在适用范围上，既存在一部分重合的地带，也有各自不同的适用空间。

（一）情势变更与《民法典》第580条的重叠

二者重叠的部分在于情势变更的适用前提是非因可归责于当事人的事由发生变化，在这一点上，有可能既构成情势变更原则，又可能构成《民法典》第580条排除履行抗辩权基础上的合同司法终止（实质为解除）。举例来说，比如新冠肺炎及其防控政策的影响，这是近年来引起合同僵局事由最普遍的问题。以笔者亲历案件为例：2022年4月，J市某甲与上海市某乙订立一份运输合同，由某乙从上海市运送一批水果前往J市。合同订立后某甲支付了运费，但不久上海暴发新冠疫情，虽然乙能够从上海出发，但受疫情影响，J市颁布的疫情防控措施禁止从上海来的人员或车辆进入J市，某乙无法交付货物。此时，某乙与某甲沟通要求解除合同，某甲则要求某乙支付货物延期的损失，双方协商未果，形成诉讼。在该案的处理过程中，某乙作为违约方要求解除合同的请求权基础既可以是情势变更，毕竟新冠疫情及相关防控措施的发生是

当事人在订立合同时所无法预见的，不属于商业风险的重大变化，继续履行对某乙明显不公平，因此符合情势变更的构成要件；同时某乙作为违约方要求解除合同的请求权基础也可以是《民法典》第580条的合同事实上履行不能导致无法实现合同目的，因为当时新冠疫情及防控措施的持续并非当事人所能决定，其时间长短也无从预测。因此就本案合同当事人来看，合同已经处于事实上不能履行的境地，故某乙当然也可以依据《民法典》第580条请求终止合同。关键看某乙选择哪一条作为自己的请求权基础。

（二）情势变更与《民法典》第580条的不同

二者除了有互相重叠适用的部分，也有很大一部分是区别。其一，情势变更排除了由当事人主观因素导致合同基础条件发生变化而产生的合同僵局，最明显的一点就是情势变更排除了商业风险的适用。而《民法典》第580条的适用并不排除当事人主观因素导致的合同僵局，典型的就是如“一房二卖”所导致的事实上不能履行。在“一房二卖”的问题上，出卖方作为违约方当然不能依据情势变更原则要求解除合同，但其可以依据《民法典》第580条抗辩买方要求过户的继续履行请求权并继而可以请求人民法院终止该合同，所应当注意只不过是在终止合同的同时，出卖方应当承担相应的违约责任。其二，二者的不同还在适用范围上有所差别，情势变更原则并不排斥金钱债务合同僵局的适用，因金钱债务的履行产生的合同僵局，只要符合情势变更的条件，继续履行对一方当事人明显不公平，当事人当然可以依据情势变更请求解除合同。但《民法典》第580条不能适用于金钱债务的合同僵局。

下面用图7-1表述可能更为清晰：

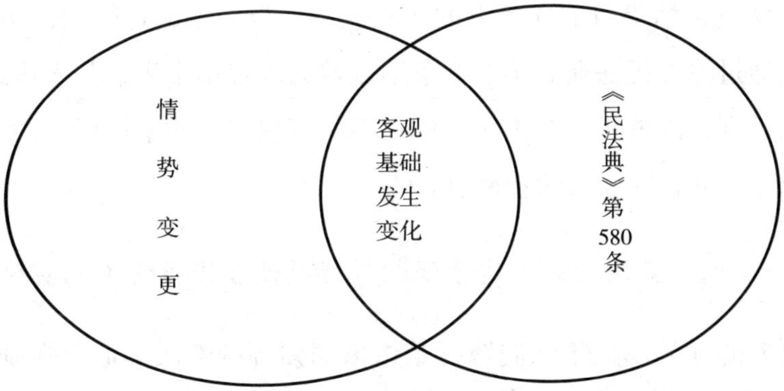

图 7–1　非金钱债务合同僵局下债务人合同解除权的规则适用示意图

（三）情势变更与《民法典》第 580 条的落脚点相同

无论二者如何不同，其最终的落脚点都是合同目的不能实现，这也是判断违约方能否解除合同的实质要件。关于什么是合同目的？谁的合同目的？上文已经论述。因此只需要判断非金钱债务合同僵局情况下，哪些情形可以认定为合同目的不能实现，其具体的判断标准如何等问题，即可解决非金钱债务的合同僵局问题。另外一点需要说明的是，情势变更原则与《民法典》第 580 条司法终止权的行使均以司法程序为前提，不能以通知解除，这也与上文所说的债务人合同解除的行使方式是诉讼或仲裁模式相契合。

二、非金钱债务合同僵局下合同目的不能实现的具体情形

关于违约方合同解除规则中合同目的不能实现的具体情形的判断，可以通过列举式的方法予以固定，充分结合《民法典》第 580 条第 1 款列举的情形（除了履行不能），补充以金钱债务情形下的合同僵局，以期能覆盖现实中全部的合同僵局类型。如此一来，实际上将《民法典》第 580 条第 2 款的内容前移至合同编第七章合同的权利义务终止中，将《民法典》第 580 条恢复至原《合同法》第 110 条的状态，仅规定为债务人的排除继续履行抗辩权。这样做的好处：第一，通过在合同编第七章合同的权利义务中增加违约方合同解除规则，能够更契合《合同法》

的立法体例，消除目前立法上的违和感，使合同编的逻辑层次更清楚；第二，通过将《民法典》第580条第2款的内容摘出来，并入违约方合同解除规则，能够扩大其适用范围，不再仅仅限于非金钱债务的合同僵局情形，实现合同僵局的全覆盖。

（一）因债务的标的不适于强制履行致使合同目的不能实现

债务的标的不适于强制履行是指依据债务的性质不适合强制履行，或者执行费用过高。《欧洲合同法原则》将非金钱债务不适于强制履行表述为履行属于具有人身特征的或取决于个人关系的服务或工作的约定。通过归纳《民法典》中不适于强制履行的合同基本为以下几种：

1. 基于高度的人身依赖关系而产生的合同。比如，委托合同、合伙合同、技术开发合同等。又如，因高度信任对方的特殊技能、业务水平、忠诚等所产生的，并且强制债务人履行义务会破坏此种高度的人身依赖关系。[①] 因此，当此类合同在履行过程中，双方的信赖关系不复存在，债务的标的又不宜强制履行，则合同容易陷入僵局，对此除《民法典》第933条规定了委托人与受托人的任意解除权[②] 以及第976条中的合伙人随时解除不定期合同外，在其他情形下，违约方均缺乏合同解除的救济渠道。

2. 债务的标的具有人身依附性。比如，雇佣合同、劳务合同、演出合同、出版合同、教育培训合同等。由于这些债务的标的通常具有人身性，如强制履行会危害债务人的人身自由和人格自由，与现代社会人格尊重、人格自由保护的基本价值相悖。因此，在这些合同中，当债务人不履行合同时，债权人通常有两种办法：一是债务的标的可以通过第三人替代履行实现，[③] 以实现间接强制履行；二是解除合同，赔偿损失。当

---

① 参见黄薇主编：《中华人民共和国民法典合同编释义》，法律出版社2020年版，第272页。

② 参见《民法典》第933条规定："委托人或者受托人可以随时解除委托合同。因解除合同造成对方损失的，除不可归责于该当事人的事由外，无偿委托合同的解除方应当赔偿因解除时间不当造成的直接损失，有偿委托合同的解除方应当赔偿对方的直接损失和合同履行后可以获得的利益。"

③ 参见《民法典》第581条规定："当事人一方不履行债务或者履行债务不符合约定，根据债务的性质不得强制履行的，对方可以请求其负担由第三人替代履行的费用。"

然，有些债务的标的性质甚至无法通过替代履行完成，如需要艺术性或者科学性的个人技能（如明星的演艺合同）或涉及保密性和私人性的关系。在此情况下，合同的最终归宿只能是解除，因此若债权人不积极主张解除合同，应当允许债务人请求解除合同，以使双方及时从“死亡”的合同中解脱出来，当然，解除合同并不影响违约责任的承担。

3. 预约合同能否强制履行即能否强制订约？《民法典》第 495 条正式规定了预约合同规则[①]，该规则首次将预约合同作为独立的合同予以规定，强化了预约合同的约束力。当事人一旦违约，另一方可以按照合同约定或法律规定要求违约方承担违约责任，而并非之前仅能要求违约方承担缔约过失责任。预约合同的本质内容为当事人约定在将来订立本约，是否另行订立合同，是预约合同与本约合同最显著的区别。由于预约合同债务性质为将来订立本约，因此对当事人不履行订立本约义务时的违约责任，能否强制违约方继续履行，《民法典》没有明确规定，只是原则性规定违约方要承担违约责任。对此，学界存在两种观点：一是支持继续履行说；二是反对继续履行说。支持说认为：其一，预约合同本身就是落实民法自愿原则而成立的，是双方当事人自愿签订，基于自己决定、自己负责的法律，诚信地兑现自己的承诺，本身就是为了落实其真实意愿；其二，支持继续履行有比较法上的先例，德国和我国台湾地区，对于预约合同，法院可以命令违约方作出订立本约的意思表示，本约自判决生效，本约合同的债权人即获得请求给付的权利，并且可以基于诉讼经济原则，可以合并请求违约方订立本约及履行本约。《日本民法典》亦有规定以法律行为为标的的债务，可以裁判代替债务人的意思表示，实际上也允许债权人可通过诉讼代替债务人作出订立本约的意思表示。其三，“继续履行”在不借助违约方配合的情况下也是可以实现，如预约合同已经对合同标的、数量、价款等必要条款进行了约定，

① 《民法典》第 495 条规定：“当事人约定在将来一定期限内订立合同的认购书、订购书、预订书等，构成预约合同。当事人一方不履行预约合同约定的订立合同义务的，对方可以请求其承担预约合同的违约责任。”

法院可以据此认定本约合同的内容。反对说则认为：其一，依据民法自愿原则，当事人对是否订立本约有完全的自由，不受他人的强迫，法律不应当强迫任何人订约；其二，订立本约需要双方配合，对本约合同的具体内容协商一致，如果违约方不配合，则法院也无法强迫当事人进行协商，因为法律不应强迫当事人作出意思表示；其三，损害赔偿足以弥补守约方的损失，守约方可以通过寻求新的市场交易机会实现合同目的，不必强制要求订立本约。[①] 笔者赞同反对说的观点，现实中大量的预约合同的确仅存在一个框架性协议，对于合同具体的标的、数量、价款等需要在本约中商定，在一方不愿订立本约的情况下，法律的确也无法强迫当事人作出意思表示，以裁判代替当事人的意思表示更为不妥，因此"订立本约"的合同义务应认定为债务的标的不适于强制履行的情形，违约方可以请求解除合同，但应当赔偿守约方损失。实践中的确有真实案例支持，如滁州恒安房地产开发有限公司与王某商品房预约合同纠纷案，法院认为："案涉商品房认购协议是独立于商品房预售合同的预约合同，是约定买卖双方将来订立正式预售合同的先前协议。根据民事行为意思自治原则，当事人依法享有自愿订立合同的权利、合同当事人法律地位平等，不应当强求一方当事人与另一方当事人签订合同。"[②]

（二）因履行费用过高致使合同目的不能实现

1. 履行费用过高的判断标准。对履行费用过高的定义，立法机关有关释义这样规定："指履行仍然可能，但确会导致履行方负担过重，产生不合理的过大的负担或过高的费用。"[③] 最高人民法院有关理解与适用的定义为：履行费用又称履约费用，即指合同虽然可以继续履行，但债务人履约的成本远远大于其获得的履行利益，或者强制实际履行需要花

① 参见黄薇主编:《中华人民共和国民法典合同编释义》，法律出版社 2020 年版，第 80~81 页。

② 参见滁州恒安房地产开发有限公司与王某商品房预约合同纠纷案，案号为（2021）皖 11 民终 2097 号；类似的案件还有周某漩与长沙新力鸿房地产开发有限公司预约合同纠纷案，案号为（2021）湘 0103 民初 10139 号。

③ 参见黄薇主编:《中华人民共和国民法典合同编释义》，法律出版社 2020 年版，第 272 页。

费很长时间，实际履行不利于社会资源的有效配置，失去了经济的合理性。从以上两个权威解释的定义看，履行费用的判断标准一般为两个方面：一是继续履行将导致履行成本与履行收益不成正比；二是继续履行将导致社会资源的浪费，缺乏经济上的合理性。新宇公司诉冯某梅案即是典型案例，一审法院从侧重于避免资源浪费角度说理："（案涉房屋）因双方当事人之间的互不信任而被闲置，这种状况不仅使双方当事人的利益受损，且造成社会财富的极大浪费，不利于社会经济发展。"二审法院则更侧重于上述第一种标准说理："履行费用过高，可以根据履约成本是否超过各方所获利益来进行判断。当违约方继续履约所需的财力、物力超过合同双方基于合同履行所能获得的利益时，应该允许违约方解除合同，用赔偿损失来代替继续履行。"典型案例还有罗某与辽宁省鞍山市海城市感王镇邓家台村村民委员会（以下简称邓家台村委会）土地承包合同纠纷案，法院认为："该案中，如果让邓家台村委会继续履约，则必须拆除海城市振东新材料加工厂厂房，履行费用过高；且即使拆除厂房，现厂房占用的土地亦不再适合植树，《承包荒山合同》的合同目的仍无法实现。""由于邓家台村委会的违约行为，客观上造成邓家台村委会与罗某斌的《承包荒山合同》中涉及的部分土地已经不能再由原承包人继续承包经营，而且继续履行所需财力、物力超过合同双方基于合同履约所能获得的利益时，法律上允许违约方解除合同，以承担违约责任的代价换取对合同义务履行的免除。"[①]因此，当债务人继续履行的费用过高时，尽管存在继续履行的可能，显而易见，因给债务人造成了过重的负担，或者导致社会资源的巨大浪费，债务人的合同目的已无法实现，因此应允许违约方在此情况下解除合同。

在判断履行费用是否过高时，具体可使用比较法或者经济学上的比例原则予以衡量：（1）履行的费用与履行收益。此时需要说明的是，履

① 参见罗某与辽宁省鞍山市海城市感王镇邓家台村村民委员会土地承包合同纠纷案，案号为（2022）辽03民终433号。类似的典型案例还有李某与方仕公司摊位租赁合同纠纷案，案号为（2012）高民申字第2595号。

行收益是指债权人通过履行所可能获得的收益，还是债务人通过履行所可能获得的收益？通过上述两个权威解释，笔者认为二者均可以作为比对对象，即当债务人的履行费用严重大于合同当事人任何一方通过履行所可能获得的收益时，都可以被认为是履行费用过高。(2)履行的费用与替代交易的费用。在此情形下，通过比对债权人同时期市场上同等水平的替代交易所需的费用多少，与债务人履行费用予以比较，也能够确定履行费用是否过高，替代交易的费用既可以通过一般市场询价，也可以通过评估、鉴定等方法予以确定。以最近常见的情形为例：甲向乙购买了一批货物，假定正常情况下甲地与乙地之间的运输费用为100元，但由于乙地受疫情影响，甲地与乙地之间的运输成本急剧上升为200元，而与甲乙之间距离相近的丙地甚至更远的丁地由于未受疫情影响，其运输成本远低于200元，在甲能从丙地或丁地以同样市场价格购买同样货物的情况下，此时可以视为履行费用过高，应允许乙解除合同，甲可以替代交易实现合同目的，乙仅需赔偿甲多支付的运费成本即可。(3)履行的费用与充分违约损害赔偿的数额。此种情形实际上与债权人履行收益分析法类似，即债权人通过履行合同所可能获得的收益一般会被认为债务人违约给债权人造成的损失，当然，此种可期待利益应当以债务人的可预测性为限。此时，如果违约损失赔偿的数额足以弥补债务人的损失，且违约损失的数额远小于履行费用，亦应当允许违约方解除合同，用违约损失替代实际履行。

2. 履行费用过高的适用场景。关于履行费用过高的适用场景，与债务的标的不适于强制履行一样，《民法典》第580条规定的适用前提均系非金钱债务的履行。但二者显著不同的是，金钱债务不存在无法强制履行的问题，故债务的标的不适于强制履行无法适用于金钱债务的情形。但履行费用过高则不同，金钱债务的情形下，一样存在履行费用过高的问题。比如，在房屋租赁合同中，商业经营性承租人因经营失败或新冠疫情导致持续亏损，此时承租人继续履行合同的收益为0，而其履行费用（房屋租金+其他经营成本）却不断增加，尽管承租人此时的债务为金钱债务，但当其履行成本与履行收益严重失衡，亦应当考虑允许其提前解除合同。所不同的是，因可归责于承租人的事由（如经验不足导致的经营失败）导致的合同解除，承租人应承担违约责任，而因不可归责于承租人的事由（如疫情影响），承租人可部分或全部免除其违约责任。典型案例如上文提到的张某与谭某万租赁合同纠纷案：谭某万（出租人）与张某（承租人）于2020年1月签订《门市租赁合同》一份，合同签订后，张某向谭某万支付了一年的租金，并对该门市进行了装修，拟经营餐饮。随后疫情暴发，餐饮停业经营，至2020年3月16日恢复经营。其间，张某因生计被迫外出务工，门市转租亦未成功，一直闲置，至2020年10月张某提出解除合同，但谭某万不同意，双方协商未果。2021年5月，谭某万起诉张某要求其支付2021年1月至2022年1月之间的租金及违约金，张某则反诉请求解除合同并返还超付租金、押金、电表开户费等。一审法院认为，疫情导致张某无法经营餐饮的期限为一个月左右，之后餐饮业陆续恢复正常营业，因此，新冠疫情并不必然导致合同目的无法实现，张某经营困难、亏损严重、无法继续经营，系其自身的商业风险，遂判决支持了谭某万的诉讼请求。二审法院则认为，"张某虽为违约方，但从合同的履行过程看，其确系受新冠疫情及市场经济等多种因素的影响，无力再继续经营门市，并无违约的主观恶意，且用于门市经营的设施设备已拆除或变卖，不具备继续经营的条件。如合同继续履行，除应当缴纳租金外，张某还需再投入大量资金购买相应的设施设备并再次对门市进行装饰装修，对张某来说，继续履行费用确实过高，租赁合同目的已无法实现"，并最终判决解除案涉租赁合同，由张某向谭某万支付四个月的租金作为违约金以弥补谭某万的损失。[①] 此类案件在现实中并非个案，而是大量存在。由此可见，履行费用过高的适用场景亦应包含金钱债务的情形，才能更好地解决现实中的合同僵局问题。

① 参见张某与谭某万租赁合同纠纷案，案号为（2021）川16民终751号。

（三）债权人在合理期限内未请求履行

1. 债权人在合理期限内未请求履行的含义。履行合同义务需要债务人进行特定的准备和努力，如果履行期限已过，并且债权人未在合理期限内请求债务人继续履行，债务人则可能会推定债权人不再坚持继续履行。债权人在很长时间之后才请求继续履行，如果支持债权人的继续履行，会使债务人长期处于不确定状态之中，随时准备履行，且会诱使债权人的投机行为。[①] 上述请求履行是指未采取任何方式主张履行请求权，既包括债权人未直接向债务人请求履行，也包括债权人未通过诉讼、仲裁等司法程序请求履行。当合理期限经过后，债务人有理由相信债权人已放弃了请求履行的权利，即债务人会产生一种债权人将不行使权利的信赖，基于这种信赖从而排除债权人要求继续履行的权利，如果再允许债权人要求债务人履行债务，则对债务人而言已不具有可期待性。对此有学者将该款规定为“白地规定型漏洞”[②]，即法官基于诚信原则对于合理期限根据个案具体情形进行判断。

2. “合理期限”的认定。适用该条的关键在于“合理期限”的认定。对于此处“合理期限”的性质，有的学者认为本条文的合理期限应当理解为诉讼期间；[③] 有的学者认为合理期限为除斥期间；[④] 崔建远教授认为，本条文的合理期限既非诉讼时效也非除斥期间，而是失权期间；韩世远教授亦持此观点。[⑤] 对此，最高人民法院的权威观点也认为：这里的“合理期限”是一个不确定的概念，既非诉讼时效，亦非除斥期间，不存在中止、中断的问题。[⑥] 笔者赞同失权期间的说法，因为诉讼时效和除斥期间的时间长短需要法律进行明确规定，当事人无权通过约定更改。而

---

① 参见黄薇主编：《中华人民共和国民法典合同编释义》，法律出版社 2020 年版，第 158 页。

② 参见梁慧星：《民法解释学》，中国政法大学出版社 1995 年版，第 261 页。

③ 参见蔡晓明：《〈合同法〉中合理期限规定的理解与适用》，载《中国律师》2012 年第 1 期。

④ 参见高丰美等：《合同解除权行使“合理期限”之司法认定——基于 36 份裁判文书的分析》，载《法律适用》2019 年第 22 期。

⑤ 参见韩世远：《合同法总论》，法律出版社 2018 年版，第 771 页。

⑥ 参见最高人民法院民法典贯彻实施工作领导小组主编：《中华人民共和国民法典合同编理解与适用（二）》，人民法院出版社 2020 年版，第 739 页。

此处的"合理期限"，既可以由当事人事先约定，又可以由当事人事后协商，当事人无法协商一致的，还可以请求法院或仲裁机构按照合同有关条款或者交易习惯等予以确定。

对于"合理期限"的判断标准，目前缺乏有关权威机关的具体解释，一般来说，对"合理"期限的判断，应结合涉案合同的种类、标的、性质、目的、履行情况、交易习惯等因素，并结合诚信原则予以综合判断。比如，甲向乙购买一批月饼，双方约定在中秋节前两周交付货物，但甲并未要求乙履行合同，在此期间乙尝试联系甲未果，乙不得已将月饼卖与他人。中秋节后，甲出现，请求乙继续履行交付月饼并赔偿损失，此时的合理期限应当结合标的物"月饼"的特殊性质，认定为合理期限最迟为截至中秋节，甲未在合理期限内要求乙履行，致使乙产生合理信赖，已缺乏继续履行的可期待性。实践中也有观点认为，在当事人发生违约后，债权人在一定期间内（此期间可借鉴诉讼时效）未要求债务人继续履行，也可视为超出"合理期间"。[①]

3. 合理期限经过致使合同目的无法实现，债务人可请求解除合同。合理期限经过后，债权人在合理期限内未请求履行致使合同目的无法实现的，才产生违约方可诉请解除合同的法律效果。期限经过可能影响合同目的的情形有：第一，债权人怠于行使权利的情形致使违约方应受保护的利益处于无法实现的状态，如当事人约定以全部履行供货义务为付款条件；第二，标的物在合理期限内市场价格发生明显变化，继续履行对违约方明显不公平；第三，债务人履约能力发生巨大减损。在以上情况下，合同已无继续履行的可能或继续履行明显不公平，则违约方可请求解除合同。

① 参见某水务公司与某装饰公司买卖合同纠纷案，案号为（2021）沪民终 2526 号，郑军欢、俞悦编写，获全国法院系统 2021 年度优秀案例分析三等奖。该案中，法院认为：某装饰公司在合同约定的交货期届满后曾向某水务公司主张履行，但其之后长达两年多的时间内怠于向某水务公司主张履行的行为已构成《民法典》第 580 条第 1 款规定的"债权人在合理期限内未请求履行"的除外情形。

第八章 金钱债务合同僵局下债务人合同解除权的解释路径

一、金钱债务合同僵局下债务人合同解除权的规则路径

与非金钱债务不同的是，民法理论通说认为金钱债务不存在履行不能的问题，因此，金钱债务合同僵局下债务人合同解除权的规则路径，其根源来自民法上的公平原则，是个案中法官对当事人合同权利义务进行利益衡量的结果。从情势变更的构成要件来看，其核心内容即是对公平原则的具体体现。但由于情势变更原则仅适用于非可归责于当事人之客观事由导致的合同僵局，故其无法解决全部金钱债务合同僵局的问题。如此一来，我国现行法律中没有关于金钱债务合同僵局的破解规则，该问题尚属于“规则型漏洞”，而法官又不能拒绝裁判，所以只能寻求法律原则去填补该规则漏洞，金钱债务合同僵局在情势变更无法解决的溢出部分只能交由公平原则予以填补，二者实际上是包含与被包含的关系。通过图 8-1 可以更加形象地展示：

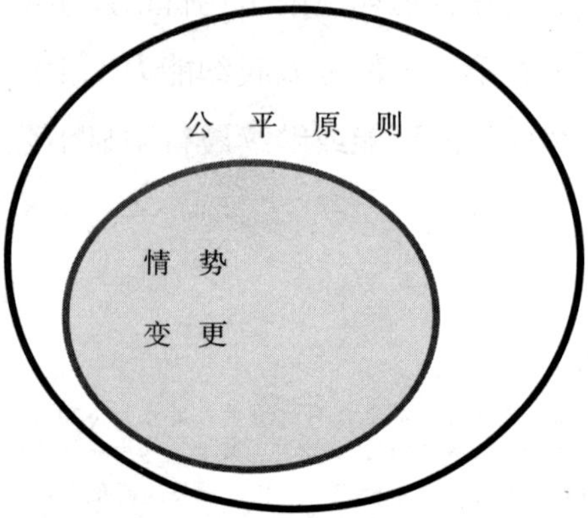

图 8-1 金钱债务合同僵局下债务人合同解除权的规则适用示意图

二、金钱债务合同僵局下合同目的不能实现的具体情形

（一）金钱债务的继续履行对债务人明显不公平

为解决金钱债务下的合同僵局问题，有必要设计其破解之道。此类合同僵局，一般出现在以持续性履行为内容的合同或者分期履行的合同中，如典型的租赁合同以及分期付款买卖合同，由于金钱债务的内容为给付一定数量的货币，故通说认为金钱债务不存在无法强制履行的情况，即便债务人暂时丧失了履行能力，《合同法》并没有金钱债务可以对抗债权人履行请求权的抗辩条款。金钱债务的合同僵局情形下，债务人欲打破合同僵局，只能通过情势变更和不可抗力规则，而二者适用的前提，均是由于非可归责于债务人的原因导致的合同客观基础发生变化，有严格的适用范围。实践中大量的因债务人主观原因导致的合同僵局无法得以解决，因此设计金钱债务的违约方合同解除规则是必要且现实的。

1.“显失公平”还是“明显不公平”。在《全国法院民商事审判工作会议纪要》第48条中，对允许违约方起诉解除合同的条件，采用了“违约方继续履行合同，对其显失公平”的表述。在《民法典（草案）》中，关于违约方合同解除规则，最初的表述是“明显不公平”，后改为“显失公平”，然而却遭到更猛烈的批评，因此到底采用“显失公平”或“明显不公平”哪一个表述更为恰当？有必要予以辨明。笔者认为此处应当采用“明显不公平”的表述更为恰当，理由为：第一，显失公平是一个明确的法律概念，有其特定的内涵。“显失公平”最早出现在《民法通则》第59条，是我国民事法律行为可撤销的原因之一，《民法典》第151条[①]同样将“显失公平”作为可撤销民事法律行为的情形之一予以规定。根据权威解释，“显失公平”有两项要件：一是主观上，民事

---

① 参见《民法典》第151条规定：“一方利用对方处于危困状态、缺乏判断能力等情形，致使民事法律行为成立时显失公平的，受损害方有权请求人民法院或者仲裁机构予以撤销。”

法律行为的一方当事人利用了对方处于危困状态、缺乏经验和判断能力、急迫、轻率等不利的情形。比如，一方利用对方家有重病患者、为治疗病患出卖房产之机，以远低于市场价格购买该房产，或金融机构从业人员利用一些中老年人缺少判断能力而以高价向其兜售实际收益率较低的产品。二是客观上，双方当事人的民事法律行为的权利义务明显失衡，显著不相称。从显失公平的构成要件来看，主观要件和客观要件缺一不可，但合同僵局中的不公平仅强调客观上继续履行合同会导致当事人之间的利益显著失衡，并不要求当事人有利用对方危困状态或缺乏判断能力的主观故意。因此，此处采用"明显不公平"的表述更为恰当。第二，采用"明显不公平"的表述，与情势变更规则的表述能够一致起来。其实，情势变更规则本身就是为了解决一些不可归责于当事人的客观事由下的合同僵局，与违约方合同解除规则有相通之处，因此，二者均采用"明显不公平"的表述更切合实际。

2. 强调金钱债务情形下债务人继续履行合同"明显不公平"，其法源来自公平原则。公平原则是民法的基本原则，与诚信原则一样，均是民法的基本原则。公平原则贯穿了从合同订立到终止以及违约责任的全过程。当事人因重大误解或显失公平订立的合同，因违反公平原则可予以撤销；合同履行过程中，因合同的基础条件发生变化或不可抗力导致继续履行合同违反公平原则，当事人可基于情势变更规则或不可抗力规则解除合同；当事人约定的违约责任违反公平原则，当事人可以据此主张调整；合同的损失因为债权人不积极减损导致扩大，债务人可基于公平原则予以减免。这些制度的构建，都是以公平原则为基础。因此在构建违约方合同解除规则时，公平原则依然是该规则的法理基础。比如，上文的"履行费用过高"也体现了公平原则，那么金钱债务情形下债务人继续履行合同"明显不公平"亦是公平原则在违约方合同解除规则中的具体体现。实践中大量的案件，法院在支持违约方解除合同时，无论是裁判文书中说理还是法律依据的援引，均依据了公平原则。在深圳金色田园教育科技股份公司与欧某杰特许经营合同纠纷案中，当特许经营期限未届满，法院依据公平原则解除了双方的合同。在蔡某建与遂昌星承酒店管理有限公司合同纠纷案中，法院认为："从衡平双方当事人目前利益受损状况和今后长远利益出发，依照公平和诚信原则，尽管案涉合同合法有效，也尽管蔡某建等业主在履行合同过程中没有任何违约，本案的合同也应当解除。"① 根据笔者统计的违约方解除合同的裁判文书，在法律适用上，援引《合同法》第 5 条及《民法典》第 6 条公平原则的案件占支持违约方合同解除案例的 23%；② 在 100 篇支持违约方解除合同的裁判文书中，在一审裁判理由部分"公平"出现的次数为 41 次，可见公平原则在违约方解除合同案件中适用的重要性和广泛性。

3. "明显不公平"的判断标准。由于"明显不公平"的认定标准过于抽象，也无法有统一明确的判断标准，而是依赖于法官根据每个具体案件的不同事实，结合具体情形予以判定，需要依赖法官的自由裁量权，因此制定明确、统一的"明显不公平"标准，不太具有可能性。尽管如此，仍可通过对实践中的一些普遍性、典型性情况进行归纳总结，以资借鉴、进行判断：

第一，合同履行过程中，违约方承担的成本显著增加，而另一方通常为守约方则未受不利影响。该条标准系借鉴情势变更规则中的"明显不公平"有关案例。在司法实践中，最高人民法院关于情势变更原则中对有关"明显不公平"的认定值得借鉴。比如，吴某霖与王某羽房屋租赁合同纠纷案中，最高人民法院认为："只有在合同的履行利益低于维持利益，即出租方继续履行合同所得对价将难以维持房屋适租状态及支付必要成本时，方宜认为构成《最高人民法院关于适用〈中华人民共和国合同法〉若干问题的解释（二）》第 26 条规定的'明显不公平'之情形。"③ 成都鹏伟实业有限公司（以下简称鹏伟公司）与江西省永修县

① 参见蔡某建与遂昌星承酒店管理有限公司合同纠纷案，案号为（2021）浙 1123 民初 1315 号。

② 参见（2021）黔 03 民终 9388 号、（2021）陕 10 民终 556 号、（2021）湘 01 民终 12973 号、（2021）辽 09 民再 29 号、（2021）黔 03 民终 6953 号、（2020）粤 03 民终 31084 号、（2021）浙 1123 民初 1315 号、（2021）浙 1123 民初 1312 号等。

③ 参见吴某霖与王某羽房屋租赁合同纠纷案，案号为（2017）最高法民申 3380 号。

人民政府、永修县鄱阳湖采砂管理工作领导小组办公室（以下简称采砂办）采矿权纠纷案中，最高人民法院认为："在此情况下，仍旧依照合同的约定履行，必然导致采砂办取得全部合同收益，而鹏伟公司承担全部投资损失，对鹏伟公司而言是不公平的。"[①] 由以上案例可以归纳出：在履行过程中，合同一方（通常为违约方）承担的成本显著增加，而另一方（通常为守约方）则不受不利影响。实践中，此类情况也较为常见。比如，房屋租赁合同中，承租人因工作变动导致距离显著变远，其继续履行原承租合同将显著增加其成本（包括通勤中的时间成本和路途变远增加的费用成本），而出租人则不受影响。类似的还有，如设备租赁合同中，承租人租赁出租人的厂房和设备开展生产，但由于生产设备需要的原料天然气价格持续大幅上涨，导致其继续履行合同成本显著增加，而市场上有另一种工艺设备能够生产出同样的产品，且该设备所需的原材料价格并未上涨。

第二，利益衡量标准。违约方继续履行合同的成本与合同双方可获得的利益严重失衡，也即"成本—收益法"。新宇公司诉冯某梅案就是典型案例，此外，现实中因经营失败导致债务人履约能力丧失的情况也属于此类情形，如仇某军与汪某华租赁合同纠纷案。汪某华租赁仇某军的养殖场从事生猪养殖，期限10年，但汪某华进场养殖生猪后一个月左右，由于其管理不善，出现生猪瘟疫事件，后猪场内所有生猪均被扑杀处理，所存饲料亦被处理，养猪场停止经营。该案中，汪某华经营失败与出租人仇某军无关，但汪某华的确因经营失败丧失履约能力。法院认为："汪某华承租养殖场不久后便发生生猪疫情，其不但未能获利，而且遭受了较为严重的经济损失。在此情况之下，继续履行租赁合同，需要重新投入人力物力财力，恢复生猪养殖，将会加重汪某华的经济负担，使得合同当事人之间的利益更加失衡，对汪某华显失公平。"[②]

① 参见成都鹏伟实业有限公司与江西省永修县人民政府、永修县鄱阳湖采砂管理工作领导小组办公室采矿权纠纷案，案号为（2008）民二终字第91号。

② 参见仇某军与汪某华租赁合同纠纷案，案号为（2021）苏12民终2183号。

第三，履行费用与替代交易成本比较法。如上文所述，非金钱债务履行费用过高是支持违约方解除合同的重要理由，金钱债务也可能存在此种可能性。根本原因在于履行费用过高与明显不公平具有同质性。当市场上存在其他合理替代交易时，守约方可以通过替代交易实现其合同目的。举例说明：甲承租乙的房屋从事餐饮经营，但受疫情影响，甲的营业收入锐减，无力继续承担约定的房租成本，希望提前赔偿一定期限损失，提前解约。此时，乙完全可以通过合理的替代交易（收回房屋，重新出租给未受疫情影响的经营者），而根据市场行情，重新出租需要3个月到半年时间，在甲同意赔偿其半年租金损失的情况下，乙仍无正当理由拒绝解约，即可视为拒绝合理替代交易。

第四，债务人不履行金钱债务，系由第三人所致。此种情况下，债务人不履行金钱债务的违约情形，是由于第三人的过错所致，继续履行将对债务人明显不公平。实践中的典型例子为近期频发的“房贷断供现象”，在商品房按揭借款合同中，由于出卖人（房地产开发商）资金链断裂或其他原因，导致楼房烂尾，此时买受人无法按期取得房屋，合同目的已不能实现，同时买受人作为房屋按揭贷款的借款人，选择“断供”，不再偿还房屋按揭贷款。由于“断供”的原因并非由买受人自身所引发，因此若强制买受人继续偿还借款，的确对买受人明显不公平，因此应当允许买受人在解除房屋买卖合同的同时，作为违约方亦应允许其解除房屋按揭贷款合同。

（二）债务的标的不适于强制履行

在金钱债务合同僵局中，除了继续履行对债务人明显不公平这一情形应当允许债务人打破合同僵局之外，实践中还有另外一种情况：那就是债务的标的不适于强制履行。传统观点认为，金钱债务不存在履行不能的情况，一般来说也就不存在不适于强制履行的情况。但在司法实践的很多个案中，给人的感觉却并非如此。比如，房屋租赁合同中，并不能强制承租人对案涉房屋的占有与使用，一旦承租人搬离房屋，放弃对房屋的占有和使用，合同往往会陷入僵局。有观点认为，承租人对案涉房屋的占有和使用是其合同权利，并非合同义务，合同权利是可以放弃的，承租人违约可以放弃占有和使用案涉房屋的权利，但必须履行支付房屋租金的义务，因为支付房屋租金的义务属于金钱债务，不存在履行不能或不适于强制履行的情况。的确，笔者亦承认承租人对案涉房屋的占有和使用是其合同权利，但若依据上述理论，可能会得出一个可怕的结果：出租人可以永远不行使合同解除权，只要约定的房租对其有利，不管承租人是否占有与使用房屋，均应当向其支付房屋租金。这有可能导致现实中出现大量的房屋被闲置、资源被浪费、承租人拒不支付房租的情形。与其让房屋长时间闲置浪费资源，为何不能允许承租人打破合同僵局，双方另外寻找合同的交易机会呢？其背后的理论基础又是什么？为什么说在此种情况下属于债务的标的不适于强制履行呢？这是因为在大量的双务合同中，债务人为金钱债务一方时，合同另一方也即债权人的合同义务存在以下两个特点：（1）不适于强制履行是指债权人的合同义务不适于强制履行。（2）不适于强制履行的原因是债权人的合同义务指向债务人的人身，而非物。也就是说，在此类双务合同中，债权人的合同义务所指向的标的为债务人人身，而非物或其他可适于强制履行的客体。归根结底，其法理来自“法律不强人所难”或者“法律不能强迫人为某一特定行为”。比如，比较典型的合同就是租赁合同，出租人的合同义务是向承租人交付房屋供承租人占有与使用，该合同义务所指向的标的并非房屋，而是承租人占有、使用房屋的行为；又如，土地流转合同，发包人的合同义务是向承包人交付土地，该合同义务所指向的标的并非土地，而是承包人占有、使用土地的行为；再如，客运合同，承运人的合同义务是将旅客运送至其指定的目的地，该合同义务指向的并非交通工具，而是旅客的乘坐行为。我们可以发现，在这些合同中，负有履行金钱债务的合同一方当事人一旦违约，合同将可能陷入僵局无法履行。就前述客运合同而言，旅客购买火车票后可以改签、退票等，其可以随时违约或解除合同，而只需承担违约责任即可（如退票要扣掉 20% 的手续费）。因此，理解了这一点，也就能够理解金钱债务合同僵局中，也是存在不适于强制履行而应当允许债务人打破合同僵局的情况。

（三）金钱债务典型合同中不适于强制履行分析

金钱债务典型合同中不适于强制履行的种类，在司法实践中，最为典型的有以下三种：一是租赁合同纠纷，尤其以房屋租赁和土地租赁最为常见；二是买卖合同纠纷，以房屋买卖合同最为常见；三是服务合同纠纷，以旅游合同、教育培训合同等最为常见。下面对三种类型的合同进行简要分析，以明确违约方合同解除权的具体适用情况。

1. 债务人合同解除权在租赁合同中的具体适用。租赁合同是《合同法》中典型的继续性合同，也是重要的有名合同。司法实践中，租赁合同是最为常见的合同类纠纷之一。由于租赁合同的解除往往会涉及房屋、土地等大额标的，当事人的争议也较大，审理起来颇为棘手，因此研究租赁合同中违约方合同解除权的具体适用，具有重要的意义。

关于继续性合同的解除，有学者提出参考《德国民法典》的“重大事由”解除制度予以解决。[①] 但笔者认为，鉴于我国《合同法》中并没有如《德国民法典》中“合同终止”的特定概念和制度，以“重大事由”解除合同在司法实践中缺乏可操作性，而且何谓“重大事由”本身即为非常宽泛的概念，可能会比“不适于强制履行”赋予法官更为宽泛的自由裁量权。因此笔者认为，继续性合同僵局还是以现有规则为基础，限定解释为违约方合同解除权更为妥帖。下文以租赁合同为例，简要予以分析：

第一，从起诉主体来看，司法实践中既可能是出租人，又可能是承租人，无论哪一方起诉都有可能涉及租赁合同僵局的问题。但起诉主体不同，对合同效力的认定则有所不同。房屋租赁合同僵局案件中，一般

① 参见韩世远：《继续性合同的解除——违约方解除抑或重大事由解除》，载《中外法学》2020 年第 1 期；陆青：《合同解除论》，法律出版社 2022 年版，第 268~272 页。

而言，违约方为承租人一方占据多数，原因在于如果出租人欲提前解除租赁合同，一般要证明承租人存在违约行为，而这并不容易。实践中最常见的情形为：一是出租人起诉请求承租人支付租金，承租人则抗辩合同已经解除；二是承租人主张合同陷入僵局，提起诉讼请求解除合同。在第二种情形下，法院只需要审查合同是否确已陷入僵局，然后看是否支持承租方的诉讼请求。问题是在第一种情形下，承租人仅仅行使抗辩，而未提起反诉，此时根据查明的事实，合同确已陷入僵局，不适于继续强制履行。根据不告不理原则，也只能判决驳回出租人的诉讼请求，而不能判决解除合同。此时法官是否有义务释明出租人变更诉讼请求为解除合同，实践中也存在很大争议。上文有所论述，此时这种抗辩权该如何审查，因涉及诉讼法上的原理，有待进一步地论证。

第二，租赁合同僵局中支持违约方解除合同的裁判依据分析。经统计分析，此类合同中支持违约方解除合同的裁判依据比较多样，既有公平原则、诚信原则，又有情势变更及《民法典》第580条，其中援引《民法典》第580条占据多数。究其原因，首先，受“新宇公司诉冯某梅案”的影响。其次，认为承租人占有、使用租赁物的行为不适于继续履行，如在程某与山东圣凯职业有限公司房屋租赁合同纠纷案中，法院即认为“双方矛盾已深，合作基础已不存在，承租人已搬离，所以不适于强制履行”。[①]同时，认为不符合《民法典》绿色原则，造成资源浪费的观点也在支持租赁合同僵局违约方解除合同案件中逐渐增加，其裁判理由的表述通常为“避免社会财富浪费”“不利于资源的有效配置”“长期闲置会双方均不利益”等。总之，不适于强制履行的裁判理由在支持违约方解除合同的案例中得到了有效的支持。

2. 债务人合同解除权在买卖合同中的具体适用。买卖合同是《合同法》中最为重要和常见的典型合同，位于《合同法》分则有名合同的首位，因此研究债务人合同解除权在买卖合同中的具体适用，也具有非常

① 参见程某与山东圣凯职业有限公司房屋租赁合同纠纷案，案号为（2015）历民初字第2176号。

重要的意义。一般而言，除分期付款买卖合同外，买卖合同通常被认为是一时性合同。因此一时性合同僵局中尤其以买卖合同最为典型。司法实践中，房屋买卖合同又是以买卖合同最为常见，而且通常标的额较大，当事人的争议也较大。

第一，违约方主体系买受人还是出卖人对法律适用规则的影响巨大。当违约方主体是出卖人时，如出卖人"一房二卖"或者房屋被查封、抵押而无法过户，或者开发商因为资质不全无法办理证书或者因资金链断裂房屋"烂尾"，此时无论哪一种原因，合同僵局明显为非金钱债务的合同僵局，在适用法律规则时应当适用非金钱债务合同僵局规则，其中尤以法律上履行不能或事实上履行不能最为常见。也就是说，房屋在法律上或者事实上无法交付，合同的结果只能解除，违约方承担损害赔偿即可。因此本节讨论的是当违约方是买受人时的合同僵局，因为买受人的合同义务即为支付合同价款，此时应当如何适用法律规则是笔者考察的重点。

第二，当违约方是买受人时，支持违约方解除合同的理由主要为不适于强制履行。在笔者统计的 18 件房屋买卖合同案件中，买受人违约的情形主要包括：买受人迟延支付房屋价款、买受人因限购政策无法办理按揭贷款、买受人因征信问题无法办理房屋按揭贷款[①]、买受人认为"买贵"了而违约、买受人无力偿还按揭贷款的"月供"等。在高某超与河南郑地润新实业有限公司商品房买卖合同纠纷案中[②]，开发商要求高某超支付剩余购房款 69 万元，高某超则以无力偿还按揭贷款"月供"为由反诉请求解除合同，要求开发商退还首付款、定金等。法院经审理认为"购房人购买并使用房屋不适于强制履行，至此本案房屋买卖合同的目的无法实现。此时，应允许违约方解除合同，用赔偿损失来替代继

---

① 参见田某帅与青岛海博置业有限公司房屋买卖合同纠纷案，案号为（2022）鲁 02 民终 1100 号。田某帅因个人征信问题无法办理按揭贷款，一、二审法院均支持了解除合同的诉讼请求，只是对解除时间认识存在差异。

② 参见高某超与河南郑地润新实业有限公司商品房买卖合同纠纷案，案号为（2021）豫 0183 民初 8490 号。

续履行”，并最终判决解除了合同。在赵某与张某鲁房屋买卖合同纠纷案中，买受人张某鲁在签订合同后因得知案涉房屋邻里关系不好相处而在他处购置了房产并办理了网签，法院经审理后认为张某鲁虽然违约，但案涉房屋买卖合同不适于继续强制履行从而判决解除了合同。[①] 当然，在买受人因个人原因无法办理按揭贷款请求解除合同的案件中，也有法院判决驳回诉讼请求的情况。比如，张某峰与黄某房屋买卖合同纠纷案，原告张某峰以其无法办理银行按揭贷款为由，申请解除合同。法院认为张某峰为违约方，不享有合同解除权，并以双方曾约定“若张某峰未能通过银行贷款审批的情况下，于 2021 年 10 月前全额支付房款，该约定及承诺视为张某峰具备全额支付房屋购房款的经济能力”为由，判决驳回了张某峰的诉讼请求。但随之而来的问题是，该合同能否继续履行，若张某峰确无实际履行支付房屋价款的能力，则该约定即便有效，合同能否继续履行？笔者认为，答案应该和前述案件相同，因为“购房人购买并使用房屋的行为不适于强制履行”，故合同最终结果可能还是解除，只是不影响当事人违约责任的承担罢了。

综上所述，从以上案例中可以看出，在房屋买卖合同中，当构成金钱债务合同僵局时，法院一般会以合同不适于强制履行为由解除合同，该理由亦是打破金钱债务合同僵局的重要依据。

3. 债务人合同解除权在服务合同中的具体适用。服务合同在现实生活中可以说是多种多样，涉及人们生产生活的方方面面。正因如此，在《民法典》中服务合同难以作为典型有名合同的一种予以专章规定，但根据最高人民法院《民事案件案由规定》第 137 条规定，服务合同纠纷项下包含了 22 个子项目，如常见的有快递服务合同纠纷、旅游合同纠纷、餐饮服务合同纠纷、网络服务合同纠纷、教育培训合同纠纷等。从子项目的具体规定可以看出，服务合同的大多数情况属于一时性合同或即时结清的合同，但也有一些继续性合同，如教育培训合同一般就是典

① 参见赵某与张某鲁房屋买卖合同纠纷案，案号为（2021）湘 01 民终 10882 号。

型的继续性合同。通过分析这些合同中金钱债务僵局的适用问题，可以进一步明确“不适于强制履行”在违约方合同解除权案件中的具体表现。

第一，从服务合同的含义和性质来看，所谓服务合同就是指服务接受人通过支付一定的金钱对价获得服务提供人提供的某一种特定的服务。从性质上看，绝大部分服务合同都具有人身专属性，这是服务合同与其他合同最为典型的区别之一。当然，绝大多数的一时性或即时结清的服务合同，很难形成合同僵局，但在一些继续性服务合同中，现实中陷入合同僵局的案例也并不少。首先，在这些合同僵局中，违约方是提供服务方时，其性质即是非金钱债务的合同僵局，一旦服务方拒绝提供某一项服务，因这些服务都具有人身依附性，依据“法律不得强迫任何人为一定行为”的理念，合同即无继续履行的可能，此时接受服务方可以要求赔偿损失并可以在市场上寻找类似的替代交易，因此服务合同在非金钱债务合同僵局中比较容易理解。其次，当服务合同中，违约方是接受服务方时，其具体表现形式是因某种原因拒绝接受服务提供方的服务并拒绝支付金钱对价，或要求提供服务方返还金钱对价，这就形成了服务合同中金钱债务的合同僵局。

第二，“不适于强制履行”在服务合同金钱债务合同僵局中的适用。在服务合同金钱债务合同僵局中，常见的情形一般有两种：一是接受服务方拒绝继续领受服务，要求提供服务方返还尚未消耗的金钱对价；二是接受服务方拒绝继续接受服务因而拒绝支付后续服务费，提供服务方要求接受方支付服务费。比如，孙某与某理发店服务合同纠纷案中，孙某在该理发店办理了会员卡一张并预先充值一定金额，后因为疫情防控原因，孙某无法前往该理发店理发，故要求理发店退还卡内剩余款项。理发店则认为疫情只是暂时性的，且孙某在之前的理发中已享受会员服务，不同意退卡。法院经审理认为“孙某前往该理发店理发的行为不适于强制继续履行”，引用《民法典》第580条判决解除合同，理发店返还卡内剩余款项。[①] 在司某某与泰医公司、刘某某教育培训合同纠纷案中，司某某与泰医公司达成一致，由该公司为司某某提供医疗设备工程师培训服务。合同签订后，司某某仅完成了理论课程，未进行实操课程并要求泰医公司返还培训费，双方协商未果，司某某遂诉至法院。法院判决认为："本案为教育培训合同纠纷，对司某某而言，接受泰医公司提供的教育培训系其合同权利，同时也是泰医公司应当履行的合同义务，该项合同义务的履行，具有人身依附性，在司某某拒绝继续履行合同的情况下，本案教育培训合同不适于继续强制履行。"[②] 在杭州申能信息科技有限公司诉广州雷卡贸易有限公司（以下简称雷卡公司）服务合同纠纷案中，法院认为："鉴于案涉合同履行内容具有的特性，当违约方即本案雷卡公司已经明确表示案涉合同继续履行会给其造成损失且表明其不愿意履行合同，继续履行合同已达不到其签订合同的目的时，应当允许违约方解除合同，用赔偿损失来代替继续履行合同。"[③] 在长沙沸点健身服务有限公司与胡某云教育培训合同纠纷案中，法院认为："胡某云已经以自己的行为明确表示不愿意继续履行合同……缺乏继续履行合同的基础，应当允许违约方胡某云解除合同，但其应承担相应的违约责任。"[④] 在徐某凯与中山市坦洲镇唯音音乐培训室教育培训合同纠纷案中，一审法院驳回了学员徐某凯中途退学解除合同的诉讼请求，但二审法院认为："教育培训合同具有人身依附性，徐某凯前往接受培训是合同能够履行的必要条件，在徐某凯明确表示不愿继续履行合同的情况下，涉案合同事实上难以继续履行，也不适于强制履行，合同目的不能实现，合同应当解除。"反之，司法实践中也有认为服务合同形成僵局时，违约方无权解除合同的案例。比如，陈某谕诉成都清渊健身有限公

① 参见孙某与济南市长清区某理发店服务合同纠纷案，案号为（2022）鲁0113民初4927号。

② 参见司某某与泰医公司、刘某某教育培训合同纠纷案，案号为（2023）鲁0113民初338号。

③ 参见杭州申能信息科技有限公司与广州雷卡贸易有限公司服务合同纠纷案，案号为（2021）粤0111民初24631号。

④ 参见长沙沸点健身服务有限公司与胡某云教育培训合同纠纷案，案号为（2021）湘01民终12973号。

司（以下简称清渊公司）、成都恩纳得健身有限公司服务合同纠纷案，原告陈某谕因工作原因离开成都，无法继续履行合同而诉请解除。对此，法院认为，“陈某谕提出其离开成都不能继续履行合同的主张，实际上是其自身原因造成，而非清渊公司违约行为所致，亦不应得到支持……合同僵局并非赋予了违约方解除合同的权利，其可以通过转让健身卡的方式予以解决”，遂判决驳回了陈某谕的诉讼请求。[①]通过以上案例的总结，绝大多数服务合同金钱债务僵局中违约方要求解除合同的案件都得到了法院的支持，且在比例上占压倒性优势，而支持的理由最主要的就是“不适于强制履行”。

综上所述，本章通过对金钱债务合同僵局中“明显不公平”及“不适于强制履行”要件的释义，阐述了与公平原则的关系，同时结合司法实践中的典型合同案例进行了深入剖析，对建构金钱债务合同僵局中允许违约方解除合同规则进行了探索。

---

① 参见陈某谕与成都清渊健身有限公司、成都恩纳得健身有限公司服务合同纠纷案，案号为（2021）川 0105 民初 18551 号。

结　　论

《民法典》施行后，尤其是近年来受新冠疫情及防控措施的影响，实践中合同僵局案件日益增多，呈爆发趋势。在越来越多的此类案件中，关于违约方是否享有合同解除权的争论，不仅没有因为《民法典》的施行而日渐平息，反而愈演愈烈。不仅一线法官对此认识有较大的差异，判决结果仁者见仁、智者见智，而且律师和当事人在庭审辩论中也是唇枪舌剑，观点针锋相对。合同解除往往事关当事人的重大利益，因此如何正确适用、理解法律，如何妥善化解此类纠纷，实现个案中的实质正义，成为笔者研究该问题的动因。

在第一章，笔者以《民法典》编纂过程中关于违约方解除合同条款几易其稿的前因后果作为切入口，全面回顾了立法过程中因该条款引发的激烈讨论。然后通过归纳总结学术界关于是否赋予违约方合同解除权的各种观点，探求各种观点的理论依据、有无存在的共识、涉及的主要争议焦点等问题，为进一步的研究提供不同的视角和理论基础。学术界对违约方合同解除权的各种争论，也充分说明该问题是一个值得研究的法学课题。

第二章通过考察近三年来关于涉违约方解除合同纠纷的司法裁判情况，一是摸清此类案件的现实生态究竟如何；二是通过实证研究来反观学术上各种观点能否成立；三是看现行法律体系下的违约方解除合同案件的裁判是否存在问题，以反推目前的合同解除体系是否完备，是否存在法律漏洞。首先，回顾了“违约方解除合同”第一案——“新宇公司诉冯某梅案”的意义及之后此类案件的不断扩充与发展情况；其次，对司法实践中违约方合同解除权的主要观点进行了梳理；最后，对500余份相关案例进行筛选、归纳、研究，在裁判现状上可以发现涉违约方解除合同案件逐年增多、地域分布广泛、案由繁多，既涉及金钱债务，也涉及非金钱债务。通过对裁判结果及裁判依据的分析，发现对涉违约方解除合同案件的裁判结果差异巨大，类案不同判的现象较为普遍，同时存在裁判依据混乱，上诉、发改率高，社会效果差等特点。笔者进一步研究发现，问题的根源在于目前我国的法律体系存在逻辑不足、覆盖不全、规范缺失等问题，有必要构建符合我国国情的违约方解除合同规则。

在第三章，笔者运用法解释学及法教义学的方法，对我国现行法律体系中的法定解除权、情势变更、不可抗力、《民法典》第580条的排除继续履行基础上的合同解除规则及《全国法院民商事审判工作会议纪要》第48条的相关规定进行了深入分析，发现上述涉及合同解除的制度均存在各自的缺陷和适用限制，不能完美解决我国现实中存在的合同僵局问题。其中，目前的法定解除权为债权人单独享有，以该条解释违约方享有合同解除权不符合合同法的逻辑体系，也缺乏文义解释、目的解释、历史解释和法教义学上的有效支撑，不能作为支持违约方解除合同的法律依据。情势变更、不可抗力等制度只能解决一部分因客观原因导致的合同僵局情形，适用范围非常有限，且存在一定的交叉混合。《民法典》第580条的排除继续履行基础上的合同解除规则，虽然在司法实践中被称为“违约方解除合同规则”，但实际对其存在普遍的误读和巨大的争议。该条款适用的前提是非金钱债务下的合同僵局，但在大量的金钱债务引发的合同僵局中也适用该条款，受到学者的普遍诟病，也成了当事人争议的主要焦点。而且由于《民法典》第580条的立法体系安排并非处于合同解除的章节，与整个合同法的体例不协调，也引发了实践上的混乱。此外关于《全国法院民商事审判工作会议纪要》第48条的规定，虽然该规定作为实践中的裁判指引和说理理由发挥了重要作用，但该条款并非正式规范，不能援引作为裁判依据，故出现虽然说理是以该条规定为基础，但裁判依据却援引《民法典》第563条或第580条的奇怪现象，法律适用不严谨甚至错误也有损司法权威。总之，通过对不同合同解除规则的梳理，发现法律漏洞，从反面论证了违约方合同解除规则具有现实的紧迫性和必要性。

第四章从正面对违约方合同解除权进行了理论证成。首先，通过为违约方合同解除权正名论证了合同僵局的概念、外延及内涵；违约方合同解除权与违约方“司法终止权”的关系；并回答了为什么不是“违约方司法解除权”的问题。其次，通过广泛引用司法实践中的相关案例，论证了允许违约方解除合同不会动摇合同严守这一合同法的基石，也不会破坏诚信原则。以问卷调查的方式对广泛的司法职业群体进行访问，进一步研究发现违约并不一定是“恶行”、对违约行为的道德性非难应当弱化、违约应是中性等结论，从而反驳了赋予违约方合同解除权会引发道德风险的观点。最后，通过对合同法体系性的考察，从衡平当事人利益，合同的不完备性理论，履行费用过高，替代履行及违约损害赔偿的可行性、充分性等方面论证了应当允许违约方解除合同。在此基础上，进一步提出了合同法应该更加重视效率价值，违约方解除合同符合效率价值的观点和理念，同时对“效率违约”进行分析，反驳了允许违约方解除合同等同于“效率违约”的错误观点。

第五章梳理了我国合同法目前存在的协商解除、约定解除、司法解除、任意解除等合同解除方式，认为目前合同法解除体系存在逻辑不清、体系缺失等问题，并考察了比较法上的成功经验，提出了将我国合同法定解除权进行二元划分的观点，即分为债权人合同解除权与债务人合同解除权。债权人合同解除权采用通知解除的方式，债务人合同解除权的性质为形成诉权，采用诉讼或仲裁解除的方式。同时简要总结了债务人合同解除权的适用情景：情势变更下的债务人合同解除权、履行不能情形下的债务人合同解除权；非金钱债务合同僵局情形下的债务人合同解除权和金钱债务合同僵局情形下债务人合同解除权。

第六章重点对违约方合同解除权的具体适用条件进行了构建，主要包括：（1）违约方行使合同解除权的前提条件为合同僵局；（2）实质要件为合同目的不能实现；（3）主观要件为债务人并非恶意违约；（4）价值要件为债权人不解除合同违反诚信原则；（5）后果要件为合同继续履行将导致社会资源的浪费。在每一个要件的论证中，又详细解释了每一种要件与其他相关要件的区别、采用的理由、具体的判断标准或类型归纳等，为每一个要件充实血肉。

在第七章、第八章，笔者通过考察实践中非金钱债务与金钱债务合同僵局案件中，如何具体适用相关的合同规则与具体情形，明确解释了在《民法典》实施背景下两类合同僵局的规则适用路径。具体而言：非金钱债务合同僵局的适用规则包括不可抗力、情势变更、合同履行不能、债务的标的不适于强制履行或履行费用过高、债权人在合理期限内未要求履行等情形；金钱债务合同僵局的适用规则主要包括公平原则、情势变更、继续履行对违约方明显不公平、合同不适于强制履行等规则。同时在论述过程中，结合委托合同、劳务合同、预约合同、租赁合同、买卖合同、服务合同等典型合同，对违约方合同解除权的具体适用情况及规则进行了具体印证。

笔者所论述完整的违约方合同解除制度可以通过规则简单明了地呈现：合同在履行过程中发生了下列情形，致使不能实现合同目的，债务人可以请求人民法院或仲裁机构解除合同：（1）合同事实上或法律上履行不能；（2）债务的标的依据其性质不适于强制履行；[①]（3）合同履行的费用过高；（4）债权人在合理期限内未请求履行，债务人的给付已不可合理期待；（5）金钱债务的继续履行，对债务人明显不公平。

债务人依前款规定请求解除合同，经人民法院或仲裁机构审查，符合下列条件，应当支持债务人解除合同的请求：（1）债务人并非恶意违约；（2）债权人不同意解除合同违反诚信原则；（3）合同的继续履行将造成社会资源的浪费。

符合上述情形，债权人请求债务人继续履行合同，债务人抗辩合同已经解除的，人民法院或仲裁机构应当结合具体案情，确认合同是否

① 金钱债务不适于强制履行包含在内。

解除。

综上所述，本书通过三个大部分共八章的论述，对违约方合同解除制度进行了较为深入具体的研究，希冀抛砖引玉，对未来有关违约方合同解除案件的司法实践及相关司法解释的制定，提供一些有益的参考。

附件 1

上海万顺房地产开发公司诉永新实业发展有限公司等合作开发协议纠纷案[①]

【裁判摘要】

1. 催告对方履行的当事人应当是守约方，处于违约状态的当事人不享有基于催告对方仍不履行而产生的合同解除权。

2. 合同解除权的行使须以解除权成就为前提，解除行为应当符合法律规定的程序，否则不能引起合同解除的法律效果。

上诉人（原审原告）：上海万顺房地产开发公司

法定代表人：王某阳

委托代理人：薛某建

委托代理人：朱某

被上诉人（原审被告）：永新实业发展有限公司

法定代表人：曹某东

委托代理人：崔某富

委托代理人：赖某兰

原审第三人：义乌永新房地产开发有限公司

法定代表人：何某强

上诉人上海万顺房地产开发公司（以下简称万顺公司）与被上诉人永新实业发展有限公司（以下简称永新公司）因合作开发协议纠纷不服浙江省高级人民法院（1998）浙法民初字第 2 号民事判决，上诉至本院。本院于 2000 年 12 月 14 日以（2000）民终字第 62 号民事裁定将该案发回重审。浙江省高级人民法院在重审程序中于 2001 年 5 月 15 日追

① 参见《最高人民法院公报》2005 年第 3 期。

加义乌永新房地产开发有限公司为第三人，并于2003年5月6日作出（2000）浙法民重初字第2号民事判决。上诉人万顺公司不服该判决向本院提起上诉。本院依法组成合议庭，于2003年8月12日公开开庭审理了本案。上诉人万顺公司的委托代理人薛某建、朱某，被上诉人永新公司的委托代理人赖某兰，原审第三人义乌永新房地产开发有限公司的法定代表人何某强到庭参加了诉讼。本案现已审理终结。

一审法院经审理查明，1993年2月7日，永新公司（其前身为永新技术开发有限公司及永新投资贸易有限公司，1996年1月4日变更名称为永新实业发展有限公司，以下一并简称为永新公司）与义乌市人民政府签订了《关于经济技术合作意向书实施问题的协商备忘录》，主要内容:（1）关于义乌造纸厂搬迁改造及房地产开发问题。义乌方面赞成永新公司提出的关于“将义乌造纸厂现有大部分厂区按城市总体规划要求，建成一座类似于香港的太古城那样的，具有显著地方特色和现代化城市气息的园区，对外公开招商、拍卖，并以土地使用权招商出让的大部分资金用于扶植义乌造纸厂实现产品结构调整，上其他工业项目，同时以小部分资金用于房地产开发的启动资金，把二者结合起来，综合考虑”的思路。（2）义乌方面对永新公司所提的彩印、包装及真空镀铝项目都表示有极大的兴趣，并将尽快组成专门班子就上述3个项目的产品方向、规模深度、市场前景等进行必要的调研分析，然后根据市场状况及资金实力等选择其中的1~2项，采用双方合资的方式共同进行开发，永新公司对上述选中的项目负责技术及设备引进，合资方式及出资比例等届时再进一步协商。（3）永新公司建议义乌方面以一家综合性的实业公司直接与永新公司接洽实施，并请市政府在政策上给予大力支持，义乌方面答应回去研究后尽快予以落实。3月31日，绍兴轻纺银行账号115014906×××汇入义乌绒毛化工总厂1000万元。4月12日，义乌绒毛化工总厂汇给万顺公司1000万元。4月14日，万顺公司汇入永新公司北京办事处1000万元。4月23日，南汇农行汇给义乌农行1000万元。4月26日，义乌农行汇给义乌绒毛化工总厂1000万元。4月27

日，义乌绒毛化工总厂汇给万顺公司1000万元。4月28日，义乌市人民政府（甲方）与永新公司（乙方）签订协议书一份，约定：（1）原无偿拨给义乌造纸厂的约8万平方米的国有土地使用权（具体位置和准确面积，根据规划图纸确定）由甲方负责收回，并以优惠的出让方式协议出让给乙方，供乙方开发商服、住宅楼，出让土地使用权年限，按国家规定确定。（2）出让地块为每亩65万元，签订协议时，乙方付定金1000万元，签订合同之日起3个月内再付2000万元，其余地价款在签订之日起7个月内全部付清。（3）乙方应自负受让地块内的三通一平、绿化、小区道路建设费。工人路段的建设配套由乙方全负；化工路、义东路在原造纸厂相关路段的建设费乙方负担一半，小区内水电增容费由乙方自负。（4）甲方应保证在正式签订土地出让合同后5个月内负责将出让土地内的建筑物、构筑物及设备拆除、搬迁完毕。（5）乙方应根据甲方提供的小区规划要点及有关指标，编制小区高层的详细规划，由甲方审核批准后方可实施。（6）双方共同出资创办国内第一流的印刷企业，总投资在4000万元以上，投资比例暂定为甲方70%，乙方30%，双方共同努力争取二年内建成投产；由于乙方的责任，如合资项目未能办成，土地出让地价款按每亩85万元计算，且据此计算全部地价款付给甲方后，甲方才给予乙方办理转让房地产的有关发证手续；由于甲方责任给乙方造成损失，甲方应给予补偿。（7）新办合资企业所需工人，应优先从原造纸厂职工中选择，新置印刷设备所需美元由乙方负责调剂。同年5月4日，永新公司（甲方）与万顺公司（乙方）签订协议书一份，约定：（1）甲方负责与义乌市土地管理局根据义乌市《城镇国有土地使用权有偿出让和转让试行办法》和国家有关法律、法规订立原义乌造纸厂约8万平方米的国有土地使用权转让合同，并以甲方名义在义乌市成立本项目的房地产开发公司；（2）甲方负责在本项目的房地产开发中，办妥与义乌市有关当局的一切前期手续，以及协调有关出现的问题；（3）乙方负责筹措资金，并根据甲方与义乌市土地管理局签订的合同及有关协议规定，支付全部地价款（支付办法按有关合同规定时间）；

（4）乙方应根据有关规定，自负受让地块内的三通一平、绿化、小区道路建设费及水电增容费；（5）乙方应根据义乌市土地管理局提出的小区规划要求及有关指标，编制小区高层的详细规划，由义乌市有关当局批准后方可实施；（6）根据甲方与市政府的协议，甲方在新建的印刷企业（总投资4000万元以上）占股30%，投资约1500万元，该项资金加入房地产项目内的土地成本；（7）在甲方注册的房地产公司内，乙方派员参与管理，并全面负责财务工作；（8）甲、乙双方在开发房地产项目中的利润分成，甲方60%，乙方40%。协议最后载明该协议双方签字后，具有法律效力，双方不得违约。同一天，永新公司支付义乌市土地管理局定金1000万元。此后，万顺公司指派楼某耀、张某镇参与义乌永新房地产开发有限公司（1994年6月23日，经浙江省人民政府外经贸资浙府字〔1993〕5595号批准书批准设立，1993年12月15日，领取了企业法人营业执照，其中载明企业类型为外商独资经营，注册资本美金300万元，总经理何某强，副总经理贾某弟。该公司设立前成立了义乌香港城房地产开发公司筹备处，以下一并简称为义乌永新公司）的日常管理工作。楼某耀、张某镇被义乌永新公司聘为顾问，张某镇任销售部经理，向义乌永新公司领取工资。副总经理余某军，主管办公室、财务部并兼任办公室主任、财务部经理。义乌永新公司于同年5月开始预收房款。同年6月10日，永新公司与万顺公司又签订补充协议一份，约定：（1）主协议第6条修改为：甲方在新建的印刷企业（总投资4000万元以上）占股30%，按30%的实际投资计算，但最高不超过1500万元，列入土地成本；（2）主协议第8条利润分成修改为甲方55%，乙方45%。补充协议同时载明该补充协议与主协议同样具有法律效力。同年8月2日，义乌市土地管理局（甲方）与义乌永新公司（乙方）签订了义地合字（1993）第34号出让国有土地使用权合同，载明：（1）出让地块坐落于化工路10号（原义乌造纸厂厂址），面积121.5亩，土地用途为商服、住宅综合开发，居住用地70年，商服综合用地50年，1996年12月底前建成完工；（2）土地使用权出让金为每亩65万元，总额为 7897.5 万元，签订合同时，乙方必须向甲方交纳定金 1000 万元，签订合同之日起 2 个月内再付 2000 万元，其余地价款在签订合同之日起 6 个月内全部付清，逾期未全部支付，甲方有权解除合同，定金不予退还，并有请求违约赔偿的权利；（3）乙方应自负受让地块内的通讯、供电、供水、排水、绿化、道路等各类公共设施配套费；工人路穿越原造纸厂厂区地段的道路建设按城建规划要求由乙方负责实施，费用由乙方全负（包括给排水、排污、电缆通讯、道路照明及绿化费等），并需按建设程序验收；化工路、义东路、规划 10 米路（未定名）与出让地块界临地段的筑路费乙方负担一半，出让地块内的水电增容费由乙方自负；（4）甲方应保证在正式签订合同后 5 个月内负责将出让地块内的建筑物及其附属物拆迁完毕。1993 年 8 月 4 日，万顺公司汇入义乌永新公司 11.28 万元。8 月 7 日，义乌永新公司按万顺公司的指令支付给义乌农行 1000 万元及利息 10.56 万元，余额 7200 元退回给万顺公司，1994 年 6 月 28 日，万顺公司出具了收到该 7200 元的收据一份。1993 年 8 月 12 日、11 月 8 日，义乌永新公司分别支付土地出让金 540 万元、1260 万元。同年 11 月 18 日，义乌永新公司通过万顺公司向上海阳明房地产发展有限公司（以下简称阳明公司）借款 600 万元。同年 12 月 18 日、24 日、28 日、31 日，义乌永新公司分别支付给阳明公司、金华市农行国际业务部、义乌服装公司 71 万元、29 万元、200 万元、300 万元，合计 600 万元，付清了欠阳明公司的债务。1994 年 1 月 13 日，义乌永新公司支付万顺公司利息 20 万元。1994 年 1 月 28 日，义乌市审计师事务所出具了关于义乌永新公司的验资报告，其中载明投资方于 1993 年 4 月 22 日从北京永新公司汇入中国建设银行义乌市支行 1000 万元，系经营资金，该验资报告认为，义乌永新公司实际到位资金为人民币 1000 万元。1994 年 4 月 1 日，永新公司代表何某强发函给万顺公司（该函以下简称“4.1 函”），主要内容为：（1）根据 1993 年 5 月 4 日协议书第 3 条，万顺公司应在 6 个月内（1993 年 8 月 2 日至 1994 年 2 月 1 日）付清全部土地出让金 7897.5 万元和三通一平等各类费用 800 万元以上；

（2）万顺公司未按协议书执行，带来极大的困难，在信誉上造成不良影响，义乌市人民政府多次催促，必须加快工作进程，广大购房户迫切要求早日动工，永新公司多次催促万顺公司早日汇款，但始终未能履行协议；请你公司在本月15日前，把以上应支付的资金汇入义乌永新公司，如不能按时把资金汇入指定的银行，则作为你公司自动解除协议。1994年4月5日、5月20日、6月3日、9月26日，1998年7月7日，义乌永新公司分别支付土地出让金1000万元、1000万元、2000万元、922万元、31.8133万元。1999年9月6日，原义乌市土地管理局局长朱某证实：义乌永新公司支付了土地出让金定金1000万元，第二期出让金基本上按时支付；此后，义乌永新公司提出出让面积中，部分土地被公共建筑占用，要求重新丈量面积后付清全部出让金；后经土地管理局核实面积后，确有此事，故对其延交出让金，没有追究违约责任。

万顺公司起诉称：双方合作协议合法有效，一经签订，均应严格履行。万顺公司投入了首期资金1000万元并派出销售主管、会计、出纳人员。整个地块进入开发建设后，由于预售房屋收入较多，资金有余，足以支付地价款并开发建设。永新公司在万顺公司依约支付投资款，双方共同合作开发取得成果的时候，企图撕毁合同单方侵吞利润，其行为已违反了法律并侵害了万顺公司的合法权益。故请求一审法院判令永新公司按照约定比例支付合作开发利润1625万元（庭审中变更为2617万元）并负担本案案件受理费。

永新公司答辩称：（1）双方于1993年5月4日、6月10日签订的合作开发协议及补充协议系真实意思表示，内容合法，应确认为有效。协议签订后，永新公司依约履行了全部义务，而万顺公司除在合作前汇入永新公司北京办事处1000万元外，未依约支付土地出让金，也没有承担开发项目中的三通一平费和水电增容费等，已构成根本违约。（2）1994年4月1日，永新公司发函告知万顺公司在4月15日前，将应付款项汇入义乌永新公司，否则作为万顺公司自动解除协议。万顺公司仍未履行相应义务，故合作协议已经解除。（3）1998年12月，万顺公司才提起诉讼，已过诉讼时效，不再享有胜诉权。万顺公司 1993 年 4 月 22 日汇入永新公司北京办事处的 1000 万元已于同年 8 月 7 日通过义乌农行转走，万顺公司已不存在任何资金投入，根据协议享受利润分成的法律基础业已丧失。故请求判令驳回万顺公司诉讼请求，并由其负担案件受理费。

义乌永新公司答辩称：义乌永新公司是永新公司设立的外商独资企业。按照万顺公司与永新公司的协议，万顺公司负有筹措资金的义务，故义乌永新公司的注册资金应由万顺公司筹措。但万顺公司除了 1993 年 4 月 14 日汇入的 1000 万元外，一直未有其他资金投入。1993 年 8 月 7 日，万顺公司已要求义乌永新公司将 1000 万元及利息 10.56 万元汇入其指定账户。这 1000 万元仅在项目公司中存在 3 个月。从此，万顺公司再无任何资金投入，所有原协议约定的支付土地出让金等义务均由永新公司和义乌永新公司履行。据此，万顺公司擅自收回 1000 万元及利息的行为对于永新公司来说，只能视作收回投资或者先行收回投资。就整个项目而言，万顺公司不应再享有约定的投资权益。故请求驳回万顺公司的诉讼请求。

一审审理过程中，一审法院根据万顺公司申请并征得另外两方当事人同意后于 2001 年 5 月 15 日委托浙江江南会计师事务所（以下简称江南所）对万顺公司与永新公司合作开发的原义乌造纸厂约 8 万平方米地块的投入、支出及利润进行了审计。江南所于 9 月 18 日出具了审计报告的征求意见稿。一审法院于同日及次日将上述审计报告征求意见稿送达万顺公司、义乌永新公司和永新公司。9 月 25 日，在一审法院主持下，江南所和三方当事人对争议事项逐项进行了核对。12 月 7 日，江南所出具了正式报告，确认净利润为 5817.04 万元。该报告书同时载明，根据万顺公司与永新公司 1993 年 6 月 10 日的补充协议约定，投资印刷企业的 1200 万元列入土地成本，此约定的成本开支与税务政策规定相悖，故审计时未按成本予以扣除；是否应在净利润中扣除，由法院裁定。

一审法院另查明，义乌市工商行政管理局出具的义乌永新公司 1995 年、1996 年两年的年检材料表明：所有者权益均为 1000 万元。上海黄埔公瑞会计师事务所审计报告载明，万顺公司系义乌绒毛化工总厂的全资子公司，万顺公司无义乌房地产的投资项目。1994 年 5 月 11 日，义乌永新公司向义乌工行贷款 2000 万元。

一审法院经审理认为，根据诉辩双方的主张，本案的争议焦点是：（1）1000 万元款项的性质问题；（2）合作协议是否已解除问题；（3）本案诉讼请求是否已过诉讼时效问题；（4）利润该如何分割。

1000 万元款项的性质问题。从 1993 年 4 月 14 日汇款凭证，同年 5 月 4 日、6 月 10 日双方签订的协议书、补充协议内容以及同年 12 月万顺公司从阳明公司融资情况来看，该 1000 万元属投资款的事实是清楚的。现亦没有证据证明永新公司和万顺公司已达成协议将该款项变更为借款。万顺公司的该点起诉理由成立，永新公司、义乌永新公司对此的异议不能成立。

合作协议是否已解除问题。根据原《经济合同法》[①] 第 26 条之规定“凡发生下列情况之一者，允许变更或解除经济合同：一、当事人双方协商同意，并且不因此损害国家利益和社会公共利益；二、由于不可抗力致使经济合同的全部义务不能履行；三、由于另一方在合同约定的期限内没有履行合同。属于前款第二项或第三项规定的情况的，当事人一方有权通知另一方解除合同。因变更或解除经济合同使一方遭受损失的，除依法可以免除责任的以外，应由责任方负责赔偿”。问题的关键是：万顺公司是否存在在合同约定期限内没有履行合同的情形。1993 年 5 月 4 日协议书第 3 条规定：“乙方（万顺公司）负责筹措资金，并根据甲方（永新公司）与义乌市土地管理局签订的合同及有关协议规定，支付全部地价款（支付办法按有关合同规定时间）。”第 4 条规定：“乙方应根据有关规定，自负受让地块内的三通一平、绿化、小区道路建设费

① 该法已失效。

及水电增容费。”根据这两条规定，土地出让金及三通一平等费用，应由万顺公司负责交纳。而依据1993年8月2日《出让国有土地使用权合同》第2条第7项之规定：“双方签订《出让国有土地使用权合同》时，乙方（义乌永新公司）必须向甲方（义乌市土地管理局）交付定金，共计金额1000万元，签订土地使用权出让合同之日起二个月内再付2000万元，其余地价款在签订合同之日起六个月内全部付清……逾期未全部支付，甲方有权解除合同，定金不予退还，并有请求违约赔偿的权利。”据此，万顺公司应在1994年2月1日前付清土地出让金、三通一平费等，万顺公司未在上述期限内支付款项，已构成违约。虽然原义乌市土地管理局局长朱某证实：义乌永新公司支付了土地出让金定金1000万元，第二期出让金基本上按时支付；此后，义乌永新公司提出出让面积中，部分土地被公共建筑占用，要求重新丈量面积后付清全部出让金；后经土地管理局核实面积后，确有此事，故对其延交出让金，没有追究违约责任。但这只能说明义乌永新公司与义乌市土地管理局之间不存在违约问题，并不能说明万顺公司不支付款项，不构成违约；且此后万顺公司仍未履行协议义务，一直未支付土地出让金和三通一平等费用，构成根本性违约。永新公司依据上述原《经济合同法》的规定，有权解除合同且1994年4月1日，永新公司已书面通知了万顺公司并给予15天延缓期，万顺公司在该时间内仍未履行义务，双方之间的合作开发协议已解除。永新公司辩称1993年5月4日协议书已解除的理由成立。

本案诉讼请求是否已过诉讼时效问题。1993年5月4日协议书已解除，但整个开发项目至今尚未结束，就利润问题的诉讼请求，未过诉讼时效。至于能否分得利润，属实体处理问题。永新公司和义乌永新公司认为本案的诉讼请求已过诉讼时效的理由不能成立。

利润该如何分割。1993年5月4日协议书及1993年6月10日补充协议已解除，而解除具有溯及于协议成立时消灭其协议的效力，即因解除协议如同该协议自始不存在，从而未履行之债务归于消灭，既已给付者，发生恢复原状请求权。而万顺公司的1000万元只在永新公司存在3个多月，其恢复原状只能是支付利息，而1994年1月13日，义乌永新公司支付万顺公司利息20万元，按照银行贷款利率计算，既包含了600万元1个月，也包含了1000万元3个多月的利息。因此，万顺公司的权益已得到保护。

综上所述，万顺公司、永新公司于1993年5月4日签订的协议书，鉴于万顺公司系房地产开发公司，符合《最高人民法院关于审理房地产管理法施行前房地产开发经营案件若干问题的解答》[①] 第1条“从事房地产的开发经营者，应当是具备企业法人条件、经工商行政管理部门登记并发给营业执照的房地产开发企业”的资格条件。此后，双方依协议成立了义乌永新公司，土地使用权亦登记在义乌永新公司名下，协议已基本履行完毕，房屋已建成，故协议书应确认有效。万顺公司未按协议约定支付土地出让金、三通一平费等，已构成根本性违约，根据原《经济合同法》第26条之规定，永新公司享有解除权。1994年4月1日，永新公司已行使了解除权，故万顺公司与永新公司之间的协议已解除，而解除具有溯及的效力，如同该协议自始不存在，现万顺公司要求分割利润，缺乏合同和法律依据，该诉讼请求依法不能成立。据此判决驳回万顺公司的诉讼请求。案件受理费140860元、财产保全费81670元、鉴定费2000元、审计费34万元，合计582530元由万顺公司负担。

万顺公司不服一审判决，上诉称：（1）一审法院认定1993年5月4日签订的协议书已经解除不当。双方一直履行该合作协议至起诉前，并未解除。（2）一审判决以合作协议已经解除为由，驳回万顺公司分配利润的诉讼请求错误。万顺公司有权根据合作协议的约定，按照45%的比例分割5817.04万元的利润共计2617万元。故请求本院撤销一审判决，判令永新公司向万顺公司支付合作开发房地产的利润2617万元并承担本案一、二审诉讼费用。

---

① 该司法解释已失效。

永新公司答辩称：（1）万顺公司汇给答辩人的1000万元款项属于借款，该款项已于义乌永新公司成立之前由万顺公司连本带息收回，万顺公司无权就该借款分享投资利润；（2）即便该1000万元是投资款，该款也已由万顺公司收回，万顺公司未履行双方合作协议所确定的义务，使义乌永新公司在财务及业务正常运转方面造成极大困难，丧失了合作基础，其行为已构成根本违约，答辩人依法行使了解约权，双方合作关系于1994年4月16日终止，万顺公司仍无权要求按协议分取利润；（3）合作协议解除后，万顺公司从未履行合作协议规定的义务，从未行使股东权利，对义乌永新公司不具有股东权益。故请求本院驳回万顺公司的上诉请求，维持原判。

义乌永新公司答辩称：（1）万顺公司1993年4月14日汇入的1000万元属于借款，即使认定该款为投资款，万顺公司也已经在1993年8月7日收回了该笔资金；（2）万顺公司未履行出资义务，应当承担违反合同的责任，其所述项目资金充裕，靠预售资金即能滚动发展不是事实；（3）双方合作协议在1994年4月16日已经依法解除。故请求驳回上诉，维持原判。

本院二审查明，1993年8月2日，义乌市土地管理局与永新公司签订了日期、文号及内容均与其同义乌永新公司所签订的出让国有土地使用权合同相同的出让合同。根据二审庭审调查，义乌永新公司与义乌市土地管理局签订的出让国有土地使用权合同系双方倒签，倒签合同时，义乌永新公司尚未成立。浙江省外经贸主管部门关于义乌永新公司设立的批准证书及义乌永新公司企业法人营业执照均载明：义乌永新公司的投资者为永新公司，投资总额600万美元，注册资本300万美元，投资者出资额为300万美元。江南所出具的审计报告载明，双方合作项目中香港城大厦、A幢后车库、幼儿园房（待建）、居委会增加房及北5幢因尚未出售，故收入和成本不计入利润表，成本挂开发成本。该审计报告同时载明，1993年4月22日，永新公司北京办事处以投资用途汇入义乌市地产管理所人民币1000万元，该所于同年5月4日开具给永新公司“预交出让金”1000万元收据1张。1994年1月28日义乌市审计师事务所根据上述资料，出具了义审综字（1994）第10号验资报告，确认义乌永新公司实际到位资金为1000万元人民币。除上述情况外，在义乌永新公司会计记录中未发现其他资金投入记录。营业执照注册资金300万美元外币资金未到位。永新公司亦未投入浙江省外经贸主管部门关于义乌永新公司设立的批准证书以及义乌永新公司企业法人营业执照载明的投资总额600万美元。本院查明的其他事实与一审相同。

本院认为，本案的争议焦点有4个：（1）万顺公司与永新公司所签订的合作协议的性质和效力问题；（2）万顺公司投入1000万元款项的性质问题；（3）合作协议是否已经解除的问题；（4）合作项目利润的分配问题。

关于双方合作协议的性质及效力。从双方签订于1993年5月4日及6月10日的协议书及补充协议的内容来看，永新公司的合同义务：争取合作项目和出让土地使用权、办理开发项目所需的前期手续、以己方名义设立项目公司等。万顺公司的义务：筹措资金支付该地块出让合同约定的全部地价款及三通一平、绿化、小区道路建设费及水电增容费，派员参与项目公司的管理并全面负责财务工作等。合作协议约定的双方利润分配比例系针对整个房地产开发项目。义乌永新公司虽系永新公司设立的外商独资企业，但该公司是为运作双方的合作项目设立的。所以，双方的关系应为项目合作关系，双方签订的合作协议应当定性为项目合作协议。因双方合作并非在结果层面表现为设立中外合资或者中外合作经营企业，故双方签订的合作协议不属于法律、行政法规规定的须经批准方可成立或者生效的合资或者合作经营企业合同。该合作协议不存在违反法律、行政法规的禁止性规定的情形，应当认定为有效。

关于万顺公司投入1000万元款项的性质。虽然义乌永新公司在1993年10月31日会计记账凭证上将该款记载为“短期借款”，但此会计账为该企业内部所记，永新公司据此主张该1000万元系借款性质依据不充分。如果万顺公司投入的1000万元是借款而非投资款，那么

1993 年 8 月 7 日从义乌永新公司汇出 1000 万元时即应定性为归还借款。借出款项一方提供借款的目的应为获取借款利息，而该 1000 万元的利息事实上是万顺公司提前汇至义乌永新公司账上，这一行为过程表明万顺公司投入的 1000 万元并非借款。结合双方合作协议的内容、万顺公司派员参与义乌永新公司的管理，以及永新公司于 1994 年 4 月 1 日发函要求万顺公司履行合作协议约定的资金投入义务的事实看，将该款认定为投资款既符合现有证据所证明的事实，也符合当事人一系列行为所体现出来的真实意思表示。因此，万顺公司投入的 1000 万元应当定性为投资款。

关于双方合作协议是否已经解除。根据《最高人民法院关于适用〈涉外经济合同法〉若干问题的解答》（已失效）第 1 条的规定，中国（内地）企业法人与港澳企业法人之间所订合同产生的争议，除非当事人明确选择适用原《经济合同法》，否则应当适用原《涉外经济合同法》[①]。双方合作协议并未明确选择适用原《经济合同法》，故一审判决以原《经济合同法》作为认定合作协议是否解除的依据属于适用法律错误，应予纠正。永新公司发给万顺公司的“4.1 函”的内容有二：（1）请万顺公司在 4 月 15 日前将土地出让金 7897.5 万元及三通一平等各类费用计 800 余万元汇入义乌永新公司；（2）如果不能按时把资金汇入指定的银行，则作为万顺公司自动解除协议。原《涉外经济合同法》第 29 条第 2 项及第 32 条规定，另一方在合同约定的期限内没有履行合同，在被允许推迟履行的合理期限内仍未履行的，当事人一方有权通知另一方解除合同。解除合同的通知，应当采用书面形式。结合“4.1 函”的内容以及上述法律条款的规定看，永新公司只有在万顺公司于被允许推迟履行的合理期限内仍未履行合同义务时才能享有合同解除权。永新公司在发出“4.1 函”时，宽限期并未届至，故其还不享有合同解除权。在万顺公司已逾宽限期仍未履行合作义务的情况下，永新公司又不能举证证

① 该法已失效。

明解除合同的电报到达万顺公司，其合同解除权行使的法律事实难以证明。此外，根据双方合作协议约定，永新公司有义务以其名义在义乌设立合作项目的房地产开发公司。在履行该协议时，永新公司虽设立了房地产开发公司，但没有向该公司缴付注册资本金，亦未按投资总额进行投资。根据《外资企业法》（已失效）第9条以及《外资企业法实施细则》（已失效）第18条、第19条、第20条的规定，永新公司没有履行上述法律、行政法规规定的义务，其设立的公司不能视为对合作协议的全部履行。从合作协议项下己方义务的履行角度看，应当认定永新公司已经构成违约。由于合同解除制度之意旨在于将解除权赋予守约方，而永新公司发出“4.1”函时仍处于违约状态，故永新公司不能享有合同解除权。鉴于双方合作协议解除的法律事实尚未成就，一审判决关于合作协议已经解除的认定错误，应予纠正。

关于合作项目利润的分配问题。万顺公司与永新公司之间属于项目合作关系。由于双方合作协议并未对分阶段分利作出约定，合作项目的利润分配应当在整个合作项目全部完成并通过结算后进行。在本案中，一审法院委托鉴定机构作出的审计报告载明，双方合作项目中香港城大厦、A幢后车库、幼儿园房（待建）、居委会增加房及北5幢尚未出售，未计入利润表。双方合作项目尚未全部完成，整个合作项目的最终盈亏结论无法得出。在此情况下，万顺公司主张分配合作利润没有合同依据。在万顺公司坚持双方合作协议未解除且未提出解除合同之诉讼请求的情况下，本院判决双方进行分阶段分利没有法律依据。

根据上述事实和理由，本院认为，虽然万顺公司与永新公司签订的项目合作协议是有效协议，其投入的1000万元属于投资款而非借款，双方合作协议至今仍然对双方具有约束力，但由于双方合作项目尚未全部完成，其提出的分阶段分配利润的诉讼请求没有合同依据和法律依据，应予驳回。一审判决虽亦为驳回万顺公司之诉讼请求，但其所基于的事实、理由及适用法律均存在错误，应予撤销。根据《民事诉讼法》

第 153 条第 1 款第 2 项、第 3 项[1] 以及最高人民法院《人民法院诉讼收费办法》（已失效）第 19 条之规定，判决如下：

撤销原判，驳回上海万顺房地产开发公司的诉讼请求。

本案一审诉讼费用的负担按一审判决执行，二审案件受理费 140860 元由上海万顺房地产开发公司负担。

本判决为终审判决。

① 该法已于 2023 年 9 月 1 日修正，本条对应第 177 条第 1 款第 2 项、第 3 项。

附件 2

江苏省南京新宇房产开发有限公司诉冯某梅商铺买卖合同纠纷案①

【裁判摘要】

一、根据《合同法》第 110 条②规定，有违约行为的一方当事人请求解除合同，没有违约行为的另一方当事人要求继续履行合同，当违约方继续履约所需的财力、物力超过合同双方基于合同履行所能获得的利益，合同已不具备继续履行的条件时，为衡平双方当事人利益，可以允许违约方解除合同，但必须由违约方向对方承担赔偿责任，以保证对方当事人的现实既得利益不因合同解除而减少。

二、在以分割商铺为标的物的买卖合同中，买方对商铺享有的权利，不同于独立商铺。为保证物业整体功能的发挥，买方行使的权利必须受到其他商铺业主整体意志的限制。

原告：江苏省南京新宇房产开发有限公司

法定代表人：周某隆

被告：冯某梅

原告江苏省南京新宇房产开发有限公司（以下简称新宇公司）因与被告冯某梅发生商铺买卖合同纠纷，向江苏省南京市玄武区人民法院提起诉讼。

原告诉称：被告与原告签订商铺买卖合同一份，购买原告开发建设的时代广场第二层一间商铺。被告付清了购房款，原告也已将该商铺交付被告使用。1999 年 6 月 18 日，在时代广场租房的江苏嘉和百货有限

---

① 参见《最高人民法院公报》2006 年第 6 期。

② 参见《民法典》第 580 条。

公司（以下简称嘉和公司）因经营不善，遭到哄抢后倒闭，各小业主经营的商铺也随之关门停业。当年12月，购物中心又在时代广场开业。由于经营成本过高，各小业主不服从物业管理，不交纳物业管理费，购物中心也于2002年1月停业。时代广场的两度停业，引起大部分业主不满，纷纷要求退掉购买的商铺，还与原嘉和公司的债权人一起到处集体上访。为维护社会稳定，政府出面协调，要求原告回收已售出的商铺。其间，原告的股权经历二次调整。新的股东认为，前两次停业，是经营者选择的经营方向与方式不对造成的，因此决定将原经营衣帽箱包等项目，改变为经营高档休闲娱乐等综合性项目；将原来的市场铺位式经营，改变为统一经营。为此，原告开始回收已售出的商铺，对时代广场重新布局。目前时代广场中150余家商铺，回收得只剩下被告和另一户邵姓业主，时代广场开始按重新布局施工，原小业主经营的精品商铺区不复存在，今后也不可能恢复。由于这两家业主不退商铺，时代广场不能全面竣工。上述情形构成情势变更。请求判令解除被告与原告签订的商铺买卖合同，被告将所购商铺返还给原告，以便原告能够完成对时代广场的重新调整。原告除向被告退还购房款外，愿意给予合理的经济补偿。

原告提交以下证据：

1. 商铺买卖合同，用以证明双方当事人之间存在着商铺买卖关系；

2. 物业交接记录，用以证明原告已将商铺交付给被告；

3. 新街口公安派出所告示，用以证明时代广场前两次开业后秩序混乱，无法正常经营；

4. 新宇公司会议纪要，用以证明原告始终在努力处理各位业主反映的问题；

5. 情况说明及统计，用以证明大部分业主因不满时代广场的混乱经营状况，提出退商铺的要求；

6. 南京市玄武区人民政府会议纪要，用以证明时代广场存在的问题已经引起当地政府重视，政府部门参与协调；

7. 关于商铺商业氛围的改善意见和建议，用以证明时代广场内商铺经营状况不佳的原因，以及进行重新调整的必要性；

8. 南京市外经委通知，用以证明原告的股东已作过调整；

9. 原告致被告的函件，用以证明原告向被告提出过解除合同的请求及理由；

10. 时代广场现状照片，用以证明时代广场已全面停业，原分割各商铺的幕墙均已拆除，正在对全面布局重新调整；

11. 物品清单及公证书，用以证明原告将被告商铺内的物品进行清点后，拆除了该商铺的玻璃幕墙。

被告辩称：被告与原告签订的商铺买卖合同合法有效，应当对双方当事人具有法律约束力。合同签订后，被告按约交清全部购商铺款，原告也向被告交付了商铺。原告的股东变更，不应影响被告行使自己的合法权益；时代广场经营不善，也不能成为原告不履行合同的理由。原告请求解除商铺买卖合同，没有法律依据，该诉讼请求应当驳回。

被告未提交证据。

南京市玄武区人民法院经审理查明：

新街口地区是南京市最繁华、最集中的商业区域。位于新街口东北角中山路 18 号以南的时代广场，是原告新宇公司开发建设的商业用房。该建筑物为地下一层、地上六层，总建筑面积 6 万余平方米。地上第一层、第二层、第三层约 6000 平方米的部分区域，被分割成商铺对外销售给 150 余家业主，其他建筑面积归新宇公司自有。1998 年 10 月 19 日，新宇公司与被告冯某梅签订了一份商铺买卖合同，约定：新宇公司向冯某梅出售时代广场第二层编号为 2B050 的商铺，建筑面积 22.50 平方米，每平方米售价 16363.73 元，总价款 368184 元，10 月 22 日前交付，交付后 3 个月内双方共同办理商铺权属过户手续。1998 年 10 月 26 日，上述合同在南京市房地产市场管理处登记。合同签订后，冯某梅按约支付了全部价款。1998 年 11 月 3 日，新宇公司将 2B050 号商铺交付冯某梅使用，但一直未办理产权过户手续。

1998 年，原告新宇公司将时代广场内的自有建筑面积租赁给嘉和公司经营。1999 年 6 月，嘉和公司因经营不善停业。同年 12 月，购物中心又在时代广场原址开业。2002 年 1 月，购物中心也停业。这两次停业，使购买商铺的小业主无法在时代广场内正常经营，部分小业主以及嘉和公司的债权人集体上访，要求退房及偿还债务。在此期间，新宇公司也两次变更出资股东。新宇公司的新股东为盘活资产、重新开业，拟对时代广场的全部经营面积进行调整，重新规划布局，为此陆续与大部分小业主解除了商铺买卖合同，并开始在时代广场内施工。2003 年 3 月 17 日，新宇公司致函被告冯某梅，通知其解除双方签订的商铺买卖合同。3 月 27 日，新宇公司拆除了冯某梅所购商铺的玻璃幕墙及部分管线设施。6 月 30 日，新宇公司再次向冯某梅致函，冯某梅不同意解除合同。由于冯某梅与另一户购买商铺的邵姓业主坚持不退商铺，新宇公司不能继续施工，6 万平方米建筑闲置，同时这两家业主也不能在他们约 70 平方米的商铺内经营。新宇公司为此提起诉讼。

根据原告新宇公司的申请，法院委托南京大陆房地产估价师事务所有限责任公司对被告冯某梅所购商铺的现行市场价值进行评估。评估报告确认，该商铺在 2004 年 3 月 3 日的价值为 531700 元。

审理中，法院主持了调解。原告新宇公司认为，为使时代广场真正发挥效益，经营方向和方式必须改变，不可能保留商铺式经营。如果被告冯某梅与案外人邵某再在时代广场内经营商铺，将影响时代广场内新格局下的整体经营。为此，新宇公司不仅愿意给冯某梅退还全额购商铺款，还愿意以承担逾期办理产权登记过户手续违约金的名义，给冯某梅补款 48 万元，用于补偿冯某梅的经济损失。冯某梅认为，时代广场走到今天这一步，责任全在新宇公司，与己无关；新宇公司愿意给付的款项，不够弥补自己的损失；新宇公司如果真愿意解除商铺买卖合同，应当按每平方米 30 万元的价格给予赔偿。新宇公司认为，全南京市任何一处房产均无 30 万元一平方米的价格，冯某梅提出难以令新宇公司接受的赔偿价格，表明其根本不想解决纠纷；这个纠纷不解决，时代广场固然不能竣工，冯某梅也别想经营。由于双方当事人各执己见，调解未果。

本案应解决的争议焦点：商铺买卖合同应当继续履行还是应当解除？如果解除，应当在什么条件下解除？

南京市玄武区人民法院认为：

《合同法》第8条[①]规定："依法成立的合同，对当事人具有法律约束力。当事人应当按照约定履行自己的义务，不得擅自变更或者解除合同。依法成立的合同，受法律保护。"原告新宇公司与被告冯某梅签订的商铺买卖合同，是双方当事人的真实意思表示，该合同合法有效，依法对双方当事人都有约束力。合同签订后，冯某梅履行了给付价款的义务，新宇公司也将商铺交付给冯某梅使用。后由于他人经营不善，致使时代广场两次停业，该广场内的整体经营秩序一直不能建立，双方当事人通过签订合同想达到的营利目的无法实现，这是在签订合同时双方当事人没有预料也不希望出现的结局。

《合同法》第5条[②]规定："当事人应当遵循公平原则确定各方的权利和义务。"第6条[③]规定："当事人行使权利、履行义务应当遵循诚实信用原则。"原告新宇公司在回收了大部分业主的商铺后，拟对时代广场重新进行规划布局，争取再次开业。被告冯某梅坚持新宇公司必须按每平方米30万元的高价回收其商铺，否则就要求继续履行商铺买卖合同。虽经调解，由于双方当事人互不信任，不能达成调解协议，以致新宇公司的6万平方米建筑和冯某梅的22.50平方米商铺均处于闲置状态。考虑到冯某梅所购商铺，只是新宇公司在时代广场里分割出售的150余间商铺中的一间。在以分割商铺为标的物的买卖合同中，买方对商铺享有的权利，不能等同于独立商铺。为有利于物业整体功能的发挥，买方行使权利必须符合其他商铺业主的整体意志。现在时代广场的大部分业

① 参见《民法典》第465条。
② 参见《民法典》第6条。
③ 参见《民法典》第7条。

主已经退回商铺，支持新宇公司对时代广场重新规划布局的工作，今后的时代广场内不再具有商铺经营的氛围条件。冯某梅以其在时代广场中只占很小比例的商铺，要求新宇公司继续履行本案合同，不仅违背大多数商铺业主的意愿，影响时代广场物业整体功能的发挥，且由于时代广场内失去了精品商铺的经营条件，再难以通过经营商铺营利，继续履行实非其本意。考虑到时代广场位于闹市区，现在仅因双方当事人之间的互不信任而被闲置，这种状况不仅使双方当事人的利益受损，且造成社会财富的极大浪费，不利于社会经济发展。从衡平双方当事人目前利益受损状况和今后长远利益出发，依照公平和诚信原则，尽管双方当事人之间存在的商铺买卖合同关系合法有效，尽管冯某梅在履行合同过程中没有任何违约行为，本案的商铺买卖合同也应当解除。

鉴于被告冯某梅在履行商铺买卖合同中没有任何过错，在商铺买卖合同解除后，其因商铺买卖合同而获得的利益必须得到合理充分的补偿，补偿标准是保证冯某梅能在与时代广场同类的地区购得面积相同的类似商铺。原告新宇公司同意在商铺买卖合同解除后，除返还冯某梅原付的购房价款、赔偿该商铺的增值款外，还给冯某梅补款 48 万元，这一数额足以使冯某梅的现实既得利益不因合同解除而减少，应予确认。

据此，南京市玄武区人民法院于 2004 年 4 月 30 日判决：

一、原告新宇公司与被告冯某梅签订的商铺买卖合同予以解除；

二、被告冯某梅给原告新宇公司返还时代广场内编号 2B050 的商铺，于本判决生效之日起 10 日内交付；

三、原告新宇公司返还被告冯某梅的商铺价款 368184 元，赔偿冯某梅商铺的增值额 163516 元，合计 531700 元，于本判决生效之日起 10 日内付清；

四、原告新宇公司赔偿被告冯某梅逾期办理房屋权属登记过户手续的违约金及其他经济损失 48 万元，于本判决生效之日起 10 日内付清。

本案案件受理费 7867 元、评估费 2650 元，由原告新宇公司负担。

一审宣判后，冯某梅不服，向南京市中级人民法院提起上诉。理由是：（1）一审已经认定双方之间的商铺买卖合同合法有效，但却在既不是当事人协商一致解除也不存在法定解除条件的情况下，仅凭被上诉人提出的履行合同会对其重新规划布局造成影响为由，就判决解除合法有效的合同，于法无据。（2）情势变更原则是指合同依法成立后，因不可归责于双方当事人的原因发生了不可预见的情况变更，致使合同的基础丧失或动摇，或继续维持合同原有效力则显失公平，从而允许变更或解除合同。本案不存在这种情况。首先，时代广场整体长期歇业、巨额资金闲置，是被上诉人经营、管理不善，经营策略错误等自身过错造成的。其次，在开发、销售和出租商铺时，对因经营管理不善而导致资产闲置的风险，被上诉人应当预见，不属于情势变更原则所指的情势。如果将这种商业风险归类于变更的情势，那么购房后房价下跌，上诉人也就可以以房价下跌、情势变更为由要求被上诉人退房，那么契约的稳定性及合同的诚信则无从谈起。最后，即使继续履行合同会给被上诉人带来不利，这也是经济交往中的正常损失，是被上诉人在订约时应当预见的且应当由其自己承担的商业风险。继续履行合同，不会出现显失公平的后果。因此，本案不适用情势变更原则。（3）因被上诉人经营不善造成的后果，与上诉人之间没有任何关系。即使为了维护被上诉人的利益，使其避免损失，也应当由被上诉人与上诉人自愿协商，通过公平买卖的办法来解决，不能借助国家强制力来实现。一审为维护被上诉人的商业利益、公司利益，通过司法程序强制解除合同，是错误的。（4）商铺是上诉人的私有财产，不经上诉人许可，被上诉人无权对上诉人的私有财产进行估价。一审根据被上诉人的申请，委托估价师事务所对上诉人的商铺进行估价，估价的结果令上诉人无法接受。被上诉人的48万元，不能补偿上诉人因此蒙受的损失。况且上诉人并未对一审法院提出退还房款、赔偿增值款、追究违约责任等请求，一审法院在没有当事人请求的情况下作出的判决，违背了法律规定。综上所述，一审判决适用法律不当，请求撤销一审判决，改判被上诉人实际履行合同，为上诉人办理产权过户手续，并负担本案全部诉讼费用。

被上诉人新宇公司答辩称：一审依照《合同法》第5条、第6条作出解除双方合同的判决是正确的。本案讼争房屋已被拆除，事实上无法继续履行合同。一审并未适用情势变更原则，也未维护被上诉人的商业风险和公司利益。本案中，被上诉人同意向上诉人支付的违约金和赔偿金，足以保证上诉人的利益不受侵害。二审应当维持原判。

南京市中级人民法院经审理，确认一审查明的事实属实。另查明，被上诉人新宇公司已取得本市中山路18号的土地使用权证及房屋所有权证，现正在对时代广场进行整体布局调整的施工。

二审审理中，南京市中级人民法院主持双方当事人进行调解。被上诉人新宇公司表示，可以在本市同类地区为上诉人冯某梅购买同等面积的门面房；冯某梅要求，新宇公司应当在原地点给其安置同等面积的门面房，并给予经济补偿，或者在本市同类地区给其补偿80平方米的门面房。因双方各执己见，致调解不成。后新宇公司表示，愿意在一审基础上再给冯某梅补偿各种经济损失20万元。

二审应解决的争议焦点是：（1）一审判决解除合同是否正确？（2）在权利人没有提出请求的情况下，一审在解除合同的判决中一并判决义务人给权利人赔偿，是否符合程序？

南京市中级人民法院认为：

上诉人冯某梅与被上诉人新宇公司签订的商铺买卖合同合法有效。新宇公司在合同约定的期限内未办理产权过户手续，已构成违约，又在合同未依法解除的情况下，将2B050商铺的玻璃幕墙及部分管线设施拆除，亦属不当。《合同法》第107条①规定："当事人一方不履行合同义务或者履行合同义务不符合约定的，应当承担继续履行、采取补救措施或者赔偿损失等违约责任。"从这条规定看，当违约情况发生时，继续履行是令违约方承担责任的首选方式。法律之所以这样规定，是由于继续履行比采取补救措施、赔偿损失或者支付违约金，更有利于实现合

① 对应《民法典》第577条。

同目的。但是，当继续履行也不能实现合同目的时，就不应再将其作为判令违约方承担责任的方式。《合同法》第110条[①]规定："当事人一方不履行非金钱债务或者履行非金钱债务不符合约定的，对方可以要求履行，但有下列情形之一的除外：（一）法律上或者事实上不能履行；（二）债务的标的不适于强制履行或者履行费用过高；（三）债权人在合理期限内未要求履行。"此条规定了不适用继续履行的几种情形，其中第2项规定的"履行费用过高"，可以根据履约成本是否超过各方所获利益来进行判断。当违约方继续履约所需的财力、物力超过合同双方基于合同履行所能获得的利益时，应该允许违约方解除合同，用赔偿损失来代替继续履行。本案中，如果让新宇公司继续履行合同，则新宇公司必须以其6万余平方米的建筑面积来为冯某梅的22.50平方米商铺提供服务，支付的履行费用过高；而在6万余平方米已失去经商环境和氛围的建筑中经营22.50平方米的商铺，事实上也达不到冯某梅要求继续履行合同的目的。一审衡平双方当事人利益，判决解除商铺买卖合同，符合法律规定，是正确的。冯某梅关于继续履行合同的上诉理由，不能成立。

考虑到上诉人冯某梅在商铺买卖合同的履行过程中没有任何违约行为，一审在判决解除商铺买卖合同后，一并判决被上诉人新宇公司向冯某梅返还商铺价款、赔偿商铺增值款，并向冯某梅给付违约金及赔偿其他经济损失。这虽然不是应冯某梅请求作出的判决，但此举有利于公平合理地解决纠纷，也使当事人避免了讼累，并无不当。二审中，新宇公司表示其愿给冯某梅增加20万元赔偿款，应当允许。

据此，南京市中级人民法院依照《民事诉讼法》第153条第1款第1项[②]的规定，于2004年9月6日判决：

一、维持南京市玄武区人民法院的一审民事判决第一项、第二项、第三项；

---

① 参见《民法典》第580条。

② 该法已于2023年9月1日修正，本条对应第177条第1款第1项。

二、变更南京市玄武区人民法院的一审民事判决第四项为：被上诉人新宇公司赔偿上诉人冯某梅逾期办理房屋权属登记过户手续的违约金及其他经济损失 68 万元，于本判决生效之日起 10 日内付清。

二审案件诉讼费 7867 元，由被上诉人新宇公司负担。

本判决为终审判决。

附件 3

兰州滩尖子永昶商贸有限责任公司等与甘肃爱之泰房地产开发有限公司合作开发房地产合同纠纷案[①]

【裁判摘要】

在双务合同中，双方均存在违约的情况下，应根据合同义务分配情况、合同履行程度以及各方违约程度大小等综合因素，判断合同当事人是否享有解除权。

上诉人（原审被告）：甘肃爱之泰房地产开发有限公司

法定代表人：窦某渤

委托代理人：邢某光

委托代理人：张某好

被上诉人（原审原告）：兰州滩尖子永昶商贸有限责任公司

法定代表人：宋某山

委托代理人：岩某斌

委托代理人：王某功

被上诉人（原审原告）：甘肃省农垦机电总公司

法定代表人：刘某功

委托代理人：岩某斌

委托代理人：王某功

上诉人甘肃爱之泰房地产开发有限公司（以下简称爱之泰公司）与被上诉人兰州滩尖子永昶商贸有限责任公司（以下简称永昶商贸公司）、甘肃省农垦机电总公司（以下简称农垦机电公司）合资、合作开发房地产合同纠纷一案，不服甘肃省高级人民法院 2012 年 6 月 1 日作出的

① 参见《最高人民法院公报》2015 年第 5 期。

（2010）甘民一初字第2号民事判决，向本院提起上诉。本院依法组成合议庭，于2012年12月14日进行了开庭审理。爱之泰公司的委托代理人邢某光、张某妤，永昶商贸公司和农垦机电公司的委托代理人岩某斌、王某功到庭参加诉讼。本案现已审查终结。

一审法院经审理查明：2006年12月11日，爱之泰公司与永昶商贸公司、农垦机电公司签订《联建合作协议书》约定，爱之泰公司与永昶商贸公司于2001年11月签订了联建合作协议，由双方共同开发建设银垠大厦项目。根据协议约定，永昶商贸公司应给爱之泰公司办理联建项目用地土地过户事宜。为尽快办理滩尖子489号土地的过户事宜，以使双方共同开发的银垠大厦项目得以顺利开发建设，进一步明确三方权利义务，特订立下列条款：（1）银垠大厦项目概况。银垠大厦项目的总建筑面积为49586.14平方米（不含人防层）。本合同项下工程为联建工程，各方均应为项目成功尽到各自义务。项目立项、规划、建设及销售应以爱之泰公司名义进行。（2）分成方式：①爱之泰公司与永昶商贸公司。根据2005年12月15日的面积划分协议书规定，分成为：爱之泰公司占爱之泰公司和永昶商贸公司共同分成面积（⑦－①轴线）的一层至二十八层面积的65%，永昶商贸公司占35%。②爱之泰公司与农垦机电公司。爱之泰公司与农垦机电公司的应分配总面积：根据2006年1月12日（阴历）的面积划分协议书规定，分成为：爱之泰公司占爱之泰公司和农垦机电公司共同分成面积（⑦–⑪轴线）的65%，农垦机电公司占35%，具体为银垠大厦一层至二十八层，爱之泰公司占65%，农垦机电公司占35%。（3）三方责任。上述面积划分的约定，三方均应遵守履行。爱之泰公司在永昶商贸公司办理土地过户后，不得将划分给永昶商贸公司、农垦机电公司的面积不动产对外设定抵押、担保、入股、买卖。永昶商贸公司在本协议签订后的3个工作日内，完成2005年12月15日与爱之泰公司所签协议中约定的将“银垠大厦的建设占地面积据土地证记载宗地5.019亩土地使用权即刻过户给爱之泰公司”的承诺条款，并出具一切过户所需的文件、证明及相关申请书等。

12 月 22 日，签约三方又签订了一份补充协议，约定：（1）银埌大厦建设项目系三方共同联建项目。（2）现联建开发建设项目占地 5.019 市亩，虽然以前是以永昶商贸公司名义的土地使用权的宗地，但其中约 2.33 市亩土地，实际为农垦机电公司所用地，并以此为参与该联建分成的依据。（3）三方的产权证书诸手续均由爱之泰公司负责办理，费用各自缴纳。（4）联建项目占地拆迁的雁滩税务所、供销公司、乡种子站，在 2007 年 10 月底由永昶商贸公司分成给以上单位的房产，在到期后不能交付使用时，延期交付的延期过渡费，按当时拆迁时的拆迁过渡费定额，由爱之泰公司及其施工单位承担。银埌大厦中所有不参与三方共同分配的公共面积，如若实际经营，由此产生的经营效益和相关责任，则由实际经营者按三方的房屋分成的比例进行分成。（5）三方按比例分成的房屋，必须在爱之泰公司的售房部门公示，同时，三方实际分成房屋在施工平面图中确定，经三方在该图纸上盖章明确，并各自保存以备在交房时对照。（6）农垦机电公司在交房时必须把由永昶商贸公司、爱之泰公司为其担保从市城投公司所借的拆迁补偿款归还给城投公司，如不能按时归还时，将由永昶商贸公司或爱之泰公司归还，届时农垦机电公司所分得的房产将归实际还款方所得。

签约三方还于 2004 年 12 月 21 日就爱之泰公司要求先行开工问题签署了一份会议纪要，纪要内容为：同意先行开工。2006 年 2 月 21 日，爱之泰公司与浙江宏成建设工程有限公司（以下简称宏成公司）签订了《银埌大厦工程施工协议书》，约定由宏成公司总承包位于兰州市城关区滩尖子银埌大厦地下二层、地上二十八层，建筑面积 6 万平方米的施工工程，承包方式为包工、部分包料，总工期按 720 日历天。该协议在履行过程中：（1）由于银埌大厦工程项目未经兰州市规划行政主管部门批准，亦未办理相关四证，被兰州市规划局给予行政处罚［详见兰州市规划局 2006 年 9 月 28 日兰规监（2006）070 号处罚决定书］；（2）爱之泰公司在未取得商品房预售许可证的情况下违法预售部分房屋；（3）由于爱之泰公司未按约支付工程款，导致该工程至今只完成了主体部分［详见已生效的甘肃省兰州市城关区人民法院（2007）城民三初字 305 号民事调解书、甘肃省高级人民法院（2010）甘民二初字第 12 号民事调解书、甘肃省高级人民法院（2010）甘民一终字第 67 号民事判决］，故引发本案诉讼。

一审法院同时查明，根据甘肃省高级人民法院（2010）甘民一终字第 67 号民事判决书认定的事实，银垠大厦主体工程造价为 44417189.76 元；本案经爱之泰公司申请委托鉴定，爱之泰公司实际投入该工程的前期费用为 14240294.04 元，拖欠设计费 219.28 万元，共计 60850283.80 元，经质证双方当事人对该鉴定结论均无异议，应予采信。另据甘肃省高级人民法院（2010）甘民二初字第 12 号民事调解书确定，爱之泰公司应于 2010 年 6 月 30 日前支付甘肃天奇物资集团有限公司钢材、水泥等款项 8600 余万元，目前该案正在执行中；由于爱之泰公司违约，其与宏成公司所签建设工程施工合同被解除［详见（2010）甘民一终字第 67 号民事判决］；又据《兰州铁路运输中级人民法院关于兰州天奇物资集团有限公司与爱之泰公司买卖合同欠款纠纷一案的执行情况报告》称：由于爱之泰公司无清偿债务的能力，债权人已申请法院对银垠大厦进行评估拍卖。

一审法院另查明，（1）2001 年 7 月 18 日、8 月 5 日，农垦机电公司与爱之泰公司就农垦机电公司所属的位于兰州市城关区滩尖子 489 号办公经营居住地办理过户及进行开发建设项目签订了《联建合作协议》及《联建补充协议》。2001 年 8 月 4 日，农垦机电公司与爱之泰公司签订一份补充协议纪要，内容为：主要以爱之泰公司名义申报建设立项以及申领除土地证外的建设用地规划许可证等其余四证和双方资产办理产权证分割。2001 年 11 月 21 日、2003 年 10 月 10 日，双方又就联建面积、补偿安置、竣工时间、商住、办公及商场的分配等事宜签订了联建补充协议。2006 年 1 月 12 日，农垦机电公司与爱之泰公司就分成比例又签订了一份协议书。（2）2001 年 11 月 21 日，永昶商贸公司与爱之泰公司签订联建合作协议书，约定就永昶商贸公司所属的位于兰州市城关区滩尖子489号3970平方米的场地进行联合开发建设。2005年12月15日，双方依据上述协议条款，签订银垠大厦面积划分的协议书。（3）2006年10月11日，兰州市城市基础设施建设投资公司（以下简称城建公司）与永昶商贸公司、农垦机电公司、爱之泰公司签订了一份四方协议。约定：①爱之泰公司应付农垦机电公司的拆迁补偿款664万元，暂由城建公司垫付；②本协议生效10日内农垦机电公司应搬离完毕，建筑物拆除及建筑垃圾清运工作，爱之泰公司应在农垦机电公司搬离完毕20日内完成，城建公司垫付补偿款应于本协议生效10日内付清；③本协议签订后12个月内，爱之泰公司应在与永昶商贸公司、农垦机电公司联建的银垠大厦项目中，对农垦机电公司进行实物安置，具体安置标准见永昶商贸公司、农垦机电公司与爱之泰公司签订的《安置补偿协议》及《联建合作协议》；④爱之泰公司对农垦机电公司实物安置后或本协议签订起12个月后的对应日内，农垦机电公司应将城建公司垫付的拆迁补偿款一次性返还，若农垦机电公司未按时返还，每延期一天按补偿总额日万分之四比例向城建公司支付违约金，永昶商贸公司与爱之泰公司对此承担连带责任；⑤对本协议，农垦机电公司以其爱之泰公司在建的银垠大厦房地产进行抵押担保，若本协议签订起12个月后的对应日内农垦机电公司未按时返还城建公司垫付的拆迁补偿款，则以银垠大厦在建工程整体及其土地使用权作为抵押，爱之泰公司、永昶商贸公司承担连带责任；⑥银垠大厦工程在2007年10月20日不能交付使用，农垦机电公司所用城建公司垫付的拆迁补偿款由爱之泰公司无条件全额返还，届时，楼房交付时，农垦机电公司不能全额返还城建公司补偿款，则由爱之泰公司全额返还城建公司的补偿款，农垦机电公司从该项目中无条件退出；⑦若爱之泰公司对农垦机电公司未及时安置酿成纠纷时，农垦机电公司应依其与永昶商贸公司签订的《安置补偿协议》及《联建合作协议》向永昶商贸公司与爱之泰公司主张权利，与城建公司无关。2007年10月30日，农垦机电公司致函城建公司，称：贵公司与我公司、永昶商贸公司、爱之泰公司于2006年10月20日共同协商签订了四方协议书，目前为止，爱之泰公司未能按期将房屋交付我方使用，根据四方协议约定，返款的责任全部由爱之泰公司承担。

一审法院还查明，兰州市人民政府于2002年3月28日下发《关于给永昶商贸公司征拨建设用地的通知》[兰政建字（2002）078号]。2004年8月31日，兰州市规划国土资源局与永昶商贸公司签订兰州市城镇国有土地使用权出让合同。2005年5月26日，兰州市人民政府向永昶商贸公司颁发国有土地使用权证[兰国用（2005）第C06978号]，并予以登记。

一审法院再查明，永昶商贸公司原为兰州滩尖子农工商企业总公司，隶属于兰州市城关区滩南街道滩尖子村社区居委会，2008年1月9日，经兰州市工商行政管理局城关分局核准变更为现名。兰州市城关区滩南街道滩尖子村社区居委会认可永昶商贸公司因该诉讼产生的法律后果。

永昶商贸公司、农垦机电公司起诉称，2001年7月18日至2006年12月11日，其与爱之泰公司先后签订多份《联建合作协议》《联建补充协议》，约定其提供位于兰州市城关区滩尖子489号的5.019亩国有土地使用权，爱之泰公司提供资金，合作开发银垠大厦商住楼。在《联建合作协议》履行过程中，爱之泰公司不能提供资金导致银垠大厦建设停工。爱之泰公司未能按《联建合作协议》的约定向其交付约定房屋，并违法预售房屋。爱之泰公司已构成违约，故请求：（1）解除三方签订的《联建合作协议》；（2）由爱之泰公司承担违约责任，赔偿损失121170840元（最终以法院评估为准）；（3）案件受理费、评估费由爱之泰公司承担。

爱之泰公司未提供书面答辩意见，其在庭审中提出要求继续履行合同，并驳回永昶商贸公司、农垦机电公司的诉讼请求。

一审法院认为，依法成立的合同，对当事人具有法律约束力。当事人应当按照约定履行自己的义务。根据《联建合作协议》及《补充协议》约定，永昶商贸公司、农垦机电公司以其出让的5.019亩土地使用权作为投资，与出资方爱之泰公司联建银垠大厦，但该大厦联建至今，永昶商贸公司、农垦机电公司并未给爱之泰公司办理土地过户手续，致使应由爱之泰公司办理的建设工程审批、规划、施工、预售等许可手续至该工程停工时均未办理，导致在建的银垠大厦形成违章建筑，并受到处罚。爱之泰公司作为联建一方的投资方，由于无资金支持，使得在建工程在主体封顶后，被搁置长达三年之久，且长期拖欠材料款、工程款及民工工资。根据已生效的甘肃省高级人民法院（2010）甘民二初字第12号民事调解书和甘肃省高级人民法院（2010）甘民一终字第67号民事判决认定的事实，爱之泰公司拖欠工程款、材料款本息已达1.2亿元之多，使得联建合同的履行成为不可能。永昶商贸公司、农垦机电公司关于解除联建合同的诉讼请求成立，应予支持。虽然永昶商贸公司、农垦机电公司与爱之泰公司签约主体适格，三方所签诸多《联建合作协议》及《补充协议》成立，但爱之泰公司作为联建一方的投资方，首先，在三方协议签订之前即与宏成公司签订了建设工程施工合同，至合同被解除时尚未办理建设工程审批、规划、施工、预售等许可手续，永昶商贸公司、农垦机电公司亦未及时办理土地过户及协助爱之泰公司办理其他手续，均构成违约，各方期待的预期利益均不能实现；其次，爱之泰公司在未取得规划、预售等许可证的情况下，违法售房且未将预售房款用于在建工程，过错责任应由其自行承担；最后，爱之泰公司未按合同约定支付工程款，致工程停工至今，尚欠宏成公司工程款15126810.57元。由于双方当事人均违反合同约定，永昶商贸公司和农垦机电公司主张的121170840元（应分配面积20195.14平方米乘以起诉时房地产市场估价均价6000元/平方米）违约损失的诉讼请求不予支持。爱之泰公司以自己的行为表明不能履行合同义务且未提出反诉，其要求继续履行合同的诉请亦不予支持。

综上所述，一审法院判决：一、永昶商贸公司、农垦机电公司与爱之泰公司签订的《联建合作协议》及《补充协议》终止履行。二、永昶商贸公司、农垦机电公司按爱之泰公司在银垠大厦已完工程中的实际投入（主体工程造价 44417189.76 元 + 爱之泰公司前期投入费用 14240294.04 元 + 拖欠设计费 219.28 万元）共计 60850283.80 元给付爱之泰公司，并按中国人民银行同期贷款利率，分别计付爱之泰公司前期投入费用的利息（以付款先后为序分段计息）和主体工程造价的利息（从 2006 年 2 月起按付款数额分段计息）至起诉时止。三、限判决生效后 30 日内由永昶商贸公司、农垦机电公司支付爱之泰公司实际投入费用及利息后，爱之泰公司向永昶商贸公司、农垦机电公司移交施工场地。四、驳回永昶商贸公司、农垦机电公司要求爱之泰公司承担违约损失的诉讼请求。一审案件受理费 647654 元，鉴定费 233900 元，共计 881554 元，由永昶商贸公司、农垦机电公司和爱之泰公司各承担 440777 元。如果未按本判决指定的期间履行给付金钱义务，应当依照《民事诉讼法》第 229 条[①]之规定，加倍支付迟延履行期间的债务利息。

爱之泰公司不服一审判决，向本院提起上诉。

爱之泰公司上诉称，（1）原判决终止履行《联建合作协议》及《补充协议》无法律依据。永昶商贸公司和农垦机电公司所属土地和原建办公楼未办理过任何规划手续，属于违法建筑，以致相关的土地开发建设手续不能办理；农垦机电公司对案涉土地无合法使用权，不属于本案适格当事人；爱之泰公司无任何违约行为，永昶商贸公司未依约办理土地使用权过户手续，应承担全部违约责任。（2）原判决认定的工程造价和工程量与事实不符。4400 万元仅是施工方完成的主体土建部分的工程造价，而不是案涉项目已完工部分的全部造价；除建筑主体外的相关构筑物和结构构造的施工和材料均由爱之泰公司自行完成，该部分工程量并未计入。一审判决认定爱之泰公司欠甘肃天奇物资集团有限公司材料款就高达 8000 多万元，却仅认定爱之泰公司总投入为 6000 多万元，存在矛盾。（3）爱之泰公司与施工方宏成公司的诉讼是因施工方未按施工合同约定的进度完成工程。项目停工并非爱之泰公司无资金支持，而是

① 该法已于 2023 年 9 月 1 日修正，本条对应第 264 条。

因为永昶商贸公司有意阻碍所致。综上所述，请求：（1）撤销一审判决第一项、第二项、第三项；（2）判令撤销农垦机电公司的联建资格和当事人资格，继续由永昶商贸公司与爱之泰公司履行联建协议；（3）本案一、二审诉讼费、鉴定费等全部由永昶商贸公司和农垦机电公司负担。

永昶商贸公司和农垦机电公司答辩称，爱之泰公司不能按约定投入资金，导致其未能在合同约定期限内实现联建合同目的，并且陷入多年纠纷之中，爱之泰公司存在明显违约。原判决认定事实清楚，适用法律正确，请求驳回上诉，维持原判。

本院庭审中，对案涉项目主体工程已经完工的事实，各方均表示认可。

本院另查明，爱之泰公司诉宏成公司一般建设工程合同纠纷一案，甘肃省高级人民法院于2011年1月4日作出（2010）甘民一终字第67号民事判决，现已生效。该判决查明，2008年6月，宏成公司以爱之泰公司未按约支付工程进度款和进购所需材料款为由被迫停工。爱之泰公司以宏成公司无理停工给其造成经济损失为由提起该案诉讼。

本院二审查明的其他事实与一审查明的事实一致。

本院认为，本案的争议焦点为，永昶商贸公司和农垦机电公司对《联建合作协议》及《补充协议》是否享有法定解除权。爱之泰公司提出，农垦机电公司不具备《联建合作协议》的当事人资格。永昶商贸公司和农垦机电公司主张爱之泰公司主要存在两项违约行为：一是未办理案涉联建项目的报建、规划、施工、预售等手续，致使案涉项目形成违章建筑并受到处罚；二是未按期交付联建房产。

关于农垦机电公司是否具备《联建合作协议》当事人资格的问题。根据一审查明的事实，2001年7月18日、2001年8月5日、2001年11月21日、2003年10月10日、2006年1月12日、2006年12月11日、2006年12月22日，农垦机电公司与爱之泰公司签订了多份《联建合作协议》及《补充协议》爱之泰公司认可其与农垦机电公司签订的各个联建协议的真实性和有效性。根据《合同法》第 8 条第 2 款[①]的规定，依法成立的合同，受法律保护，故农垦机电公司是案涉多份联建协议及补充协议的合同主体，其合同权利应受法律保护。2006 年 12 月 22 日永昶商贸公司、农垦机电公司和爱之泰公司三方签订的《补充协议》第 2 条约定，"现联建开发建设项目占地 5.019 市亩，虽然以前是以永昶商贸公司名义的土地使用权的宗地，但其中约 2.33 市亩土地，实际为农垦机电公司所用地，并以此为参与该联建分成的依据"，由上可以看出，虽然案涉土地使用权登记在永昶商贸公司名下，但各方对案涉土地真实权属状况是明知的，合同约定也是明确的，该合同约定亦不违背法律的规定，故上述约定对各方具有约束力。退一步讲，即使农垦机电公司对标的物无任何处分权，亦不影响各联建协议及补充协议的效力，农垦机电公司仍享有相关的合同权利。综上所述，爱之泰公司以农垦机电公司对案涉土地无任何权益为由主张农垦机电公司不具备联建主体资格的理由不能成立。

关于未办理案涉项目报建、规划等手续问题。根据已查明的事实，2001 年 5 月农垦机电公司与爱之泰公司签订的《联建补充协议》第 3 条约定，案涉项目的报建立项均以爱之泰公司名义进行，各项交费由爱之泰公司承担支付，除土地证在工程前期仍以农垦机电公司名义办理外，其他四证在报建立项过程中均以爱之泰公司名义申领。2001 年 11 月 21 日滩尖子农工商企业总公司与爱之泰公司签订的《联建合作协议书》第 1 条第 4 项约定，爱之泰公司负责全部建设报批工作和建设施工设计以及技术评审的全部工作，直至开工一切手续办理完毕（规划用地许可证、规划建设许可证、施工建设许可证），所需费用全部由爱之泰公司承担，具备建设开工的条件；第 2 条第 3 项约定，滩尖子农工商企业总公司有义务配合爱之泰公司在项目报批中所需的一切与本项目有关的土地文件与相关手续。兰州市工商行政管理局市场管理二分局行政处罚

① 参见《民法典》第 465 条第 1 款。

决定书中载明，爱之泰公司的陈述意见为："规划手续没有办下来的原因是原兰州滩尖子农工商总公司以雁滩家具市场为代表的，所有该公司所属全部一百多个开发建设项目，从来没依法办理过规划建设手续。为此，兰州市规划局对该公司2005年以后的新开工项目的规建手续，一律以让其补齐以前的项目规划手续为由，将银垠大厦的规建手续拖至今日也没有办理。"从上述事实可以看出，对案涉联建项目的报批手续等，各方均须履行一定义务，现各方均未能提供充分证据证明已履行相应义务，故导致案涉项目规划手续未能有效办理，各方均应承担相应的责任。根据一审查明的事实，2004年12月21日签约三方就爱之泰公司要求先行开工问题签署了一份会议纪要，纪要内容：同意先行开工。这也说明各方对边开工边办理相关手续是达成一致的。2006年6月28日兰州市规划局《违法建设案件行政处罚决定书》（兰规监〔2006〕070号）第2项载明："责令补办建设工程规划手续。"从兰州市规划局的处罚决定看，案涉项目并非根本性违法建筑，而是属于可以补办工程规划手续的项目。综上所述，办理案涉项目各项规划手续是联建三方的共同义务，爱之泰公司负责办理工作，永昶商贸公司和农垦机电公司负责协助，导致案涉项目规划手续未能办理，各方均有一定责任。而且，各方对案涉项目先开工后补办手续也是明知并认可的。同时，根据相关行政部门的决定，案涉项目并非根本性违章建筑，可以通过补办相关规划手续使之合法化。因此，爱之泰公司虽然未成功办理规划手续，但并不属于根本性违约导致合同目的不能实现，原判决以爱之泰公司未办理规划等手续导致案涉项目为违章建筑为由，认定永昶商贸公司和农垦机电公司有权解除合同，无事实和法律依据。

关于爱之泰公司未按时交付联建房产问题。2003年10月10日，农垦机电公司与爱之泰公司签订的《联建补充协议》第1条约定，因拆除家属楼关系拆迁户的补偿和安置问题，爱之泰公司应在本协议签订之日起30个月内完成全部工程，将约定面积交付农垦机电公司使用，如果没有按期交付使用，爱之泰公司应承担农垦机电公司拆迁户的安置费，爱之泰公司如在 36 个月内不能完成大楼建设工程，农垦机电公司视爱之泰公司违约。爱之泰公司应承担农垦机电公司各种损失（如拆除楼房所造成的各种损失）。2006 年 1 月 12 日爱之泰公司与农垦机电公司签订的《协议书》第 14 条约定，爱之泰公司施工工期从 2006 年 2 月 20 日起，施工期限不能超过 30 个月，如超过施工期限后，违约赔偿金每月 3 万元。2006 年 10 月 11 日，城建公司与永昶商贸公司、农垦机电公司、爱之泰公司签订的四方协议约定，银垠大厦工程在 2007 年 10 月 20 日不能交付使用，农垦机电公司所用城建公司垫付的拆迁补偿款由爱之泰公司无条件全额返还。从上述合同约定情况看，各方对何时交付联建房产并没有特别严格的时间要求，交房时间一直处于变动中，亦未有逾期交房解除合同的约定。而 2008 年案涉项目主体工程已经完工。故虽然爱之泰公司存在迟延履行债务的行为，但尚未达到不能实现合同目的之严重程度。在 2009 年至 2011 年，爱之泰公司与施工方宏成公司一直处于诉讼中，本案一审亦因上述诉讼而中止审理。故关于案涉项目停工 3 年有余是因爱之泰公司无后续履行资金的主张，并无充分事实依据。爱之泰公司欠付工程款及其他材料款的事实与本案属于不同的法律关系，不能因此认定爱之泰公司以自己的行为表明不履行合同义务。原判决在认定爱之泰公司违约的同时，亦认定永昶商贸公司未按照约定将案涉土地过户到爱之泰公司名下，构成违约。本院认为，在双务合同中，双方均存在违约的情况下，应根据合同义务分配情况、合同履行程度以及各方违约大小等综合考虑合同当事人是否享有解除权。综合全案情况看，爱之泰公司承担了联建项目中的主要工作，并已经履行了大部分合同义务，案涉项目主体工程已经完工，在各方均存在违约的情况下，认定永昶商贸公司和农垦机电公司享有法定解除权，无事实和法律依据，并导致合同双方利益的显著失衡。原判决解除合同不妥，本院予以纠正。同时，根据《合同法》第 112 条[①]规定，当事人一方不履行合同义务或者

① 对应《民法典》第 583 条。

履行合同义务不符合约定的，在履行义务或采取补救措施后，对方还有其他损失的，应当赔偿损失。因此，合同继续履行并不影响各方要求对方承担违约责任的权利。

综上所述，根据《民事诉讼法》第153条第1款第2项[①]之规定，判决如下：一、撤销甘肃省高级人民法院（2010）甘民一初字第2号民事判决；二、驳回永昶商贸公司和农垦机电公司的诉讼请求。一审案件受理费647654元，鉴定费233900元，共计881554元，由永昶商贸公司和农垦机电公司各负担440777元；二审案件受理费647654元，由永昶商贸公司和农垦机电公司各负担323827元。

本判决为终审判决。

① 该法已于2023年9月1日修正，本条对应第177条第1款第2项。

附件 4

合同僵局典型案例之房屋租赁合同篇

案例 1：张某栋与郝某房屋租赁合同案

——因疫情导致“合同僵局”违约方解除合同的效力认定与法律适用

[案件索引]

一审：山东省济南市长清区人民法院（2021）鲁 0113 民初 2918 号

二审：山东省济南市中级人民法院（2021）鲁 01 民终 11201 号

[裁判要旨]

因疫情导致“合同僵局”情况下，违约方解除合同的效力认定。

[基本案情]

2017 年 11 月张某栋与郝某签订《房屋租赁合同》，约定张某栋将其购买的商铺两间租给郝某。合同约定：郝某承租房屋从事餐饮经营，租赁期限 6 年，自 2017 年 11 月 10 日至 2023 年 1 月 9 日。租赁费采用预付制，每年一交，即先付租赁费后使用。合同履行期间，约定的租赁价格无论租赁市场价如何波动变化不再做任何调整。合同签订后，郝某接收涉案房屋从事饭店经营，并已付清 2017 年 11 月至 2020 年 6 月 11 日的租金。此外，郝某依据合同约定向张某栋支付押金 5000 元。

2020 年年初，受新冠疫情影响，郝某经营的餐厅停业。此后，郝某以新冠疫情为不可抗力为由与张某栋及其父张某多次协商解除房屋租赁合同，张某栋认为疫情影响是短暂的，不同意解除合同，若解除合同，郝某应根据合同约定赔付当年租赁费的2倍100余万元作为违约金。此后双方多次协商未果。2020年4月26日，郝某向张某栋邮寄解除租赁合同通知书及涉案房屋钥匙、水卡、电卡等物品。快递单及物流明细显示，邮件于2020年4月27日到达张某栋、张某居住小区菜鸟驿站，张某栋直至7月26日才收取邮件。郝某于2020年4月20日搬离涉案房屋，张某栋于2020年5月知道郝某搬离，双方对合同解除及损失问题仍无法协商一致，张某栋遂诉至法院，要求郝某支付拖欠租赁费769750元及违约金；郝某则提起反诉要求张某栋返还超付租赁费61407.72元、押金5000元及利息。

［裁判理由］

山东省济南市长清区人民法院经审理认为：对于因受疫情或者疫情防控措施直接影响而产生的合同纠纷案件，应当综合考量疫情对不同地区、不同行业、不同案件的影响，把握疫情或者疫情防控措施与合同不能履行之间的因果关系和原因力大小，对合同能否继续履行作出判断。对因疫情或者疫情防控措施导致合同目的不能实现，当事人请求解除合同的，人民法院应予支持。具体到本案，2020年新冠疫情的暴发导致餐饮业处于停业经营状态，郝某作为餐饮业经营者不仅要承担高昂的房屋租金、工人工资、设备折旧等损失，同时还面临经营收入的大幅减少甚至零收入；同时，即便疫情后续得到有效控制，在政府对餐饮行业的疫情防控措施、疫情对民众外出就餐产生的心理影响以及周边高校未能如期开学等多因素影响下，涉案餐馆客流量大幅减少，且在当时的情况下何时恢复亦属未知，郝某在此情况下要求解除租赁合同并无过错，涉案合同应予解除。

关于合同解除的时间，在双方多次就合同解除协商未果的情况下，郝某搬离涉案房屋并邮寄了解除合同通知书及涉案房屋钥匙、水卡、电卡等物品，该行为表明了郝某不继续履行主要合同义务的意思表示。张某栋一方虽辩称一直未收到上述邮件，但根据快递行业交易习惯，应认定上述邮件已于4月27日向张某栋送达。张某栋未及时收取邮件，未能提供合理解释，对其未收到邮件的抗辩主张，不予采信。综上，法院依法认定涉案《房屋租赁合同》已于2020年4月27日解除。因涉案合同已于2020年4月解除，张某栋要求郝某继续支付2020年5月至2021年11月9日的租赁费769750元的诉讼请求，不予支持。

关于违约金损失，张某栋作为出租人，对本案合同的解除并无过错，也面临着合同解除后租金收入减少的损失。在此情况下，双方当事人应本着和解协商、共担风险、共渡难关的原则解决纠纷。在双方无法协商一致的情况下，法院综合疫情对餐饮行业的影响、国家的疫情防控政策以及双方当事人的风险承受能力等各方面因素，酌情认定由郝某补偿张某栋3个月的租金损失，扣除郝某超付的租金61407.72元后，由郝某另支付65943.28元作为损失补偿。据此一审判决：一、限郝某于本判决生效之日起10日内支付张某栋租赁费损失65943.28元；二、驳回张某栋的其他诉讼请求；三、驳回郝某的反诉请求。

张某栋不服一审判决，提出上诉，但未缴纳上诉费。山东省济南市中级人民法院依照《民事诉讼法》第154条第1款第11项[①]，《最高人民法院关于适用〈中华人民共和国民事诉讼法〉的解释》第320条[②]规定，裁定如下：本案按上诉人张某栋自动撤回上诉处理。一审民事判决自本裁定书送达之日起发生法律效力。

① 该法已于2023年9月1日修正，本条对应第157条第1款第11项。
② 该司法解释已于2022年3月22日修正，本条对应第318条。

案例 2：张某与谭某万租赁合同纠纷案

——因新冠疫情影响，导致承租人无力再继续履行合同，应允许其解除合同[①]

[案件索引]

一审：四川省武胜县人民法院（2021）川 1622 民初 812 号

二审：四川省广安市中级人民法院（2021）川 16 民终 751 号

[裁判要旨]

因受新冠疫情及市场经济等多种因素的影响，导致承租人无力再继续履行合同，承租人并无违约的主观恶意，应允许其作为违约方解除合同。

[基本案情]

谭某万向一审法院起诉请求：（1）判令张某支付谭某万 2021 年 1 月 12 日至 2022 年 1 月 11 日门市租金 38000 元；（2）判令张某向谭某万支付未按约定支付租金的违约金 2000 元，原合同继续履行。

张某向一审法院反诉请求：（1）判令双方解除房屋租赁合同；（2）判令谭某万退还张某 2 个月租金 6333 元，押金 5000 元，电表开户费 6000 元，共计 17333 元。

一审法院经审理查明：谭某万（甲方）与张某（乙方）于 2020 年 1 月 11 日签订《门市租赁合同》一份，约定张某租用谭某万所有的位于武胜县门面房，租赁期限为 2020 年 1 月 12 日至 2023 年 1 月 11 日，

① 本案系一、二审法院对于违约方能否解除合同认识不一致而导致的改判典型案件，案例来源于中国裁判文书网。

每年租金38000元，每年租金在1月12日前一次性付清，否则从1月12日起，每迟延一天收取年租1.5‰的滞纳金（从乙方交纳的押金中扣除），任何一方违反任一条款，视为违约，须赔偿对方违约金10万元和因违约造成的其他一切损失。合同同时还对双方的其他权利义务进行了约定。合同签订后，张某向谭某万支付了一年的租金38000元及押金5000元，并对该门市进行了装修拟经营餐饮。2020年10月，张某向谭某万提出解除合同，双方协商未能达成一致意见。

另查明，案涉门市系谭某万所有。2020年1月26日，武胜县新型冠状病毒感染的肺炎疫情防控工作领导小组发布通告（第1号），从2020年1月26日起县内所有KTV、图书馆、电影院等公共场所一律停止营业，解除日期另行通知；2020年2月23日，广安市应对新型冠状病毒感染肺炎疫情应急指挥部发布公告（第13号），从2020年2月24日起全市商贸服务行业有序恢复正常营业……支持餐饮经营企业采用外卖方式供餐；2020年3月14日，广安市应对新型冠状病毒感染肺炎疫情应急指挥部发布公告（第16号），从3月16日起酒店、宾馆及餐饮类经营单位，在达到疫情防控要求的前提下恢复营业。

一审法院认为：本案争议焦点为：（1）案涉《门市租赁合同》应否解除；（2）张某应否向谭某万支付2021年1月12日至2022年1月11日门市租金、违约金；支付金额应否扣减2个月的租金金额。

关于争议焦点一，谭某万与张某签订的《门市租赁合同》系双方真实意思表示，且不违反法律、行政法规的强制性规定，合法有效，双方均应按合同的约定全面履行各自的义务。张某认为新冠疫情导致其经营困难，合同目的不能实现，请求解除合同。该院认为，因双方未约定合同解除条件，根据《民法典》第563条第1款“有下列情形之一的，当事人可以解除合同：（一）因不可抗力致使不能实现合同目的；（二）在履行期限届满前，当事人一方明确表示或者以自己的行为表明不履行主要债务；（三）当事人一方迟延履行主要债务，经催告后在合理期限内仍未履行；（四）当事人一方迟延履行债务或者有其他违约行为致使不能实现合同目的；（五）法律规定的其他情形”之规定，案涉合同应否解除需综合考虑合同的履行情况、疫情及疫情防控措施妨碍合同履行的程度等以及不可抗力是否致使合同目的不能实现。谭某万与张某于2020年1月11日签订租赁合同后，张某向谭某万支付了一年的租金及押金，并对该门市进行了装修拟经营餐饮，虽然随后的新冠疫情属于不可抗力，但就案涉门市所在地而言，结合当地疫情防控部门的相关文件要求，疫情导致张某无法经营餐饮的期限为一个月左右，之后餐饮业陆续恢复正常营业，因此，新冠疫情并不必然导致合同目的无法实现，张某经营困难、亏损严重、无法继续经营，系其自身的商业风险。双方签订租赁合同时约定的租金价格等相关事宜也是基于三年的租赁期限考虑，根据诚信及公平原则，不能因一方的商业风险而解除合同损害合同相对方的权益，且张某尚有转租等其他救济措施。另外，根据《民法典》第564条第2款“法律没有规定或者当事人没有约定解除权行使期限，自解除权人知道或者应当知道解除事由之日起一年内不行使，或者经对方催告后在合理期限内不行使的，该权利消灭”之规定，张某以“不可抗力（新冠疫情）导致其经营困难，合同目的不能实现”为由主张解除合同，根据武胜县新型冠状病毒感染的肺炎疫情防控工作领导小组通告（第1号）“从2020年1月26日起县内所有KTV、图书馆、电影院等公共场所一律停止营业”，张某从2020年1月26日就知道或者应当知道该不可抗力，虽然张某于2020年10月向谭某万提出解除合同，但双方协商未能达成一致意见，且张某并未向该院请求确认该解除合同行为有效，而是于2021年3月11日向该院提起反诉请求解除合同，此时间距离其知道或者应当知道解除事由之日起已超过一年，其解除权已消灭。综合以上情况，张某请求解除租赁合同不予支持。

关于争议焦点二，《门市租赁合同》约定每年租金在1月12日前一次性付清，因此，张某应在2021年1月12日前向谭某万一次性支付2021年1月12日至2022年1月11日的租金。关于张某主张根据疫情减免租金政策应退还其两个月租金或顺延两个月租期，谭某万愿意减免一个月租金并在其主张的租金中予以抵扣，一审法院综合考虑新冠疫情对餐饮业行业的影响以及张某实际经营情况，酌定因不可抗力影响，张某实际已经向谭某万支付租赁费 38000 元涵盖的租赁期限顺延两个月，张某还应向谭某万支付 2021 年 3 月 12 日至 2022 年 1 月 11 日的租金 31666.7 元。张某迟延支付租赁费违反了合同约定，应承担违约责任，谭某万主张张某支付违约金 2000 元，虽然租赁合同约定每迟延一天收取年租金 1.5‰的滞纳金，但该约定过高，谭某万亦未提交其实际损失的证据，该院酌定违约金从 2021 年 1 月 12 日起，以 31666.7 元为基数，按年利率 3.85% 计算至付清日止。

综上所述，该院依照《民法典》第 509 条、第 563 条、第 564 条第 2 款、第 577 条、第 585 条以及《民事诉讼法》第 64 条第 1 款[①]之规定，判决：一、张某于判决生效后 3 日内向谭某万支付 2021 年 3 月 12 日至 2022 年 1 月 11 日的租赁费 31666.7 元及违约金（从 2021 年 1 月 12 日起，以 31666.7 元为基数，按年利率 3.85% 计算至付清日止）；二、驳回谭某万其他诉讼请求；三、驳回张某其他反诉请求。

张某不服一审判决，上诉请求：（1）撤销一审判决，改判驳回谭某万的诉讼请求，支持张某的反诉请求；（2）一、二审诉讼费由谭某万承担。事实和理由：（1）一审法院适用法律错误。本案是张某存在违约情形的情况下请求解除合同，应当适用《民法典》第 580 条及《全国法院民商事审判工作会议纪要》第 48 条的规定，一审法院适用《民法典》第 564 条第 2 款规定错误。（2）案涉合同继续履行费用过高且不宜强制履行，合同应当解除。首先，张某在租赁案涉房屋后即投入大量的成本进行装修并购置设备及货物，积极履行合同，但恰逢餐厅准备开业时突发新冠疫情致张某购置的食物全部过期且很长一段时间不能正常营业，在没有任何收入又负债的情况下，张某只能变卖营业设施设备并另谋生路，不存在恶意违约情形。其次，现张某已变卖设施设备，2020

① 该法已于 2023 年 9 月 1 日修正，本条对应第 67 条第 1 款。

年10月后该房屋亦一直处于空置状态，无法再继续营业，合同目的不能实现，若合同继续履行，张某需再次投入大量成本购置设备，履行成本过高，张某无力承受。在此情形下，谭某万不同意解除合同有违诚信原则。最后，张某与谭某万签订的租赁合同约定的租金过高，继续履行对张某显失公平。综上所述，案涉合同事实上已无法继续履行，为打破合同僵局，减少双方损失，解除合同是最好的解决方式，至于解除合同的违约责任，张某愿意承担。（3）如谭某万因合同解除在本案中变更诉讼请求，张某同意就其变更的诉讼请求在本案中一并审理。张某愿意归还门市，张某提起反诉的时间应当认定为合同解除的时间，因疫情影响租金应当减免两个月；谭某万主张的违约金过高，请求人民法院予以调整；损失不能计算到2023年1月11日，违约金已经能补偿谭某万遭受的损失，损失不应再重复计算。

谭某万辩称，张某违约并请求解除合同具有主观恶意，有违诚信原则，且合同解除会严重损害谭某万的合法权益，张某不能将其应承担的商业风险转嫁给谭某万，故合同不应解除。如人民法院认为合同应当解除，谭某万愿意在本案中一并主张损失，并变更诉讼请求要求张某依约返还门市，支付人民法院认定合同解除日前的租金（不认可张某提起反诉之日为合同解除之日），承担10万元的违约金并赔偿从合同解除之日起按照约定租金计算至租期届满之日止的损失。同时，因新冠疫情产生的损失应由双方分担，谭某万仅同意减免租金一个月。张某缴纳的押金5000元在抵扣相关损失后可以抵扣租金。张某主张的电表开户费6000元按照合同约定应由其自行承担，与谭某万无关，不应返还。

二审查明的事实与一审基本相同。

四川省广安市中级人民法院于2021年6月11日作出（2021）川16民终751号民事判决：一、撤销四川省武胜县人民法院（2021）川1622民初812号民事判决；二、张某与谭某万于2020年1月11日签订的《门市租赁合同》于2021年6月11日解除，张某于本判决生效后15日内向谭某万交还其所租赁的谭某万所有的位于武胜县门市；三、张某于本判决生效后10日内向谭某万支付租金及违约金共计18021.81元；四、驳回谭某万的其他诉讼请求；五、驳回张某的其他反诉请求。

［裁判理由］

法院生效裁判认为：综合当事人的诉辩意见，本案的争议焦点为：（1）案涉《门市租赁合同》是否可以解除；（2）张某应否向谭某万支付租金（滞纳金）、违约金并赔偿相应损失；（3）谭某万应否退还张某租金、押金及电表开户费。

关于焦点一。依照《最高人民法院关于适用〈中华人民共和国民法典〉时间效力的若干规定》第11条的规定，《民法典》施行前成立的合同，当事人一方不履行非金钱债务或者履行非金钱债务不符合约定，对方可以请求履行，但是有《民法典》第580条第1款第1项、第2项、第3项除外情形之一，致使不能实现合同目的，当事人请求终止合同权利义务关系的，适用《民法典》第580条第2款的规定，本案应适用《民法典》的相关规定。根据《民法典》第580条“当事人一方不履行非金钱债务或者履行非金钱债务不符合约定的，对方可以请求履行，但是有下列情形之一的除外：（一）法律上或者事实上不能履行；（二）债务的标的不适于强制履行或者履行费用过高；（三）债权人在合理期限内未请求履行。有前款规定的除外情形之一，致使不能实现合同目的的，人民法院或者仲裁机构可以根据当事人的请求终止合同权利义务关系，但是不影响违约责任的承担”的规定，合同双方应当按照约定履行自己的义务，不得擅自变更或者解除合同，但在一些长期性合同履行过程中，双方可能形成合同僵局，一概不允许违约方通过起诉的方式解除合同，不利于破解合同僵局，实现实质正义。为平衡合同双方当事人的利益，促进市场经济健康发展，可以允许违约方解除合同。具体到本案，张某虽为违约方，但从合同的履行过程看，其确系受新冠疫情及市场经济等多种因素影响，无力再继续经营门市，并无违约的主观恶意，且用于门市经营的设施设备已拆除或变卖，不具备继续经营的条件。如合同继续履行，除应当缴纳的租金外，张某还需再投入大量资金购买相应的设施设备并再次对门市进行装饰装修，对张某来说，继续履行费用确实过高。同时，鉴于门市一直空置，张某也采取了转租门市的措施试图减损，但至今未转租成功，未能防止损失继续扩大。综上所述，案涉合同继续履行费用过高，租赁合同目的已无法实现。若解除合同，既能减少违约方的损失，防止损失继续扩大，张某又愿意承担解除合同的违约责任，对守约方的损失作相应的弥补，能有效平衡双方的利益，也有利于社会资源的有效配置，实现实质正义，故本案认定合同予以解除更具合理性。本院对张某要求解除案涉合同的请求予以支持，对谭某万要求继续履行合同的请求不予支持。因张某系违约方，其通知谭某万解除合同的行为不发生合同解除的效力，故张某认为案涉合同在其提起反诉之日解除的理由，本院不予采纳。本院根据合同的履行情况，认定案涉租赁合同在本院二审判决作出之日（即 2021 年 6 月 11 日）解除。一审法院认为合同应当继续履行系适用法律不当，本院予以纠正。

关于焦点二。经本院释明，谭某万在合同应当解除的情况下变更诉讼请求并主张了相应权利，张某也同意就谭某万变更的诉讼请求在本案中一并审理，故根据《最高人民法院关于适用〈中华人民共和国民事诉讼法〉的解释》第 328 条[①]“在第二审程序中，原审原告增加独立的诉讼请求或者原审被告提出反诉的，第二审人民法院可以根据当事人自愿的原则就新增加的诉讼请求或者反诉进行调解；调解不成的，告知当事人另行起诉。双方当事人同意由第二审人民法院一并审理的，第二审人民法院可以一并裁判”的规定，本院对谭某万变更的诉讼请求在本案中一并裁判。合同解除后，张某应依约及时向谭某万返还门市，考虑到其要通下水、补窟窿，本院酌情认定张某在合同解除后 15 日内向谭某万依约交还门市。关于应付租金数额及滞纳金计付标准，考虑到新冠疫情的影响以及张某的实际经营情况，一审法院酌情认定张某已经支付

① 该司法解释已于 2022 年 3 月 22 日修正，本条对应第 326 条。

的 38000 元租金涵盖的租赁期限顺延两个月，具有合理性，本院予以确认。谭某万要求仅减免一个月租金的意见，本院不予采纳。至合同解除时，张某应向谭某万支付租金 9500 元［38000 ÷ 12 × 3（2021 年 3 月 12 日至 2021 年 6 月 11 日共计 3 个月）］。张某未按时支付租金，已构成违约，按照合同约定，其应当支付逾期支付租金的滞纳金，张某以合同约定的滞纳金过高为由，要求本院予以调整，本院综合考虑合同的履行情况酌情调整逾期支付租金的滞纳金为未付租金的 10% 即 950 元。至于违约金和损失赔偿数额，现张某提出解除合同违反了合同约定，应当承担违约责任。虽合同约定一方违约需向守约方支付违约金 10 万元，但该约定略等同于案涉门市三年的租金，明显过高，且张某要求调整，根据《民法典》第 585 条第 2 款"……约定的违约金过分高于造成的损失的，人民法院或者仲裁机构可以根据当事人的请求予以适当减少"的规定，本院对违约金可依法予以调整。综合考虑张某并非恶意违约，谭某万作为守约方亦负有减少损失扩大的义务等法律因素，以及该合同剩余租期较短（仅有一年半），案涉门市所处位置也不算偏僻，谭某万取得门市后，不难重新出租出去等客观事实因素，本院酌情认定张某向谭某万支付 4 个月的租金 12667 元作为违约金以弥补谭某万的损失。根据《民法典》第 584 条"当事人一方不履行合同义务或者履行合同义务不符合约定，造成对方损失的，损失赔偿额应当相当于因违约所造成的损失，包括合同履行后可以获得的利益；但是，不得超过违约一方订立合同时预见到或者应当预见到的因违约可能造成的损失"的规定，本院已经认定张某向谭某万支付违约金 12667 元，系正常租赁情况下 4 个月的租金，已能弥补合同解除后谭某万所受损失，故对谭某万主张的其他违约金及损失，本院不再支持。综合以上认定，张某在合同解除后应向谭某万支付租金及违约金共计 23117 元（9500 元 +950 元 +12667 元）。

关于焦点三。张某主张返还两个月的租金，在前述租金问题中已经处理，此不再赘述。关于押金，在扣减所欠水费后尚余 4994.25 元，依照合同约定，谭某万应当向张某退还。关于电表开户费 6000 元，根据

《门市租赁合同》第 3 条“……及租用门市相关的其他一切费用（含门市内外各类设置、设施、装修、维修、维护等费用）与甲方无关，均由乙方自行承担责任。水起码数 150 吨，电费余额 15.8 元”的约定，该费用应由张某自行承担，故其要求谭某万返还无事实和法律依据，本院不予支持。另，张某在租赁案涉门市时，尚余电费 15.8 元，现余电费 116.74 元，多交电费 100.94 元，张某主张多交的电费在本案中抵扣其欠付的租金、违约金，本院予以支持。综合焦点二、焦点三认定，将张某应向谭某万支付的租金、违约金与谭某万应退还张某的押金及电费予以抵扣后，张某还应当向谭某万支付租金及违约金共计 18021.81 元（23117 元 -4994.25 元 -100.94 元）。

综上所述，张某的上诉请求部分成立。

案例 3：赵某与袁某军、陈某兰房屋租赁合同纠纷案

——违约方发出解除合同的通知，能否产生合同解除的法律效果[1]

[案件索引]

一审：新疆生产建设兵团博乐垦区人民法院（2020）兵 0501 民初 258 号

二审：新疆生产建设兵团第五师中级人民法院（2021）兵 05 民终 140 号

[裁判要旨]

违约方向守约方发出解除合同的通知，不能产生合同解除法律效果，违约方只能通过请求法院判决解除的方式实现合同解除之目的。

---

① 该案系因一、二审法院对于违约方是否享有合同解除权，以及邮寄合同解除通知是否产生合同解除的效力认识不同，导致的一、二审裁判结果不一致的案件。案例来源于中国裁判文书网。

［基本案情］

赵某向一审法院起诉请求：（1）依法判令袁某军支付2019年至2021年房屋租金100万元，违约金及相关损失30万元，共计130万元；（2）依法判令由袁某军承担本案诉讼费用。

一审法院经审理查明：2016年5月1日，原告赵某作为甲方、被告袁某军作为乙方签订《房屋租赁合同》，约定将赵某所购买的位于博乐市红星路百盛大厦六楼，面积1200平方米的房屋出租给袁某军，用于经营宾馆。双方在合同中约定租赁期限自2016年5月1日至2023年5月1日，每年租金50万元，当年租金必须在当年4月30日前付清，如有特殊情况不能按时交纳租金，逾期应同甲方商量，最多不能超过三个月。乙方应承担其经营期间发生的一切费用和债权债务。如遇市场低迷，宾馆经营艰难，乙方在下一年度提前与甲方协商解决。如一方违约，赔偿对方违约金30万元。双方还对其他权利义务进行了约定。合同签订后，赵某按照约定将房屋交付给袁某军使用，袁某军用于经营博乐市金世港湾酒店。2017年5月1日，因宾馆经营困难，赵某、袁某军经协商，签订《补充协议》，将2017年房租调整为40万元。2018年10月18日，因袁某军未按约定支付房租，赵某将其诉至本院。2018年11月30日，一审法院作出（2018）兵0501民初538号民事判决书，判决袁某军向赵某支付房租40万元、违约金14301元。2018年12月18日，袁某军委托新疆亚桥律师事务所律师秦某艺向赵某出具《律师函》，认为因市场低迷，经营困难，袁某军多次找赵某协商房租问题及解除合同事宜，因赵某未予理睬，导致双方无法沟通。如继续履行合同，将对袁某军明显不公平。故要求根据相关法律之规定，限赵某于收到律师函3日内答复。该《律师函》通过EMS邮寄方式寄送赵某，赵某已经收到。2018年12月20日，袁某军不服该判决，提出上诉，在事实与理由部分，要求根据情势变更原则，解除双方《房屋租赁合同》。2019年5月25日，第五师中级人民法院作出（2019）兵05民终字16号民事判决书，判决驳回上诉，维持原判。

另查，被告袁某军已经将租赁原告赵某的博乐市红星路百盛大厦六楼电费、水费、物业费等费用交至2018年10月31日。此后未使用房屋经营。物业亦将该情况通过电话方式告知赵某。博乐市青达拉街道红星路社区自2018年11月至今，多次检查中发现，博乐市红星路百盛大厦六楼一直处于停业锁闭状态，无经营现象。

再查，2018年11月8日、2019年9月30日，原告赵某分两次在博乐市农村商业银行开屏湖支行贷款，共计贷款120万元。为本案诉讼，赵某向新疆双湖律师事务所支付律师费5万元。

一审法院认为：本案的争议焦点为，原告赵某与被告袁某军2016年5月1日签订的《房屋租赁合同》，袁某军是否拥有解除权，该合同是否已经解除？如果解除，自何时起算解除的日期？

首先，根据（2018）兵0501民初538号民事判决书、（2019）兵05民终字16号民事判决书可以看出，双方在履行合同过程中，袁某军未能按期交付房租，其以自己的行动表明不履行合同约定的债务，双方签订的租赁合同已经具备了解除的条件。

其次，在明确双方所签订的合同已经具备解除条件后，所争议的焦点就是袁某军作为违约方，是否享有解除权。双方在2017年时，即通过协商对2017年的房租进行了调整，此后袁某军亦多次向赵某表示市场经济下行，按照原房租履行将导致其经营困难，希望将房租下调的意愿，双方未能达成一致意见。袁某军即通过未按时支付房租的行为表示自己不愿意继续履行合同约定债务。从此点可以看出，如果继续要求袁某军履行合同，其履行成本过高，会导致其成本超过履行合同所带来的经济利益，此时应该允许袁某军解除合同，用赔偿损失代替合同的继续履行。因此本案中，为了避免双方损失的扩大，袁某军具有解除合同的权利。

再次，既然袁某军具有解除合同的权利，双方的合同是否已经解除，应从何时起算解除日期。在（2018）兵0501民初538号诉讼过程中，袁某军虽然并未提出反诉，但其在庭审中、上诉状中均明确表达了要求解除合同的意思表示。并且在 2018 年 12 月 18 日，袁某军委托新疆亚桥律师事务所律师秦某艺向赵某出具《律师函》，在《律师函》主文部分亦明确表示了继续履行合同对其不公平，希望解除合同的意思表示。赵某庭审中明确表示收到了该律师函，未作出回应。本院认为，至 2018 年 12 月 18 日，袁某军已经明确向赵某表示了其要求解除合同的意思表示，且赵某已经明确知道。因赵某并未在期限内向袁某军或者人民法院提出异议，所以应从 2018 年 12 月 18 日作为双方合同实际解除的日期。

最后，因为袁某军违约行为，导致双方合同的提前解除，其应当承担向赵某赔偿损失的责任。据（2018）兵 0501 民初 538 号民事判决书、（2019）兵 05 民终字 16 号民事判决书，在此前诉讼中，赵某主张的给付租金的期间是至 2019 年 4 月 30 日。庭审中，袁某军通过举证证实 2018 年 10 月底，其已经将租赁的博乐市红星路百盛大厦六楼电费、水费、物业费等费用交至 2018 年 10 月 31 日。此后未使用房屋经营。物业亦将该情况通过电话方式告知赵某。距离赵某主张的租金给付期间尚有半年之久，即袁某军多向赵某支付了半年的租金 25 万元，此款用于填补赵某的损失应当是足够的。按照此前确定的双方合同解除日期，2018 年 12 月 18 日，距离袁某军支付房租的时间亦有四个多月，此期间足够赵某将房屋收回处理。因赵某自己怠于行使权利，未能积极处理相关事宜，对后续损失的扩大，应当由其个人承担责任。袁某军辩称赵某对损失的扩大负有责任，应由其承担损失的说法，一审法院予以采信。判决：驳回原告赵某的诉讼请求。

赵某不服一审判决，上诉请求：（1）依法撤销新疆生产建设兵团博乐垦区人民法院作出的（2020）兵 0501 民初 258 号民事判决书，依法发回重审或改判支持上诉人的一审诉讼请求。（2）本案一审、二审诉讼费用由被上诉人承担。事实与理由：上诉人认为原审法院认定案件事实错误，适用法律不当。原判错误地认定被上诉人具有解除合同的权利，从而确定涉案房屋租赁合同已经解除是没有法律依据的。第一，上诉人与被上诉人签订租赁合同是双方当事人真实意思表示，解除合同也应符合双方的约定，一审法院认为双方的租赁合同已经具备解除的条件，双方的合同已经解除这个结论违背了客观事实，更违背了合同约定，是没有法律依据的，违约方不享有单方解除合同的权利，即使要解除，被上诉人也可以通过约定依法解除，而不是通过律师函的方式，表明合同已经解除。第二，律师函是2018年12月18日出具的，根据（2018）兵0501民初538号判决书和（2019）兵05民终16号判决书（2019年5月25日结案），被上诉人自始至终既没有提反诉要求解除合同，也没有另行起诉解除合同，这足以说明被上诉人并没有解除合同的意思表示；同时前面一、二审生效判决也均确定涉案租赁合同合法有效。另，被上诉人在律师函中表明，被上诉人经营困难，也不符合事实，庭审中被上诉人没有证据显示，市场低迷，经营困难，符合情势变更的情形。这些理由均是被上诉人拖延缴纳房屋租金的借口。第三，上诉人租赁给被上诉人的房屋是按照被上诉人经营宾馆的要求，借钱和贷款将涉案房屋精装修后交于被上诉人租赁经营，装修费用和涉案房屋价款达600余万元。至今银行贷款及利息均要支付。该涉案房屋位于百盛大厦的六楼与被上诉人经营的7~10楼是连在一起的，在房屋使用和经营上是无法分开经营的。并且该涉案房屋在租赁时就是按照被上诉人经营宾馆的要求进行分割和装修的。原审未考虑订立合同的背景及双方的初衷以及现实的经营状况，武断地利用审判权来干预合同的效力，这不但违背《合同法》的规定，更是背离应维护合同的长期稳定性的基本审判原则。本案应特别注意的是本案上诉人在合同履行上是没有任何过错和责任的，这一点不但一审法院清楚，被上诉人也是非常清楚的。违约方不但不承担任何违约责任，发个律师函就可以当然地解除合同，不用承担任何责任。原判对本案件的审判思路严重违背了立法精神，更违背了合同当事人“意思自治”的合同法原则。根据我国现行法律规定，本案的被上诉人（违约方）不享有单方解除合同的权利，原判的审判思路和逻辑完全错误，希望二审给予纠正。综上所述，上诉人认为本案的事实清楚，被上诉人解除合同的证据和理由均不能成立，本案不具有解除合同的法定事由，被上诉人不享有单方合同解除权。请求公正的二审法院本着公正、公平、合法的审判原则支持上诉人的上诉请求。

袁某军、陈某兰辩称：（1）原审判决认定事实清楚，适用法律正确，依法应当予以维持。（2）上诉人上诉称，被上诉人没有解除合同的权利，实属对法律认识的错误。原审法院对被上诉人是否享有解除权已作出了详细的阐述，被上诉人认为原审法院作出的阐述，符合我国当时的法律规定。2021 年 1 月 1 日前，我国现行法律并没有关于违约方不得解除合同的明确规定。合同是当事人之间的契约，按约履行合同除了有法律规定的约束外，很大程度上还要取决于当事人的自愿。在一方当事人不愿意履行合同时，虽然有强制履行的法律规定，但强制履行显然不可能适用于所有不自愿履行的情形。如果机械地理解和适用强制履行，并一律排除违约方解除合同的权利，以绝对的强制对抗当事人的意思自治，必然会耗费极大的社会成本。被上诉人与上诉人就合同的履行已向人民法院提起过诉讼，并且在上一个诉讼中，被上诉人已明确向法庭表示解除合同，并通过微信、短信、律师函的形式向上诉人明确表示了解除合同的意思表示，上诉人没有提出任何异议，在这种情形下，再强制被上诉人履行合同的效果就可想而知，故此在法律没有明确禁止违约方行使合同解除权的情形下，原审法院认定被上诉人享有解除权，并行使解除权，于法有据，符合现行法律规定。依据《合同法》第 110 条[①] 规定，违约方可以主张免除合同义务的履行，用赔偿损失的方式来替代继续履行合同。故此，原审法院依据该法律规定，认定被上诉人享有合同解除权，并认定被上诉人已解除了本案的合同，于法有据。（3）被上诉人自 2018 年 11 月起即再未使用过上诉人的房屋，并通过短信、微信、律师函的方式明确告知上诉人尽快接收房屋及解除合同，否则造成

① 参见《民法典》第 580 条。

的损失被上诉人不承担责任，上诉人在收到被上诉人的短信、微信、律师函后，并未提出异议，也未向人民法院提起诉讼，上诉人在接收到被上诉人的通知后，并未采取任何措施来减少损失，那么依据《合同法》第119条[①]的规定，对于上诉人的扩大损失，被上诉人不应当承担赔偿责任，原审法院亦是如此认定的，于法有据，依法应当予以支持。综上所述，原审判决认定事实清楚，适用法律正确，上诉人的上诉请求及理由，没有事实及法律依据，望二审法院依法查明案件事实，驳回上诉人的上诉请求，维持原审判决。

本案中，根据法不溯及既往的原则，不能够适应适用于《全国法院民商事审判工作会议纪要》，而且在《全国法院民商事审判工作会议纪要》第48条违约方没有单独解除的权利，但是后面还有达到某种条件，违约方是拥有这种解除合同的权利的，上诉人只是片面地去解读了《全国法院民商事审判工作会议纪要》，我们认为原被告双方都享有单方解除权。综上所述，原审判决认定事实清楚，适用法律正确。

新疆生产建设兵团第五师中级人民法院于2021年7月28日作出（2021）兵05民终140号民事判决：一、撤销新疆生产建设兵团博乐垦区人民法院（2020）兵0501民初258号民事判决；二、被上诉人袁某军、陈某兰于本判决生效之日起10日内向上诉人赵某支付房租80万元及违约金60060元。

[裁判理由]

法院生效裁判认为：本案的第一个争议焦点为被上诉人是否享有解除权。违约方继续履行合同，其履行成本过高，会导致其成本超过履行合同所带来的经济利益时，有权解除合同，但是赋予违约方解除合同的可能性，并不意味着这种“解除”是无条件的、无序的；相反，应是严格的、谨慎的。否则将可能使这一突破成为鼓励违约方以违约获利、有

① 参见《民法典》第591条。

意破坏合同效力的托词。因此，应在解除程序、违约责任的承担方面予以规范，以兼顾对守约方利益的保护。就我国目前法律规定来看，合同解除权，不论是法定解除权抑或约定解除权，性质上均是一种形成权。守约方因对方违约行使解除权，只需向对方当事人作出解除的意思表示，不必请求法院作出宣告解除的判决。对方有异议的，可以请求人民法院或仲裁机构确认解除的效力。解除的效力，于此项意思表示到达对方时即已发生。而对于违约方解除合同，则有必要同守约方相区别，在解除程序上进行必要的限制，即违约方如欲解除合同，只能通过请求法院判决解除的方式实现。本案中，袁某军仅在上诉状中提出解除合同，并以律师函的形式向赵某提出解除合同，并没有向法院起诉要求解除合同，故本院认为赵某与袁某军之间签订的《房屋租赁合同》没有解除，仍在履行。一审法院认定《房屋租赁合同》已经解除有误，本院对此予以纠正。

本案的第二个争议为上诉人要求被上诉人支付租金及违约损失有无依据。本院认为，赵某与袁某军之间签订的《房屋租赁合同》并未解除，依然在履行中，故袁某军需要按照合同约定向赵某支付租金，在其按约定支付租金时也应当承担相应的违约责任。赵某主张的房屋租金为2019年5月1日至2021年4月30日的，按照其与袁某军签订的《房屋租赁合同》的约定，租金为100万元，但是在2020年因新冠疫情的暴发，致使酒店业等相关行业受到严重影响，可以对袁某军应当支付的租金进行减免，本院结合本地的实际情况并参照赵某与袁某军在2017年针对经营困难时的租金约定，对赵某主张的租金予以支持80万元。对赵某主张的违约损失30万元，因其未提供证据证明具体损失，本院结合一年期贷款市场报价利率对赵某主张的违约损失予以支持60060元（400000元 ×3.85%/年 ×2年 ×130%+400000元 ×3.85%/年 ×130%）。

本案的第三个争议焦点为陈某兰是否与袁某军共同承担给付责任。本院认为陈某兰与袁某军系夫妻关系，并参与了博乐市金世港湾酒店的经营管理中，虽然《房屋租赁合同》系袁某军以个人名义与赵某签订的，但其租赁的房屋是用于家庭共同经营的，由此产生的债务系夫妻共同债务，故陈某兰应当与袁某军共同承担给付责任。陈某兰辩称其不承担责任的意见于法无据，本院不予采纳。综上所述，赵某的上诉请求部分成立，予以支持。

附件 5

合同僵局典型案例之服务合同篇

黄某某诉广州市子陌网络科技有限公司网络服务合同纠纷案

——合同僵局情况下违约方起诉解除合同的责任承担[①]

[案件索引]

一审：广州互联网法院（2019）粤 0192 民初 48975 号

[裁判要旨]

在继续性合同陷入合同僵局情况下，经审查认为违约方不存在恶意违约情形，继续履行合同对其明显不公平，且守约方拒绝解除合同有违诚信原则的，可以支持违约方解除合同的请求，从而更好地优化互联网资源配置，传递司法鼓励高效交易、诚信交易，维护实质正义的理念。

[基本案情]

黄某某诉称：其是网店店主，与广州市子陌网络科技有限公司（以下简称子陌公司）签订了合同，将网店交给了子陌公司代运营。按照约定，子陌公司应提供代运营团队，并分五步逐步优化店铺 10 项运营内容。但是，子陌公司没有对店铺进行实质、有效的优化，未能帮助网店提高销售业绩、实现合同目的。为此，黄某某向子陌公司提出终止合同，请求法院判令子陌公司退还黄某某 18000 元服务费。

子陌公司未作答辩。

① 该案例刊载于《人民法院案例选》2020 年第 10 辑。

法院经审理查明：黄某某与子陌公司签订《天猫店铺代理服务协议》。双方约定：子陌公司代运营黄某某的网店一年，技术费 72000 元。黄某某先付第一季度费用（2019 年 9 月 23 日至 12 月 22 日）18000 元，如果子陌公司完成当季度 80 万元销售目标，黄某某无条件继续付下季度的服务费用。如果子陌公司未达到目标，黄某某有权单方终止合同。子陌公司提供"推广宝贝分析和选择"等 10 项服务内容。在子陌公司进行服务期间，黄某某不得干扰子陌公司既定策略的执行，不得对子陌公司的操作进行修改，确保子陌公司优化策略的完整执行。黄某某可参照数据报表监控子陌公司的服务效果，随时向子陌公司传达自身的需求，由子陌公司进行策略调整。

2019 年 9 月 23 日，黄某某支付子陌公司 18000 元并为子陌公司开通网店账号，子陌公司开始提供服务。9 月 23 日至 10 月 14 日，子陌公司按合同约定提供了部分项目服务。10 月 15 日，黄某某关闭子陌公司的网店账号，子陌公司无法再提供服务。10 月 16 日，黄某某向子陌公司提出终止合同，要求退款，子陌公司不同意解除合同。黄某某提交的数据报表显示：子陌公司服务期间，店铺成交总金额从 4769.5 元环比提升到 8428.52 元，但店铺花费也相应增加，导致利润从 2837.66 元环比下降到 1524.45 元。

广州互联网法院于 2020 年 4 月 21 日作出（2019）粤 0192 民初 48975 号民事判决：一、子陌公司于判决生效之日起 7 日内，向黄某退还代运营费用 1 万元；二、驳回黄某某的其他诉讼请求。宣判后，当事人未提出上诉，判决已发生法律效力。

［裁判理由］

法院生效裁判认为：《合同法》第 94 条[①] 规定了当事人可以单方解除合同的情形。黄某某主张解除涉案合同合法，但现阶段既未达到合同

① 参见《民法典》第 563 条。

约定的解除条件，子陌公司也不存在根本违约行为。此外，合同约定黄某某在子陌公司服务期间，不得干扰子陌公司既定策略的执行，但可以向子陌公司传达自身的需求，由子陌公司进行策略的调整。考虑营销数据变化的多因性，运营操作效果的相对滞后性，子陌公司运营操作黄某某店铺时间较短等多项因素，在合同未约定子陌公司具体运营步骤及短期阶段效果的情况下，黄某某依据自身认识和自行统计的网店销售数据主张子陌公司违约，并单方通知子陌公司解除合同，显属违约。考虑服务合同具有人身依附性，且黄某某已经关闭子陌公司的网店账号，继续履行合同已无现实可能。黄某某要求解除合同，法院予以准许。法院结合黄某某、子陌公司履行合同义务的情况及涉案合同的履行期间，同时考虑子陌公司未举证证明其实际工作量，酌定子陌公司返还黄某某1万元。

[案例注解]

一、合同僵局情况下违约方起诉解除合同的理论基础

（一）合同僵局的理论基础

合同严守原则是合同领域重要的原则之一。基于该原则，理论界和司法实务界长期以来秉持只有非违约方才享有合同解除权的理念，严格维护合同的拘束力，拒绝违约方解除合同的请求，敦促违约方惮于此而不敢肆意违约。但是随着社会经济的发展，实践中出现的合同僵局的新情况和新问题，对上述理念产生了冲击，对合同履行背后的价值衡量提出了新的思考。

所谓合同僵局，理论界目前尚未形成明确的概念，一般认为，合同僵局是指合同不能继续履行，而当事人对解除合同不能达成一致意见，导致当事人、标的物等无法从合同关系中脱身而陷于僵局的情况。从审判实践来看，产生合同僵局的原因往往是因合同义务的性质而不能继续

履行，或者因履行成本过高而不能继续履行，这两类是合同僵局的主要类型。一般而言，金钱给付义务不存在不能履行的问题，而非金钱债务在法律上或事实上则存在不能履行的情况，同时有些债务的标的也不适于强制履行，这些均可能导致合同义务因其性质而不能继续履行。履行成本过高不仅需要考量实际履行将给一方当事人造成的经济负担过高，而且要考虑公众利益乃至整体经济利益。此外，构成合同僵局需同时符合以下要件：第一，未完成的合同义务不能或者不适合强制履行；第二，违约方明确提出不再继续履行合同，而非违约方拒绝解除合同；第三，合同义务不能履行的原因不属于情势变更、商业风险。

法律上之所以要打破合同僵局，主要原因在于：一方面，非违约方拒绝解除合同，可能导致合同当事人的利益严重失衡；另一方面，合同僵局中的当事人、标的物等长期受此束缚而无法从中脱身，但在市场经济中，合同具有组织经济的功能，单个合同陷于僵局可能对系列合同乃至整个交易链条的交易秩序产生不利影响，从而降低了整体交易效率，妨碍经济要素的高效配置，不利于社会经济的发展。

（二）合同僵局情形下违约方解除合同的理论基础

新宇公司诉冯某梅案是司法判决支持违约方解除合同的典型案例，该案也开启了违约方是否享有合同解除权的法理讨论与立法完善。有观点认为，《合同法》第 94 条[①]规定不可抗力以及几种根本违约情形下，“当事人可以解除合同”，这里的“当事人”可以理解为各方当事人，不局限于守约方，即法律并没有明确禁止违约方解除合同。也有观点依据《合同法》第 110 条[②]“当事人一方不履行非金钱债务或者履行非金钱债务不符合约定的，对方可以要求履行，但有下列情形之一的除外：（一）法律上或者事实上不能履行；（二）债务的标的不适于强制履行或者履行费用过高；（三）债权人在合理期限内未要求履行”的规定，认为在不能

① 参见《民法典》第 563 条。
② 参见《民法典》第 580 条。

履行、继续履行费用过高等情形下，违约方可以不再履行合同。笔者认为，《合同法》从体系上已经将解除合同作为一种违约救济方式，第94条[①]关于法定解除合同的主体应理解为限定在非违约方，第110条[②]的规定更多的是给予了违约方不再履行合同的抗辩权，但是合同本身并未解除，违约方依然需要受到合同约束，即无论如何对《合同法》的条文进行解释，不可否认的是《合同法》并没有明确规定违约方享有法定解除权，这也导致司法实践中对于违约方能否解除合同长期缺乏统一的裁判依据。

实际上，在合同僵局情况下，允许违约方解除合同首先来源于司法实践——以判决的方式终结合同效力。司法先行虽然没有引用明确的法律条文，但并不是创设新的法律或者突破现有法律，而是在实践中发现合同严守规则影响了合同履行的效率，限制了商业的发展，出于降低交易成本，更好地维护公平与诚信原则的目的，以司法裁判的形式打破合同僵局。这样的思路体现了法律对于合同的保护更在于实实在在的履行利益，而非仅仅保护“合同严守”原则的外观，置合同效率与现实正义于不顾，因此，赋予特定情况下违约方解除合同的权利实际上就是在践行《合同法》维护社会诚信与实质正义的立法理念，也更加符合效率与公平的商事追求，更加符合民法的整体秩序与价值追求，当然有其正当性的理论基础与法律依据。

二、违约方起诉解除合同的司法适用

（一）本案构成合同僵局的认定

根据前述合同僵局的构成要件分析，案涉网络服务合同需要在违约方明确不愿意继续履行合同，且合同不能或者不适宜强制履行情况下才构成“僵局”。本案中，双方签订了为期一年、按季度履行的继续性合

① 参见《民法典》第563条。
② 参见《民法典》第580条。

同，首月运营报表的数据显示，案涉店铺的销量提升但是所获盈余不足以填补代运营费用。首先，对于黄某某而言，继续履行的后果很可能是子陌公司无法完成 80 万元的销售目标，其合同目的落空的可能性非常大，但与此同时其损失越来越大，双方的利益失衡明显。其次，黄某某关闭子陌公司的账号，导致子陌公司无法履行合同义务，而作为守约方的子陌公司拒绝解除合同，双方已经僵持不下。最后，当事人已失去了互信基础甚至发生了对抗，而案涉网络服务合同具有较强的人身依附性，黄某某关闭了子陌公司的账号后，不太适合强制履行合同，且强制履行也会耗费更大的司法资源和社会成本。据此，合同僵局已经形成，若不解除代运营合同，一方面，网店将处于闲置状态，黄某某在持续承担经营成本的同时却无法享受对应的服务；另一方面，子陌公司的人力资源也将长期处于待命状态。因此，对于本案违约方能否解除合同的问题，法院首先将其放置于互联网经济发展与电子商务交易的目标追求之下，基于有效利用资源、提升交易效率的价值衡量，作出双方已经形成合同僵局的初步判断，再依照合同僵局下起诉解除合同的构成要件予以具体认定。

（二）合同僵局情况下违约方起诉解除合同的司法认定

根据《全国法院民商事审判工作会议纪要》（以下简称《九民会议纪要》）第 48 条规定，双方形成合同僵局是违约方起诉解除合同的前提条件。此外，违约方起诉还需要具备三个条件：一是违约方不存在恶意违约情形；二是违约方继续履行合同，对违约方显失公平；三是守约方拒绝解除合同违反诚信原则。这三个构成要件反映了该会议纪要对于违约方起诉解除合同保持相对谨慎、严苛的态度，即只有同时符合上述条件，才赋予违约方循司法途径解除合同的权利。

具体到本案，子陌公司依约履行合同，是守约方；黄某某关闭网店账号致使子陌公司不能代运营，是违约方，在判定案涉合同能否解除时需要综合考量上述三个要件。首先，黄某某关闭网店账号显然是主观上不想继续履行合同，但是主观故意并非等同于恶意违约。恶意违约本质上是意欲从违约行为中“非法获利”、侵害守约方利益，或者是恶意逃避违约责任，这种恶意将严重危害交易安全、破坏交易秩序。本案黄某某根据运营报表的数据，结合双方关于第一季度完成 80 万元销售额的约定，考虑不能实现合同目的的可能性非常大，所获盈余也不足以填补代运营费用，单纯地想要以解除合同的方式及时止损，不属于恶意违约的情形。其次，黄某某关闭网店账号导致子陌公司不能代运营，而子陌公司不愿意解除合同，双方形成合同僵局。在合同僵局情形下，如果强制要求违约方继续履行合同，确实可以为守约方带来一定的利益，但此种利益与违约方的损失相比，可能会明显不对等，尤其是当违约方能够基于守约方损失赔偿以弥补损失时，双方之间的利益失衡将更加明显。鉴于黄某某对代运营策略仅有建议权，并无决策权，继续履行合同可能会任由收支不平衡的状况越来越严重，对于理性的商业人黄某某而言，显然不太公平。最后，合同关系显著的特征是双方地位平等，一方当事人应当尊重对方当事人的合理利益期待。在形成合同僵局的情形下，如果违约方能够对守约方作出利益补偿，守约方却坚持继续履行合同，可以认为守约方有滥用己方权利之嫌或者已经违反了诚信原则。本案中，子陌公司拒绝解除合同，在黄某某起诉主张解除合同时，又拒绝出庭应诉，即对于合同僵局处于消极应对的状态，既不主张合同权利也不寻求解决之道，某种程度上构成了权利滥用，有违合同交易的诚信原则。综合上述考虑，法院认为应当支持违约方黄某某主张解除合同的诉请。如果子陌公司扣除部分合同款作为利益损失的弥补，再将其人力资源投入新的项目，既能保障其合理利益，又可以使黄某某提前摆脱亏损困境，对双方都较为公平，也更加符合电子商务合同快速交易、资源快速流通的特征。

当然，违约方请求解除合同，本就存在违约行为，合同解除并不影响其承担违约责任。一般情况下，法院审查认为符合合同解除条件的，应向守约方释明可以直接要求损害赔偿，也可另行起诉主张权利赔偿，尊重守约方的选择权。本案中，子陌公司未到庭应诉，法院未能释明相关事宜。在子陌公司未明确放弃在本案直接要求损害赔偿权利的情况下，法院判决子陌公司退回全部服务款，再由子陌公司另行主张权利赔偿，显然将增加当事人的诉累。据此，法院结合案件实际情况，预扣一定赔偿款项后，判决子陌公司退回黄某某部分服务费。

（三）违约方起诉解除合同的法律依据

《九民会议纪要》第48条规定了在特定条件下违约方可以起诉解除合同的情形，该规定允许违约方通过司法解除的方式打破合同僵局，是对合同严守原则的重大突破，体现了司法更加注重提高交易效率、促进经济发展、实现实质正义的精神。《民法典》虽然没有关于违约方可以解除合同的直接性条款，但第580条规定："当事人一方不履行非金钱债务或者履行非金钱债务不符合约定的，对方可以请求履行，但是有下列情形之一的除外：（一）法律上或者事实上不能履行；（二）债务的标的不适于强制履行或者履行费用过高；（三）债权人在合理期限内未请求履行。有前款规定的除外情形之一，致使不能实现合同目的的，人民法院或者仲裁机构可以根据当事人的请求终止合同权利义务关系，但是不影响违约责任的承担。"该条规定与《合同法》相比，增加了当事人可以向法院或者仲裁机构请求终止合同权利义务关系，但不影响违约责任的承担的内容，这表明在合同目的不能实现时，违约方作为当事人之一，也有权提出终止合同权利义务的请求。而且，《民法典》对于违约方主张终止合同权利义务的限制性条件较《九民会议纪要》没有那么严苛。最新的立法、司法理念表明，我们对合同的保护不再机械地强调严格遵守，而是更加侧重于保护履行利益、商事效率与公平公正。本案中，引导双方践行鼓励交易、实现实质正义的理念，更加契合当前快速发展的社会环境，更有利于促进市场经济的发展。

三、案例启示

（一）防止违约方制造虚假僵局滥用诉权

虽然《民法典》《九民会议纪要》的相关规定以及立法趋势为支持违约方解除合同提供了依据。但司法机关在审理此类案件时，仍应兼顾社会效果，防止违约方滥用该项条款，引发负面的社会导向和社会评价。具体来说，一要严格判断是否已经形成合同僵局，合同因情势变更难以履行或者合同继续履行并不会造成违约方利益失衡等情形，不应构成合同僵局。二要严格认定是否有必要打破合同僵局，如果合同僵局仅是由于违约方不愿意担负合同风险，司法当然没有必须破坏合同的效力。三要严格审查是否符合申请司法解除的条件，要特别注意防止一方故意制造虚假履行障碍，借以逃避合同债务履行。只有在符合违约方解除合同的构成要件且违约方能够承担损害赔偿的情况下，才能予以解除。

（二）防止社会公众误读司法解除合同规定

一直以来，关于违约方能否解除合同都存在很大的争议。有人认为，赋予违约方合同解除权，相当于保护甚至鼓励违约方任意毁约，不利于维护稳定的交易秩序，也不符合诚信原则。但是，违约方解除合同的权利并不是形成权，而只是一项申请权，在合同僵局情况下可以发起请求法院或者仲裁机关进行司法解除的程序，最终能否解除有赖于司法机关的综合判断。从这个角度来说，司法机关在违约方解除合同规则的运用中扮演着极为重要的角色，确实会影响公众对于司法行使自由裁量权的担忧。因此，在适用这一规定时，司法机关必须秉持从严审查、理性谦抑的原则，审慎判令合同解除，消除社会公众的顾虑。具体来说，司法应充分尊重合同契约自由，不应干预轻微的僵局，只有在陷入严重僵局的情况下，才予以司法解除。当然，对于司法解除的积极作用也不能一味否定。正是为了防止违约方不当使用合同解除权，才设置了由其向司法机关发起解除程序的条款，而且“诚信的本质是降低交易成本”，该规则的要旨也在于通过司法机关的审查与把控，将当事人从僵局中解脱出来，减少资源消耗，降低交易成本，贯彻更具有实质意义的诚信与公平。先前的实践基础也表明，很多法院或者仲裁机构支持违约方解除合同确实达到了破解合同僵局的目的，也达到了非常好的社会效果。

（三）充分发挥合同僵局下司法解除合同的积极作用

在当前互联网经济快速发展背景下，基于电子商务交易便捷、快速、高效等特点，各方在交易中更加注重效率以及资源的有效利用。特别是在类似本案继续性合同的履行过程中，如果交易方因为形势变化、限约能力等原因无法继续履行合同，继而要求提前解除合同，而另一方拒绝解除合同，很容易出现合同僵局。在具有前述法律依据的前提下，允许违约方向法院提起诉讼，通过司法裁判解除合同关系，使当事人从合同僵局中脱身，不仅更有利于充分发挥合同标的物的价值，有效平衡当事人之间的利益，还能够盘活处于僵局中的互联网资源，加速人才、技术、产品等要素流动，创造更多的社会财富；反之，对于不能履行或者履行成本过高的合同，强行要求当事人继续履行，表面上维持了合同效力，但实际上无法使当事人的合同权益落到实处，将产生较大的效率损失、资源损失，不符合互联网经济鼓励高效流动、高效交易的发展态势。因此，在符合相关构成要件的情况下，司法可以支持违约方起诉解除合同的诉请，促进资源的有效利用与合理分配，充分发挥司法主动参与经济管理、社会治理的职能作用；同时传递司法鼓励交易双方平衡利益、合作共赢的理念，以更易被接受的方式实现实质正义。

附件 6

合同僵局典型案例之教育培训合同篇

徐某凯与中山市坦洲镇唯音音乐培训室教育培训合同纠纷案
——教育培训合同违约方解除合同的认定[①]

[案件索引]

一审：广东省中山市第一人民法院（2021）粤 2071 民初 1095 号

二审：广东省中山市中级人民法院（2021）粤 20 民终 4168 号

[裁判要旨]

具有人身依附性的教育培训合同，不宜强制继续履行，违约方请求解除合同应予允许，但不影响其承担违约责任的承担。

[基本案情]

徐某凯向一审法院起诉请求：（1）判令解除徐某凯与唯音音乐培训室签订的《唯音音乐培训室培训合同》；（2）唯音音乐培训室向徐某凯退还剩余学费 12000 元。

一审法院经审理查明：2020 年 5 月 23 日，徐某凯向唯音音乐培训室支付学费 20800 元。6 月 7 日，双方签订《唯音音乐培训室培训合同》，约定培训科目为专业歌手、流行声乐，培训学费 20800 元，共 156 节课。关于课程内容、时限。徐某凯称合同未明确约定 156 节课的教学

① 本案系一、二审法院对于违约方能否解除合同认识不一致而导致的改判典型案件。案例来源于中国裁判文书网。

内容，系按培训室老师的安排上课，也没有明确约定培训的时限，但时间底线不得超过 2 年、3 年。唯音音乐培训室称，教学内容包括唱歌技巧、言语课、台风课，目前台风课尚未教学，合同约定的培训科目专业歌手、流行声乐的内容系课程完成后能达到在酒吧登台唱歌的水平。培训时限没有明确约定，但双方口头约定不得过长。

上述合同签订后，双方按照合同约定履行合同，在徐某凯上了 59 节课后，其认为唯音音乐培训室提供的教学对其唱歌提升效果小，教学方式等存在不适合学员的问题，故主张解除涉案合同并退还剩余课程的学费。对此，唯音音乐培训室认为徐某凯的高音问题已部分改善，虽没达到最好，系因培训有瓶颈期，需时间培训。

经询问，徐某凯确认除其主张的水平提升较小之外，唯音音乐培训室在提供课程方面不存在违约，系按合同的约定提供课程。

一审法院认为：案系教育培训合同纠纷。依相关法律规定，生效的合同对双方都有约束力，不得擅自变更或解除。本案中，涉案合同签订后，双方按合同约定履行着合同，在徐某凯上了 59 节课后，其认为唯音音乐培训室提供的教学对其唱歌提升效果小、提供的教学不适合徐某凯，据此主张解除涉案合同并退还剩余学费。经查，唯音音乐培训室已按合同约定提供教学服务，徐某凯对此也确认，因此，一审法院认为，在唯音音乐培训室没有明显违约行为的情况下，徐某凯仅以唯音音乐培训室提供的教学不适合为由，主张解除涉案合同、退还剩余学费的诉求，理据不足，不予支持。综上所述，徐某凯的诉讼请求不成立，予以驳回。依照《合同法》第 94 条[①]，《民事诉讼法》第 64 条第 1 款[②]、第 157 条[③]规定，判决：驳回徐某凯的诉讼请求。一审案件受理费 620 元，减半收取 310 元，由徐某凯负担。

徐某凯不服一审判决，上诉请求撤销一审判决，依法改判支持其全

① 参见《民法典》第 563 条。
② 该法已于 2023 年 9 月 1 日修正，本条对应第 67 条第 1 款。
③ 该法已于 2023 年 9 月 1 日修正，本条对应第 160 条。

部诉讼请求。事实和理由：首先，其并未在一审庭审中表示唯音音乐培训室没有违约行为，其在该培训室第一次上体验课时，该培训室明确表示会针对其高音部分着重练习，但实际上课期间，并未按约定提供课程。该培训室不但上课质量差，未对此进行针对性教学，反而对一些无关紧要的内容进行培训，且在上课期间态度差，让其自行练习，不予指导对错，上课时老师玩手机，在未与其协商沟通的情况下，上课期间接待了2次新学员参观教学，参观期间让其自行练习等待，等与新学员沟通后，让新学员观摩其上课，由于其先天条件不跑调，于是该培训室利用这一特点，诱导其示范难度不高歌曲，有蓄意暗示新学员其先天条件即为教学成果的行为，从而吸引新学员报名。其次，其上课态度积极，从未迟到早退，其上课期间每次花2个小时至3个小时的车程至上课处，且每次平均上3次课至4次课，虽然已上59节课，但共计去上课次数仅13次，甚至在国庆节放假期间4天共计上23节课，其多次跟唯音音乐培训室表示，其对音乐的热爱及想通过此课程提升水平，其认为课上得越多效果越理想，但事实并非如此。在最初体验课时，该培训室以高音为诱导，并声称专治声乐的一切疑难杂症，但正式上课以后要从基础学起，而后在一些基础以及无关紧要的内容培训后，在试图让其唱高音时，其明显感觉到喉咙痛，而声乐演唱喉咙痛是错误的，其在上课期间曾质疑过，但该培训室坚称这是正常现象。后该培训室又开始教一些越过基础、进阶的言语课，其所求学的根本性问题没有得以解决。一审判决时，因未找到证据，现有因上课导致喉咙中间会痛的聊天记录及第二次新学员参观的聊天记录证明。一审法院仅以其表示对基础的上课成果表示认可，断定该培训室无违约行为，存在事实认定错误。最后，学员解除培训合同自行退学是学员的权利。根据相关规定及内在精神，学员有随时退学及解除培训协议的权利，相关案例也明确支持学员随时退学的权利。本案双方约定的退款情形属格式条款，该条款有违公平原则，排除学员主要权利，是无效的。综上所述，一审法院认定事实错误，应予以撤销，请求二审依法改判。

唯音音乐培训室辩称，首先，双方在友好协商阶段，徐某凯始终没有说出真实原因，以至于协商方向完全偏差。如果其能说出真实想法对老师的各种不认可，老师或许会主动协商退费终结课程。在平时接触中徐某凯不止一次说对其中两位老师的认可，但当收到一审诉状时，面对纠纷控诉其非常理解，只是诉状中一些所谓证据与诉求，完全是徐某凯的谎言。徐某凯在一审庭审中也“不否认老师的教学能力”，鉴于徐某凯在一审庭审中大体回答诚实，所以其课时费结算细节没有提交以及计算配送的吉他课程。本着徐某凯能学会掌握好即使多上些课也不在意，所以没要其去登记课时，课时多学期长的课费单价会相对较低，徐某凯只是按自己的方式算其实是不合理的。其在意的不仅是结果，更主要的是澄清事实，以及名誉。其次，对于徐某凯在诉讼中提到的核心问题没有解决就学一些其他方面的，以及所谓的进阶问题，其认为截图中说学习言语课气氛互动是所谓的进阶，这还是个人的理解，课程介绍里没有像教科书序列一样按顺序学习，这只是课程内容概括，其会根据学生的不同情况来灵活制订教学计划。因徐某凯是学习清吧歌手，所以台风方面没有在前期开始，规划中后期开展。每一个内容都不是短时间内能完成的，有些在前有些在后，有些是要同时进行的，互不影响，并不是徐某凯理解的所谓进阶。初期也开展了吉他课，如按徐某凯的逻辑课程安排应由他来定制，不合他意或为诉讼就变成老师违约。课程内容页所谓进阶，这里徐某凯说“该处课程内容有递增进阶的规律在里面。需有前面的基础才可以向后进行延展。但事实上课期间并非如此”。徐某凯认为上面所提课程内容并非序号，只是课程概括。但学习要有循序渐进的过程，并非其认为的课程介绍里一步一步的所谓进阶逻辑，课程图片也清楚写明：课程安排根据每个学生具体情况制订教学计划。老师所教的气息、丹田、高位置等都是突破高音的基础，其说过会针对徐某凯高音部分着重练习，但还说过不能一开始就练习高音，要从基础学习。录音显示其小高音能上去了，能驾驭了，徐某凯自己也说跟之前不一样了，并非其所说的喊上去，而是用丹田、气息支撑上去。再次，关于诱导报名和接待新学员的问题。唯音音乐培训室并非诱骗学员报名，有一次徐某凯后面排课的学员提前到，由于老师给予徐某凯课程延时，后面上课的学生在休息区等候，提议让徐某凯唱一首，这是学生之间的交流；因徐某凯一天几节课，课时跨度长，所以在其第一节课课间休息时接待过一次，简单介绍了价格和学习内容，定好下午上体验课时间，并不占用实际课时时间，也提前与徐某凯沟通过，在其同意的情况下才接待的，但徐某凯否认这一事实。最后，针对上课质量差且上课玩手机，让其自行练习、不予指导的问题。老师上课认真负责，从不敷衍学生，因教学需要才用手机帮学生查阅资料，对学生的演唱进行录音，以便学生分辨对错。其服从法律，尊重判决。

二审另查明：唯音音乐培训室提交的培训课时和课时费的标准显示，流音班价格与学期：2880元/16次课（一对一）45分钟一节课；7880元/50次课（一对一）45分钟一节课。唯音音乐培训室营业执照显示经营范围为：文化艺术培训。《唯音音乐培训室培训合同》约定，学期到期后徐某凯可根据自身培训情况提出适当延长期限，经培训室商定期限同意后不再收取任何费用；未经培训室商议同意或在培训室不知情的情况下，迟到早退、旷课以致影响培训效果，徐某凯不可要求单独补课；培训期限为一年内完成，已经超出培训期限的，培训室有权视为自退。不予安排课时、不予退费。自培训期开始后，徐某凯因个人原因不能继续参加培训学习、退学等一律不予退费。一审判决认定的其他事实属实，二审予以确认。

广东省中山市中级人民法院于2021年7月27日作出（2021）粤20民终4168号民事判决：一、撤销广东省中山市第一人民法院（2021）粤2071民初1095号民事判决；二、中山市坦洲镇唯音音乐培训室于本判决发生法律效力之日起3日内向徐某凯退还培训费10088元；三、驳回徐某凯的其他诉讼请求。

［裁判理由］

法院生效裁判认为：针对徐某凯的上诉意见，首先，涉案教育培训合同是双方自愿签订，不违反法律、行政法规的强制性规定，唯音音乐培训室具有文化艺术培训资质，该合同是合法有效的，双方均应恪守，但双方合同中关于“因个人原因不能继续参加培训学习、退学等一律不予退费”的约定，因系格式条款，现无证据证明唯音音乐培训室对该条款向徐某凯作出提示及明确说明，对双方不发生法律效力。其次，徐某凯提交的相关证据均为其单方陈述，唯音音乐培训室对其相关陈述均不予确认，并针对其主张作出解释，故本案无证据证明唯音音乐培训室存在违约行为，徐某凯主张唯音音乐培训室违约而解除双方合同依据不足，本院对其该主张不予支持，但根据《最高人民法院关于适用〈中华人民共和国民法典〉时间效力的若干规定》第 11 条的规定：“民法典施行前成立的合同，当事人一方不履行非金钱债务或者履行非金钱债务不符合约定，对方可以请求履行，但是有民法典第五百八十条第一款第一项、第二项、第三项除外情形之一，致使不能实现合同目的，当事人请求终止合同权利义务关系的，适用民法典第五百八十条第二款的规定。”《民法典》第 580 条规定：“当事人一方不履行非金钱债务或者履行非金钱债务不符合约定的，对方可以请求履行，但是有下列情形之一的除外：……（二）债务的标的不适于强制履行或者履行费用过高……有前款规定的除外情形之一，致使不能实现合同目的的，人民法院或者仲裁机构可以根据当事人的请求终止合同权利义务关系，但是不影响违约责任的承担。”即对于非金钱债务，债务的标的不适于强制履行时，不适于继续履行，应当允许违约方解除合同，用赔偿损失来代替继续履行。本案中，教育培训合同具有人身依附性，徐某凯前往接受培训是合同能够履行的必要条件，前往接受培训具有非金钱性质，在徐某凯明确表示不愿继续履行合同的情况下，涉案合同事实上难以继续履行，也不适于强制履行，合同目的不能实现，合同应当解除，合同解除后，尚未履行的，中止履行；已经履行的，根据履行情况和合同性质，当事人可以要求恢复原状、采取其他补救措施，并有权要求赔偿损失。因此，本案合同解除后，尚未上课的学费，唯音音乐培训室应当予以退还，但徐某凯作为违约方应当赔偿唯音音乐培训室因解除合同导致的损失。鉴于双方未对合同解除后损失的计算方法进行约定，本院酌定由徐某凯以未完成培训课所对应学费的 20% 向唯音音乐培训室作出赔偿。本案双方均确认徐某凯共上了 59 节课，另加 4 节吉他课，唯音音乐培训室虽主张按流音班价格 7880 元 /50 次课的标准计算其实际课时费，但双方已约定 20800 元 /156 节课，另送 4 节吉他课，则总课时应为 160 节，本案应按其实际执行的 20800 元 /160 节课为标准计算课时费，徐某凯共上 63 节课，剩余 97 节课对应的学费应为 12610 元，扣除徐某凯应向唯音音乐培训室补偿的 20% 即 2522 元，则唯音音乐培训室应退还徐某凯 10088 元。综上所述，徐某凯的上诉理由部分成立，对其有理部分予以支持；一审判决认定事实部分不当，适用法律错误，本院依法予以改判。

后　记

今天，济南迎来了2023年入冬以来的第一场雪。漫天飞舞的雪花、银装素裹的世界突然让一切静了下来，仿佛进入了童话般的意境。心也有了冥想的空间，静能生定、定能生慧、慧能生智，就像我们做一件事情一样，只要是自己喜欢热爱的、笃志力行的，总会在繁忙之中挤出时间，专注于某个事情、沉浸在某个空间里，感受满满的获得感，享受那种内心的丰盈……

读博是我心里的一个梦想，但囿于平时繁忙的工作一直未能如愿。2019年8月，我在担任济南市长清区法院党组书记、院长期间，晋升为二级高级法官，年龄48岁，正好符合最高人民法院与中国政法大学合作培养"应用型法学博士"项目的招录条件。报名还是不报名？报了名能不能考上？考上了能不能坚持读下来？记得当时心里犹豫了好多天、思想斗争了好几回，最后还是抱着不给自己留遗憾的想法，果敢地走上了填表报名、组织推荐、紧张备考、考试选拔的征程。2020年7月，我如愿以偿，正式接到了中国政法大学的研究生录取通知书，成为心中向往的法学界最高学府的一名博士研究生。

我是十分幸运和快乐的。2020年突如其来的疫情，拖延了研究生入学考试的时间，但没有阻挡住我们如期参加研究生开学典礼的步伐。三年中疫情反反复复，面试、论文开题和预答辩都是在网络上进行的，但两次集中授课、正式答辩和隆重的毕业典礼都有幸在校园里举行，充满了妥妥的仪式感。在法大求学的过程中，我有缘结识了民商经济法学院的李永军教授，并有幸成为他的博士研究生。李老师严谨细致的学术态度、开放包容的治学理念和儒雅沉稳的处世风格深深地感染了我。记得开学报到的第一天，导师围绕博士研究生的学术研究起点问题给我们上了一堂生动的民法专业课，特别是叮嘱我和另一位来自法院的博士研究生，一定要重视民法体系化的特点，多看一些系统性的学术专著，结合法院实务加强理论研究。还有我的硕士研究生导师——山东大学特聘教授、威海校区副校长肖金明，山东大学交叉法学研究院常务副院长、教授张海燕，都为我的学业进步给予了有力的指导和支持。集中授课期间，来自全国各地法检系统的17名博士研究生同学汇聚一堂，教室里大家同学习同研讨同交流，课堂外比学赶超、相互关心帮助，既收获了知识、也收获了友谊。同门师弟师妹间的勤奋治学、团结友爱也给予我无穷的力量，特别是张潇师妹，我们俩互相打气、一起坚持，共同熬过了论文撰写和答辩前无数个加班写作之夜。还有我法院的小伙伴们：梁伟、李冬华、亓蕾、吴开龙以及那些一直默默关心我的朋友们，在案例检索、资料搜集等方面做了大量工作。在此，对各位老师、同学、朋友、同事们一并表示衷心的感谢！还要特别感谢我的家人，父母的培养与期许、爱人和女儿的陪伴鼓励，成为我坚持不懈追求梦想的动力源泉。

读博三年紧张充实又富有成效。繁忙的基层法院工作之余，在法大学习期间我受到了最专业的法学教育，无论是学业、科研、工作还是个人素质都有了创新性发展和提高。一是提升了政治站位的高度。通过系统学习习近平新时代中国特色社会主义思想，真学笃信力行习近平法治思想，聆听马怀德校长及其他教授的精彩讲座，切实提高了政治判断力、政治领悟力、政治执行力。通过加强对法理学、法学方法论和法律职业伦理等学习，进一步夯实了知行合一、德法兼修的根基。二是提升了专业学习的广度。十分珍惜集中授课的机会，妥善处理工学矛盾，认真聆听法学教授和最高人民法院、最高人民检察院实务专家的精彩授课，日常还通过线上线下相结合的方式，聆听各种高水平的学术讲座，多向老师和同学们请教和交流，进一步开阔了视野、更新了知识，为提高应用型法学研究能力奠定了基础。三是提升了学术研究的深度。在导师李永军教授的悉心教诲下，学会了运用学术思维去发现问题、思考问题和解决问题。通过对民法理论的研究学习，对专业领域的应用背景、科学前沿以及学科结构有了较为深入的认识，逐步培养了自我学习、认真思考、善于钻研、系统思维的能力，实现了由学习到研究、由研究并实践、由实践促创新的转化。不仅如期完成了博士学位论文，顺利通过论文答辩，而且还在国家级刊物上发表理论文章 4 篇，参与最高人民法院、省高级人民法院课题研究 2 项，并在最高人民法院、山东省法学会和省高级人民法院组织的学术讨论会和调研课题评选中多次获奖。先后任职的济南市长清区法院被山东省高级人民法院评为全省优秀法院，济南市市中区法院被最高人民法院挂牌命名为“为群众办实事示范法院”，全国仅有 100 家法院获此殊荣。

一路走来，花开成景。心若能静，万事澄然。感恩家人，为我提供了一个温馨的港湾，支持我鼓励我去放飞自己的梦想；感恩师友，不仅“授人以鱼”，而且“授人以渔”，更是“授人以欲”，激发我在更高更大的平台上遨游知识的海洋；感恩组织，最高人民法院与中国政法大学强强联合，共同致力于加强新时代高层次资深高级法官的选树和培养，给了我在职深造、提升自我的宝贵机遇。

静水流深、玉汝于成。窗外大雪纷飞，期许春日暖阳。怀有一颗温柔的心，工作生活定会自带光芒。惟愿继续做一个优秀的普通人，成为一名优秀的法官，保持内心的宁静，恪守职业的良知，把法治的理想镌刻在奋斗的坐标上。

谨以此书献给我的家人，也作为纪念自己从事法院工作三十年最好的礼物！

毕惠岩

2023 年 12 月 11 日于济南